美国独行

西方世界的末日

（加拿大）马克·斯坦恩 著

姚遥 译　袁南生 审校

新星出版社　NEW STAR PRESS

中译本序

世界无末日,大道无遮拦

李肇星[①]

北大老校友和从事公共外交的小同志姚遥博士利用春节假期与平时的深更半夜翻译了一本"不是新书的新书"——《美国独行:西方世界的末日》,真为他学习有成、劳动有为而高兴。

说这本书不是新书,是因为原作在美国初版早在2006年。恰在那一年,我作为中国外长出席了第61届联合国大会一般性辩论,以"加强对话合作,共谋和平发展"为题作了主旨发言,其中一段话至今记忆犹新:

> 国际社会特别是发达国家应增加发展援助,促进国际贸易和技术转让与投资,更广泛地减免债务,更多地支持发展中国家,尊重发展中国家在本国发展问题上的主导权。

[①] 中国公共外交协会会长、中国翻译协会名誉会长。

没有共同发展，世界的和平与进步就不能持久。美国个别保守派学者十年前对于世界局势的预言，有的有点根据，另一些则有失偏颇，但都是为美国的政治和经济利益发出声音。美国是个主张所谓"言论自由"和"多元化"的国家。我在美常驻期间曾经走遍其50个州，认真倾听各种声音，觉得都有参考价值。

美国是特别讲政治、特别有"忧患意识"的国家。马克思在青年时就说过，当欧洲人昏昏欲睡时，美国人在拼搏创新。这本书探讨西方末日，反映了美国对自己能否永久"领导"世界的独特"忧患"。书值得看，但具体观点要仔细甄别，尤其是将"末日"归因于西方文明与非西方文明，特别是与伊斯兰文明的冲突。这一结论，至少按《联合国宪章》规定的宗旨和原则，人们很难认同。

2016年1月，习近平主席风尘仆仆地访问了中东三国，在会见伊斯兰合作组织秘书长时表示，中国和伊斯兰国家有着天然的传统友好关系，中国是伊斯兰国家的好朋友、好伙伴、好兄弟；中方和伊斯兰合作组织开展友好交往40多年来确立了不同文明、不同宗教、不同社会制度的相处之道，共同扬正抑邪，正本清源。在阿拉伯国家联盟总部发表演讲时，习主席强调"中国将继续毫不动摇支持中东、阿拉伯国家维护民族文化传统，反对一切针对特定民族宗教的歧视和偏见"。中华文明与阿拉伯文明各成体系、各具特色，但都包含有人类进步所积淀的中道平和、忠恕宽容、自我约束等理念。我们应该开展文明对话，倡导包容互鉴，挖掘多样文化传统中的正能量与当今时代的共鸣点。

我的老乡孔子说"君子务本，本立而道生"。我体会，"本"

就是人类的共同利益。世界的可持续发展不可能建立在少数国家越来越富裕而多数国家长期贫穷的基础上。与其整日担惊受怕被其他文明取代，或者给其他文明扣上"威胁论""崩溃论"等帽子，不如好好思考如何以己之长帮助别国更好地自主发展。中国的优秀传统是己欲立而立人、己欲达而达人。我们正在与沿线国家推进"一带一路"建设，诚恳希望同包括伊斯兰国家在内的世界各国深化利益融合，平等互利，抱团发展。

翻阅这本译著，我还想到开展公共外交时要把个别政客与广大民众区分开。眼下，美国正处于热火朝天的大选季节。但不管谁上台，都是美国总统。外国人不必太在乎选谁不选谁，谁上台都不代表你的祖国。就我们中国而言，只有我们党、我们政府、我们广大干部群众把中国人民和世界人民对美好生活的向往当作奋斗目标。

1999年11月，我在美国有感于华盛顿特区的纷纷扰扰，写了一首题为《政客寡欢》的小诗：

国内奢谈民主，国外争当领导。

阴阳失调，心情难好。

我不信"鬼"，只信"神"——我的"神"是正义、和平、人民；"鬼"则擅长于躲着"神"，或者干脆与"神"冲突、对抗。总想着在世界上当头儿，总想着到处自由"横行"，恐怕最终只能落得个形单影只、郁郁寡欢，"反算了卿卿性命"。走人民至上的大道、为人民主持正义、坚持"己乐乐群"、维护和平和共同发展，世界便不会有末日，人类进步的前景是光明的。"神"必胜！

  姚遥博士以公共外交为己任，经常诚恳地告诉外国朋友，中国人民将永作各国人民信赖的朋友与合作共赢的伙伴；为了与更多同胞一起有针对性地讲好中国故事，他在做好外交调研的同时多闻善思，不知疲倦地译介外国学者的著作，包括眼前这本《美国独行：西方世界的末日》。开卷有益，让我们一起阅读和思索吧。

2016 年 6 月 21 日

自北京飞纽约途中

目 录

中译本序 **世界无末日，大道无遮拦** / 李肇星

2008 年版 **前言** / 1

众声喧哗 / 4

笨蛋，是经济学家！ / 15

情系高加索人种 / 19

灯火黯然 / 23

一丝不挂者与一命呜呼者 / 26

序 言 **生存或者毁灭** / 31

人口的力量 / 37

福利与战争 / 40

积重难返，困兽犹斗 / 42

备选方案 / 50

第一部分　西方世界：被阉割的时代

第一章　新时代降临 / 3
地图上的数学题 / 7
西方人口告罄 / 15
当东方遇上西方 / 21
第七个阶段 / 26

第二章　向前……向前……快撤：人口 VS 幻灭 / 30
末日清仓大甩卖 / 35
落叶知秋 / 42
西班牙苦雨 / 48

第三章　人类来自金星：第一本能 VS 第二本能 / 55
道高一筹 / 64

第二部分　伊斯兰世界：阿拉伯的夜幕

第四章　**飞越牢笼：大穆罕默德 VS 大汉堡包** / 81
　　　　全球化外卖 / 97

第五章　**心归何处：教会 VS 政府** / 114
　　　　不见踪影的少数派 / 120
　　　　后基督教时代的西方国家 / 129
　　　　有名无实的教堂 / 136

第六章　**《〈圣经〉启示录》中的四骑士：
　　　　乌托邦化的欧洲 VS 伊斯兰化的欧洲** / 146
　　　　一部曲：死亡 / 154
　　　　二部曲：饥荒 / 160
　　　　三部曲：战争 / 166
　　　　四部曲：征服 / 174

第三部分　美国：新黑暗时代……如何重启光明

第七章　最时髦的原始人：已知的未知 VS 故意的无知 / 183

此情此景 / 197

哪些"已知"我们依然"未知"？ / 202

我们的语言就是炸弹 / 207

第八章　孤独的单极：美国 VS 其他国家 / 211

懦弱的超级大国 / 231

第九章　天赋异禀的重要性：个人 VS 家庭 / 244

巴氏消毒法只是一道开胃菜 / 249

顺我者昌，逆我者亡 / 253

从摇篮到坟墓 / 259

第十章　正在倒下的骆驼：末日将临 / 265

病灶何在 / 290

致谢 / 297

译后记

一、这本书讲了些什么？/ 298

二、这本书的现实意义是什么？/ 302

三、当前危机的背后根源是什么？/ 306

四、说明与致谢 / 310

人们总是被强马而非弱马所吸引。

              奥萨马·本·拉登

              坎大哈，2001 年 11 月

若说我们学到了什么，那就是：示弱给人以可乘之机。

              唐纳德·拉姆斯菲尔德

              华盛顿，1998 年 10 月

2008年版　前言

这究竟是一本啥样的书？

这么说吧，它在加拿大被禁，估计也就是分分钟的事了。

先且不说被禁的事儿，这本书到底讲了些什么呢？简言之，它揭示了"当前世界的消亡厄运"。"二战"之后60年所形成的世界秩序即将终结，由美国及其跨大西洋的欧洲盟友们所开创并维护的欣欣向荣的全球荣景，也行将随之一并香消玉殒。这还只是我们当前面临诸多问题中的小菜一碟，真正的大问题在于，秩序的变化或许仅仅是一个征兆，一个更深程度上文明衰落与精神崩溃的不祥征兆——在西方陨落之后，我们的未来将彻底毁于非西方文明之手。

因此，这着实是一幅宏阔的图景——或者，你可以将之理解为一场真正的战争，一个刀光剑影的真实战场。这场战争并不是你现时所知的"反恐战争"，由于使命模糊不明而又充满妥协逃避，"反恐战争"早已不见任何成效；它也并非反恐背景下的伊拉克战争与阿富汗战争所能代表，伊拉克和阿富汗确是这场战争的重要前线之一，但不过只是两个次要的战场。我们所面临的真正挑战，并非由伊拉克的逊尼派三角区或阿富汗的兴都库什山脉中的几个山洞所引发,说得再明白些而是由一个相比而言更加处于世界中心的地带——大部分的"西方世界"所引发的,它囊括了欧洲大陆、英国、澳大利亚、加拿大,最终也必然将美国拉下水。如果美国无法找到新的盟友以替代旧的伙伴,它终将发现自己比想象中更加悲凉地陷入一种遗世独立的逆境之中。与伊拉克的前线战事不同——那里常有"恐怖分子"在热闹集市和清真寺发动血腥的爆炸袭击,西方世界的这一前线看似更加平静,虽然偶尔也会发生恐怖袭击——比如,2008年2月底,正在哥本哈根的沙滩上享受日光浴的丹麦人就遭遇了一场恐怖爆炸;此外,还有不少曝光度虽小但其实死伤率极大的恐怖事件,如在加拿大多伦多和美国达拉斯出现的"圣战",以及在瑞典发生的数起令人匪夷所思的坠楼事件,多少年轻的穆斯林女孩儿稀里糊涂地从公寓阳台上"不慎"失足,坠入了死亡的深渊。然而,刨去这些令人发指的流血事件,即便在看似宁静的日子里,敌人也正在毫无休止地蚕食着我们的土地。即便没有伊拉克和阿富汗的战争,即便没有人开着飞机撞向纽约的高楼大厦,即便没有人炸毁马德里、伦敦和巴厘岛的火车、公交和夜总会,即便所有这些可怕的恐怖袭击都未曾发生,即便我们不曾看见一颗冒着硝烟的子弹,我们其实已然深陷于自我迷失的重大危机。

这究竟是一场什么样的危机?没错,这正是我在本书的后续章节中所即将深入探讨的主要问题。本书于2006年秋季首次面市,在迄今为止的两年多中,我们所熟知的这个世界虽还未像我所预言的那样彻底消亡,但我相信在此期间发生的很多事情都已然证明了我的论证并非无稽之谈。《美国独行》首次出版后,我每天都收到一大堆的电子邮件,不少读者愤愤地写道:"好吧,如果欧洲真的正在走向消亡，那为什么除了你和寥寥几个不受待见的疯子之外，没见几个人在认真讨论这事儿呢？"我必须说，事实上，已经有相当多的人开始认真讨论这个问题了。我不妨举个例子：

> 我们所能预期的下一场全球动荡，迄今在人类史上还是前所未有的。

上面这话是摘自本书某处的一句危言耸听的诳语吗？还是名记者奥莉娅娜·法拉奇[①]（Oriana Fallaci）晚年著作中被出版商删除的某句咒怨吗？都不是，这句话摘自联合国公布的《世界各区域人口情况报告》，该报告探究了2007年世界各国最新的官方人口数据，同时预测了未来40年全球的人口变化趋势，认为这一变化的规模和速度都将是史无前例的。该报告显示，中欧、东欧都将出现人口的巨幅骤减：德国人口将减少10.3%，波兰人口将减少20.5%，俄罗斯人口将减少24.3%，保加利亚人口将减少35.2%。吊诡的是，西欧的人口却将出现增长——然而，这一增长的原因却几乎都要"归功"于来自非洲和亚洲的众多非西方移民。

再重复一遍：上面那句话可不是我说的，那是联合国说的。由于不敢逾越文化多元主义的原则，同时又本着非批判的态度，联合国的报告并没有点明这一"全球动荡"的地缘政治影响。没关系，我的这本《美国独行》将为您说清道明。当位处大西洋另一端的欧洲盟友们陷入人口的螺旋式消减，以及社会、文化、政治领域的半

[①] 意大利女记者、作家。1929年6月29日生于佛罗伦萨。1967年起作为《欧洲人周刊》的战地记者，采访过越南战争、印巴战争、中东战争和南非暴动。退休后，撰写了一系列文章和书籍批评伊斯兰教和阿拉伯人，引发争议。

伊斯兰化进程时，美国又将如何独善其身？其实，不光美国的盟友正在历经此一劫数，甚至它的一些宿敌也同样无法幸免于难——或许，当变化来临，美国也不再需要与之为敌了。《多伦多星报》是一家众所周知的左翼自由派报纸，没有一丁点儿的右翼色彩。然而，据该报报道，在 2015 年之前——也就是不久的将来，绝大多数的俄罗斯军人都将皈依伊斯兰教，这无疑将给车臣战争平添无法预测的巨大变数。如果你对俄国佬将共产主义奉为圭臬的那个时代记忆犹新，不妨等着看它又将如何变成一个半伊斯兰国家吧，好戏才刚刚开始。

众声喧哗

　　《美国独行》的中心论点是：西方世界正在走向一场自发形成的种族灭绝灾难，而穆斯林将成为这场灾难的直接受益者。本书于 2006 年底发行之时，我本来期待着由这一论点引发一场热烈的论战，然而，美国的《纽约时报》（New York Times）却拒绝评论本书，加拿大的《环球邮报》（Globe and Mail）则用一种看似权威的口吻抨击本书"可能是读者所见关于西方与伊斯兰关系的众多著作中最为粗俗下流的一本"。

　　今天看来，上面这话都可以当作百老汇的戏词儿来听了！批评家威廉·克里斯丁概述了本书的内容，先是对其嗤之以鼻，继而称它"粗俗下流"，可是之后却没有任何下文了。他写了这么一篇辞藻华丽、言辞激烈的长篇大论，却并未清晰说明，如果本书的论点存在软肋，那软肋究竟是什么。有些批评家妄言我把书中的人口数据夸大了："哎哟喂，谁不知道呀，意大利的人口出生率不是书中所说的平均每个妇女生育 1.2 胎，而是 1.25 胎；所以预测欧洲在 2025 年或 2040 年之前会完全伊斯兰化是何其地荒唐，真到了那时候再操心伊斯兰化的问题也还嫌早吧……"好吧，他们才懒得深究这些细节的。还有一个令人匪夷所思的推论是这样说的："没错，我们确实正在走向衰落，但是还不至于像斯坦恩①（Steyn）说的那么快吧；你瞧瞧，尼亚加拉瀑布流得慢着呢，所以根本没啥好担心的；坐回你的独木舟里去吧，拿起你的夏威夷四弦琴，然后高唱一曲《天下一家》（*We Are the World*）的流行小调，这一唱起码还可以再混个好几十年呢。"以下段落出自记者约翰·哈里（Johann Hari）在英国著名杂志《新政治家》（*New Statesman*）中发表的书评：

　　《美国独行》是一本关于未来的指南，预言了欧洲在大约 2020 年前后终将"伊斯兰化"的历史命运。到那时，欧洲从表面上看"桃花依旧笑春风"，大部分基督教堂与林荫大道仍然坐落于罗马、伦敦和巴黎。然而，"人面不知何处去"，伊斯兰政党联盟已经赢得了法国大选——而这还仅仅是整个欧洲政治高层在"伊斯兰化"进程中所倒下的又一块多米诺骨牌而已。君不见，荷兰和丹麦已经颁布了禁酒令，欧陆上的大部分女性蒙上了面纱，同性恋酒吧纷纷关门大吉、集体搬迁去了美国旧金山。

　　该书提出，西方人的"大败退"始于五年前，自那时起，"传说中更大版图的法兰西"开始日复一日、毫无休止地向着一个"更大版图的波斯尼亚"进化。最后的纯种欧洲人在亡命天涯

---

① 马克·斯坦恩，本书作者。——译者注

之际,也只能诅咒过往那些鼓励"大规模移民和文化多元主义"的不堪回忆了。回到眼前,人们已经日益清醒,2005年发生于英国的地铁和公交爆炸以及2006年发生于法国的汽车焚烧事件都还仅仅是"欧洲陷入由伊斯兰化所引发的内战的初级阶段"。这片孕育了人类现代化的欧洲大陆注定要走向"社会崩溃与法西斯复兴"的明天,也注定将陷入"由伊斯兰化所引发的漫漫长夜"。由此一来,美国只能孑然独行,成为抵抗"返古化"悲剧的最后一个西方国家了。

上述言论并非让－马利·勒庞①(Jean-Marie Le Pen)所领导的法国右翼政党的狂热宣传,而是近期《纽约时报》畅销书排行榜上一本奇书的大胆预测,这本书已然使得美国的右翼人士们神魂颠倒。马克·斯坦恩,一个没什么文化的前电台音乐主持人,如今已摇身一变成为权威专家,甚至与美国副总统迪克·切尼②(Dick Cheney)一起被奉上了右翼政治的神坛。

嚯,我倒真想瞧瞧,等到穆斯林人口在欧洲总人口中真的过半,这些说风凉话的人可要如何是好。不过,《美国独行》是不会告诉你这一天将会何时到来的,确切日期是由一系列因素综合决定的,白痴才会去预测。决定穆斯林人口数量的因素不仅包括出生率,还包括了信仰改变和外来移民的速度,而法国和荷兰恰恰正经历着上述所有变化。更进一步说,不用等到穆斯林人口成为多数族群的

---

① 法国政治家,极右翼党派"国民阵线"领导人。勒庞强烈反对移民、尤其是非洲移民进入法国,声言必须保持"民族纯洁性"。
② 本名理查德·布鲁斯·切尼(Richard Bruce Cheney),石油企业家、政治家。美国第54届(第46任)副总统。此前曾任白宫办公厅副主任、国防部长等职。

那天，在穆斯林人口占20%到50%的国家中，只有3个称得上"自由国家"——塞尔维亚、苏里南和贝宁。所以，就算欧洲的非穆斯林族群暂时仍占多数，也并不能代表什么，伊斯兰族群和非伊斯兰族群之间有一个人口比例平衡点，在这个平衡点上双方势均力敌，遇到问题首先进行斡旋，而这个平衡点远非人口数量相等那么简单。在那位评论家哈里先生看来，为了证明欧洲的"伊斯兰化"就妄言日后穆斯林定会赢得政治选举，简直令人笑掉大牙。好吧，那咱们先别预测2020年、2030年或2050年的选举，咱们就着眼当下吧。2007年，布鲁塞尔迎来了一位新市长——弗莱迪·蒂莱曼斯（Freddy Thielemans），在他所执掌的社会党的核心党团之中，除他之外另有17名成员，以下是这些核心成员的名单：

1. 法蒂玛·阿比德（Fatima Abid）
2. 穆斯塔法·阿姆拉尼（Mustafa Amrani）
3. 萨米拉·阿塔尔比（Samira Attalbi）
4. 穆罕默德·布坎塔尔（Mohammed Boukantar）
5. 菲利普·克洛斯（Philippe Close）
6. 让·巴普蒂斯塔·德克里（Jean Baptiste de Crée）
7. 艾哈迈德·科迪比（Ahmed el Ktibi）
8. 朱莉·费兹曼（Julie Fiszma）
9. 弗乌茨亚·哈利奇（Faouzia Hariche）
10. 卡琳娜·拉利陀（Karine Lalieux）
11. 玛丽-保莱·马赛厄斯（Marie-Paule Mathias）
12. 伊万·马耶尔（Yvan Mayeur）
13. 摩尼亚·迈齐巴尔（Mounia Mejbar）

14. 穆罕默德·奥利亚·吉里（Mohamed Ouria Ghli）
15. 马赫福德·鲁姆达尼（Mahfoudh Romdhani）
16. 谢夫凯特·特米兹（Sevket Temiz）
17. 弗莱迪·蒂莱曼斯（Freddy Thielemans）
18. 克里斯蒂安·万·德尔·林登（Christian Van Der Linden）

此时此刻，在布鲁塞尔的执政党党团之中，18位核心成员里竟有10人是穆斯林。换言之，欧盟首都早已被穆斯林占多数的政党抢走了执政权。在美国，民意代表的进退通常已是滞后的政治风向标，比如，佛蒙特州出身的帕特里克·莱希(Pat Leahy)是该州第一个也是迄今唯一一个当选美国联邦参议员的民主党员，但其实我们一直以来都把佛蒙特州看作民主党的大本营。我母亲就是比利时人，假如时光倒转30年，你跟她说布鲁塞尔将来会变成一个由穆斯林政党执政的城市，她肯定会说你是疯了。诚然，穆斯林不是一个单一族群，以比利时为例，来自土耳其和来自阿尔及利亚的移民之间有着毋庸置疑的显著区别，但尽管如此，在这些穆斯林的共性面前，讲德语的弗拉芒人①（Flemish）和讲法语的瓦隆人②（Walloons）之间由来已久的族群争执已经没有什么意义了。长此以往，到了公元2100年，比利时可能还会因伊斯兰的教派冲突而四分五裂，不是变成逊尼派国家，就是变成什叶派国家了。

我们可以质疑欧洲"伊斯兰化"的后果为何，或者对"伊斯兰化"的速度进行争论，但断不可怀疑"伊斯兰化"正在发生的事实。我

---

① 又称弗兰德人，主要居住在比利时北部的弗兰德地区，占比利时总人口的58%。
② 主要分布在布鲁塞尔以南地区，族源与法兰西人相近。

还发现,《新政治家》的那位评论家——约翰·哈里——其实是个同性恋者。"9·11"事件发生后不久,他就写了篇让人摸不着头脑的专栏文章,吹嘘他秘访了位于伦敦的一座激进派清真寺,怀着紧张激动的心情勾引了一个渴望一战成名的青年激进派圣战分子。某种程度上说,哈里的这种自满来源于他的另一种自信——对自己有能力蛊惑大众的自信。他坚信,只要西方世界对消费主义和享乐主义大开绿灯,即便是伊斯兰学校里严守教律的年轻人最终也会拜倒在西方社会的魅力之下。把希望倾注在穆斯林身上,奢求他们会接受西方文明的熏陶和感化,我只能送君一句话:祝美梦成真。有一个名叫布鲁斯·鲍尔(Bruce Bawer)的美国同性恋者移民到了欧洲,他认为欧洲比美国更具"包容性",但现在,鲍尔貌似对欧洲的情势并不看好了:

> 上个月的某天,我在罗马作了一场演讲,解释了文化多元主义的自由思想是如何助长了高度僵化的宗教激进主义在欧洲的传播的,同时阐述了随之而来的种种暴行,尤其是"暴力反同性恋运动"①。回到酒店后,我给一个身在挪威奥斯陆的"同志"打电话,却被告知就在不久前,他在一个公交车站被两个穆斯林青年拦住,其中一人问他是不是同性恋者,然后竟掏出一把匕首。他赶紧跳上一辆刚刚靠站的公交车,那个穆斯林青年在他跳上车时还踹了他几脚。若是那辆公交车没有及时到站,后果可就难以估计了。

---

① 指由于对同性恋所抱持的非理性的恐惧和憎恶心理而对同性恋者实施暴力的行为。

现在,"反同性恋运动"正在许多过去以"包容性"著称的欧洲城市如火如荼地展开。譬如,2005年,同性恋报刊《华盛顿"同志"》(Washington Blade)的编辑克里斯·克雷恩(Chris Crain)即曾在阿姆斯特丹被一群穆斯林青年暴打。针对此类事件,德国《明镜》周刊(Der Spiegel)报道称,随着"反同性恋暴行"在荷兰愈演愈烈,阿姆斯特丹的市政当局已开始委托专业民调,探究到底是何原因使得摩洛哥移民把同性恋者当作攻击的目标。

我的天呀,这个问题的确好难,我也好想知道到底是什么原因啊。不过别担心,阿姆斯特丹大学有着最棒的智库,他们研究发现:

> 一半的犯罪活动都系摩洛哥族裔的男性所为。专家认为,这些移民在社会中长期备受欺凌,因而选择袭击他们认为处于社会阶层中更低端的群体作为报复手段。另一个比较入情入理的说法是,这些袭击者可能也在纠结于他们自己的性取向,无法接受自己是同性恋者的事实。

说得好啊!把这帮摩洛哥青年说成是"不敢出柜的同性恋者",肯定能缓和阿姆斯特丹的紧张局势!琢磨这事儿的时候,你是不是觉着那些从土耳其来的青年移民们看起来也有点儿"娘"了啊?

淡定,啥事儿也没有,什么"反同性恋运动",不过就是一些穆斯林"同志"们因为找不着同性恋夜店而发泄情绪罢了。对于此事,任何其他的解释都将是——那词儿是怎么说的来着?——"危言耸听"。《经济学人》(The Economist)说,我的书是"危言耸听者的信条";英国《卫报》(Guardian)称,"斯坦恩的论点确实是危言耸听"；甚至在加拿大，塔里克·法塔赫①（Tarek Fatah）和法尔扎娜·哈桑②（Farzana Hassan）竟然在我曾参与撰稿的杂志——《麦克莱恩斯》（*Maclean's*）上，把这本书称作是——没错——"危言耸听"。

好吧，我也真是够了。我算是明白了，我写的这本书就是：危言耸听，危言耸听，危言耸听。

那么问题就来了，没错，你到底是听到什么危言了呢？2008年2月，在接受英国广播公司访谈时，坎特伯雷大主教作了一场出言不慎、荒谬至极的演说。他提出用单一法律来约束所有人是极为危险的，所以将伊斯兰教法引入英国是"不可避免"的大势所趋。看到这里，你还是无动于衷？好吧，这也不能怪你，其实正在悄然蔓延的伊斯兰教法，在西方世界早就已经登堂入室了。在这位主教大人演讲结束后短短几日，英国政府和加拿大的安大略省政府就双双批准了法案，给予数千个组建了"一夫多妻家庭"的男性赡养其所有妻子的福利金。还是无动于衷吗？好吧，即便英国政府公开谴责了大主教，称他的演讲"危言耸听"，但却依然同时骄傲地宣称"伊斯兰债券"③的引入将使伦敦成为伊斯兰银行业的全球枢纽。依然无动于衷吗？在英国，一些信仰伊斯兰教的穆斯林护士在充斥着肠道

---

① 加拿大籍巴基斯坦作家、广播评论员、自由派人士，支持并鼓动巴基斯坦的分裂活动，因此引发巨大争议，被禁止在巴基斯坦发表公共言论。
② 加拿大籍巴基斯坦作家、演说家、人权活动家，作品和言论多关注穆斯林女性的权益问题。
③ 指以资产支持的、有稳定收益的、可交易且符合伊斯兰教法精神的信托权证。伊斯兰教法规定穆斯林禁止收取利息，所以伊斯兰债券的本质其实是一种租赁债券。这种债券名义上并不支付利息，但是给投资者支付以该债券为基础资产的"收益权"，也即把利息租金化。

病菌的公立医院里拒绝对相关器具进行清洗，理由是进行清洗工作会裸露出胳膊，那显然不合乎伊斯兰的教规。现在你还觉得我所说的都是危言耸听吗？

也许你对敲响的警钟充耳不闻是因为你连穆斯林清真寺里传出的宣礼之声①都没有听见。在《美国独行》的后半部分中，我曾引用了吉本②（Gibbon）的一段名言：

> 法国普瓦捷市③（Poitiers）曾是西欧穆斯林的弄潮之地。对于穆斯林摩尔人④（Moors）来说，引发骚动固然只是偶然，可一旦他们遇到机会，就绝不会停下脚步，而一定会挺进巴黎，一路迈向莱茵河，甚至愈行愈远。爱德华·吉本（Edward Gibbon）在其名著《罗马帝国衰亡史》（*The Decline and Fall of the Roman Empire*）中曾这样写道："到那时，也许牛津大学的老师都在讲解《古兰经》，受过割礼⑤的人们也正在聆听布道，学习穆罕默德那些来自天启的真谛。"果有此事，欧洲已不再是信奉基督教的欧洲。若非不少盎格鲁-凯尔特人已经移

---

① 也称唤礼，即呼唤穆斯林到清真寺叩拜真主。为使声音传播得更远，清真寺的宣礼塔上一般都会装有扩音器，由穆安津（宣礼员）用阿拉伯文诵念宣礼词，召唤穆斯林速来礼拜。
② 爱德华·吉本（1737—1794），英国近代历史学家，史学名著《罗马帝国衰亡史》的作者，18世纪欧洲启蒙运动中史学界的代表人物。
③ 法国西部城市。
④ 多指在中世纪时期居住在伊比利亚半岛（今西班牙和葡萄牙）、西西里岛、马耳他、马格里布和西非的穆斯林，这里泛指一般的穆斯林。
⑤ 割礼分为男性割礼和女性割礼两种。男性割礼即切除全部或部分阴茎包皮，女性割礼为切割生殖器，再进行缝合。穆斯林、犹太人和澳大利亚土著人都有割礼风俗。

居北美，他们也得变成穆斯林。正如吉本在书中所言："普瓦捷只是世界历史开始被颠覆的起点罢了。"

果不其然，在普瓦捷市被穆斯林折腾1300年之后，英国牛津市的中央清真寺已开始一天三次朝向城东宣礼。《每日邮报》（*The Daily Mail*）的彼得·希钦斯（Peter Hitchens）这样写道："牛津，这个深得英国文化精髓、深具基督教精神的城市，这个自由思想的发祥地，正在被迫接受着清真寺的宣礼，那声音从宣礼台的扩音器中飘散出来，越过无数座房屋的尖塔和圆顶。如果这还没有威胁到我们的生活方式，那我真不知道还有什么能威胁得了我们了。一座英国城市每天定时定点地播报真主安拉的至尊地位，我看这称不上包容，而是对于一种异质文化的俯首称臣。"

事实上，与另外一些因非宗教性而自鸣得意却其实已然被"伊斯兰化"的欧洲城市一样，牛津市一点儿也没有"深具基督教精神"，更没有"深得英国文化精髓"。伊斯兰可能确实是一种"异质文化"，它不像基督教只令人想到空无几人的英国教堂的尖顶，它代表的是如今英国穆斯林势不可挡的一股力量。

让英国通过伊斯兰教法？让组建"一夫多妻家庭"的男性拿着本国纳税人的钱白住在多伦多？算了吧，我们已经司空见惯了。你要是敢在2001年9月10日提出这些建议，大部分英国人和加拿大人肯定要骂你有病，但仅仅几年之后，这些事看起来根本就不足为奇了，就算继续对穆斯林一次又一次地妥协让步，也不会有人大惊小怪。一个处于沉睡中的文明社会被嗡嗡作响的闹铃吵醒，它睡眼惺忪地要把闹铃硬塞到以"文化多元主义"为标签的柔软蓬松的枕头底下，然后再接着闷头大睡个十年，要唤醒这样一个社会谈何容易？某些断言本书"危言耸听"的读者其实承认西方世界正在"伊斯兰化"（加拿大的穆斯林人口在过去十年中增加了一倍），但他们否认这种人口变化趋势将会给社会带来严重的后果。在他们看来，伊斯兰银行业，这个可以有；一夫多妻制，也没什么不好吧；圣战，嗯，也可以吧，别太过就行了。这种自以为搭上伊斯兰教法的快车，过个几站点后就能自由下车的妄想简直就是自信心爆棚。是什么人让你如此自信，坚信一切都可以"不越线"？坎特伯雷大主教这种大人物吗？还是安大略省社会福利部门的官员？西方世界已经不是由这些声称可以"不越线"的人所操控的了——看看他们现在已经退让到了什么地步吧，再过五年，这群人指不定还会做出什么妥协。事实上，既不知道底线到底在哪儿，也无从指认谁才是可资信任之人，这种自以为"文化多元主义"可以稳住事态的想法，简直是不靠谱之极。

为了呼吁引进伊斯兰教法，坎特伯雷大主教列出了一长串西方和事老的名字。其中有一位荷兰的内阁部长声称，假如荷兰公投通过了引入伊斯兰教法的决议，他绝对没有任何异议；另有一位瑞典的内阁部长也表示，大家应该对穆斯林亲切友善一点，这样等到穆斯林真的成为欧洲的多数人口，他们也会对我们报之以琼瑶。此外，大主教还为引入伊斯兰教法作了更多辩护，他认为，如果不这么做，西方的穆斯林就将"面临在文化忠诚和国家忠诚之间的两难抉择"。然而，大主教并没有进一步把话说透。在一个成熟社会中，"文化忠诚"必然在某种程度上与"国家忠诚"挂钩。然而，这位主教大人反倒退了一步，声言对伊斯兰教的忠诚（不是单纯的信仰忠诚，而是政治—文化层次的忠诚）与对英国王室的忠诚是难以共存的——甚至可以取而代之的。不过，他说的倒也是事实，流在血液中的"文化忠诚"永远比普通的公民身份更有分量，特别是在现代多元文化环境中，这种后国家时代的身份认同其实更加脆弱不堪——可叹的是，大多数发达国家如今推崇的恰恰就是这种公民身份。所以，当"国家忠诚"仅仅象征着英国、加拿大或者荷兰的一本护照，"文化忠诚"对于一个国家来说才显得愈加重要。

笨蛋，是经济学家！

有些人把希望寄托在穆斯林被同化以及发生所谓的伊斯兰"改革"，他们觉得虽然改革什么尚不明确，但改革终将不可避免。他们浑然不知的是：首先，改革早就开始了；其次，改革结果是，我们被他们同化了。就在不久前，我在纽约参加一个饭局，恰好坐在一位来自中东的中年穆斯林妇女旁边。与她交谈一会儿便会发现，不管她是在60、70或80年代上的大学，这些穆斯林妇女关心的事情大都差不离。她刚刚参加了一个有关"妇女问题"的会议，参会者中不少人都来自伊斯兰世界。会上，一位"温和穆斯林"社团的主席甩出了一个词儿——"真正的女人"，用以指代披戴面纱或头巾的穆斯林妇女，这使我的这位饭局局友感到惊诧莫名。她告诉我，在她20多岁那阵儿，她和她的女性朋友们都不戴面纱或头巾，她们觉得不戴才是"真正的女人"——对于年轻的她们而言，只有上了年纪的村妇或者远在俄罗斯的满脸皱纹的穆斯林老太婆们才会戴上面纱。她从未想到她们这一代的人生际遇竟会发生180°的大逆变——人到中年时，竟然目睹了穆斯林女孩儿们——不仅仅在中东，甚至在布鲁塞尔、伦敦、蒙特利尔和底特律——都蒙上了面纱，披上了头巾，跟她年轻时的穿衣风格简直大相径庭。除了服饰的改变，还有更多奇葩之事，你若是在1986年与这位女士相遇，告诉她在21世纪初的英国医院里，看似已经西化的穆斯林女护士在工作时拒绝遵守卫生清洁规定，原因是清洁工作会让她们露出胳膊，她定会嘲笑你竟敢如此妄断历史。

听着如今美国经济学家们从纯粹的经济学角度阐述非法移民问题，我想起了英国和欧洲各国不过几十年前的相似情境。20世纪60年代末70年代初，面对越来越多的巴基斯坦移民，英国北部的工人群体因为担心他们的城市被"巴基佬"①（Pakis）占领而心急如焚并坚决地反对移民，而所谓的专家们却讽刺他们是偏执的种族主义者。也许那些工人确实是不折不扣的种族主义者，但一点都算不上偏执：不到30年的时间里，英国的奥尔德姆（Oldham）、布莱克本（Blackburn）和巴特利（Batley）就已从工厂林立的现代都市变成了遍布清真寺的穆斯林聚居区；英国约克郡和兰开夏郡早就盛行了包办近亲结婚的巴基斯坦米尔普里（Mirpuri）习俗，而且已经生出了不少令当地穆斯林引以为荣的、诸如"7·7"伦敦地铁爆炸案中的炸弹客。

列举这些事实，不是要影射现在美国加州贝弗利山②（Beverly Hills）打工的拉丁美洲裔移民都可能成为圣战分子，而仅仅是为了表达一个基本观点，一个即便呆头呆脑、毛手毛脚、笨嘴拙舌的英国老百姓都看得懂、学富五车的专家们却常常不经意间忽略了的朴实道理——把人类仅仅看作经济实体，是过分简单且完全错误的。没错，我们的确需要公交车司机、汽车装配工、水果采摘者以及从

---

① 对于巴基斯坦移民的蔑称，尤指移居英国的巴基斯坦人。
② 美国加利福尼亚州西南部城市，很多好莱坞明星和富豪居住于此。

事其他工作的所有劳动者,但如果招来一大堆低薪的公交车司机的代价是把约克郡变得面目全非,变成所有约克郡成年人都不认识的鬼样子,智慧精英们应该至少还有那么点聪明劲儿能看得出这其中更加要命的文化危机吧?

2008年,还有这么一件习以为常、见怪不怪的类似故事,英国政府的一位内阁部长踌躇满志地提出了巴基斯坦裔穆斯林中存在的严峻问题——儿童先天性畸形问题。约有57%的英国籍巴基斯坦人会与其表亲结婚,这无疑给其后代增加了患病的风险。关注他们的健康——在鼓吹文化多元主义的时代,这已是能借机点出此类问题的唯一方式:不敢反对人家近亲结婚,好吧老兄,那么就只好给已经捉襟见肘的医疗卫生预算再增加点压力吧。

这就是典型的"小事聪明,大事糊涂"。试想,在英国籍巴基斯坦人中,57%的人与表亲结婚、70%的人与近亲结婚,这到底意味着什么?起码意味着人家整个族群对被英国同化的可能性形成了一股极为强大的抵抗力。即使在美国这个所谓"民族的大熔炉",即使在温度最高的那个炉子里——纽约,80%的巴基斯坦裔家庭依然是包办婚姻,父母决定孩子跟谁结婚以及什么时候结婚。百老汇曾有一出倡导自由恋爱的喜剧名为《埃比的爱尔兰玫瑰》[①],你若是想看到一部改编版的《埃比的巴基斯坦玫瑰》(*Abie's Pakistani Rose*),恐怕是要等到下辈子了。诚然,任何社会都可能存在某些

[①] 仿自百老汇名剧《埃比的爱尔兰玫瑰》(*Abie's Irish Rose*)之名,故事讲述了爱尔兰裔女生露丝玛丽·墨菲(Rosemary Murphy)和犹太裔男生埃比·科恩(Abie Cohen)相恋结婚的曲折过程。起先,由于族裔和宗教差异,双方父母都不看好他们的恋情,两人最后只得举行了两场分别由犹太教教士和天主教牧师主持的婚礼,终于使父母认可了孩子们的自由恋爱。

遗世独立的保守族群，比如美国的孟诺教派（Amish）、门诺教派①（Mennonites）以及其他一些少数教派，但当你驾车驶过宾夕法尼亚州的因特考斯市（Intercourse），发现世居于此的这些少数族群已然不再是社会中的少数，而是城市人口增长的主要来源，那么这便完全是另一番挑战了。如今在英国北部，不是巴基斯坦族群在被主流群体同化，而是主流群体已经被巴基斯坦族群同化了。假如时光再次倒转回 1970 年，你对一个约克郡居民说，到了 21 世纪初，本地幼儿园中有近一半的孩子都是同一家族的表兄妹，他一定会觉得你实在是吃饱了撑的没事儿干。

然而，现在这就是千真万确的事实。可能正因为我"危言耸听"，《经济学人》杂志及同行们都注意到了本书的存在，他们还打算"炒炒这个话题"。英国小说家马丁·艾米斯 (Martin Amis) 向首相托尼·布莱尔（Tony Blair）提起了我的书，并且趁机问他在与同事谈论"欧洲问题"时是否会担忧欧洲的人口情势，布莱尔先生用十分真诚的口吻回应道："我们的谈话内容都是最高机密。"对此，艾米斯在文章中写道："我知道他这话是啥意思，主张尊重不同文化习俗的文化多元主义者们已经被人口问题烦透了，所以他们索性对此类问题缄口不言。"他还写道："文化多元主义者们根本无法应对以下事实：第一，每隔 35 年，西班牙和意大利的本土人口就会减半；第二，后果将十分严重。"

既然知道"后果严重"，那我探讨一下这些严重的后果算得上是"危言耸听"吗？难道伊斯兰教法、一夫多妻制、近亲结婚传统都符合欧洲和北美的长远利益？天呐，现在仅仅是提出这样的疑问，

---

① 孟诺教派和门诺教派，均为基督教再洗礼派的分支。

都会触碰到文化多元主义者们的敏感神经，于是乎，大家也只好多一事不如少一事了吧，谁又想去没事找事或是自讨没趣呢？冷战时期的那句名言是怎么说的来着？宁为玉碎，不做赤党①。现在世道变了：宁作萌猫，不拿耗子②。

情系高加索人种③

如果谁和我一样，也写了一本题为"西方世界的末日"的专著，他大概早已料到自己一定会饱受争议。然而，我在写本书的时候，着实没有料到会踏入一片雷区。前文提到的马丁·艾米斯是位著名的畅销书作家——同时也是个地地道道的左翼政治人士——竟然一不留神在英国《泰晤士报》写了篇赞赏《美国独行》的书评，文风俏皮可爱（在本书序言中可见）。随后，他发现自己被污蔑为"捧斯坦恩的臭脚"（英国《独立报》），于是，开始为自己辩护——当然也就顺便辩护了我。2008年，他接受一名记者采访时说，斯坦恩"说了别人不敢说的话"。

那么，《美国独行》究竟说了什么别人不敢说的话呢？——现在连提出这个问题也都算是蹚浑水了。最令人觉得奇怪的事情之一，是一个早已自我阉割、坚持政治正确的西方世界，为什么会有这么些保守陈旧的先见之明。在本书面市后，我收到了一大堆来自

---

① 意为宁可死也不要共产主义。冷战时期右翼分子的极端口号。
② 意为宁可让事态更加恶化，也要坚持以亲和友善、包容理解的态度应对和处理问题。作者以此讽刺文化多元主义者的百般妥协。
③ 即白色人种，又称欧罗巴人种，以日耳曼、凯尔特、斯拉夫、高卢、法兰克、盎格鲁－撒克逊人为代表。

白人读者的电子邮件,他们义愤填膺地控诉我是"种族主义者",并且揶揄道:"所以,你是怪高加索人种的女性们生孩子不够多咯,对吧?"

谁说过"高加索人种"的事儿了?阿拉伯的穆斯林碰巧也被归为高加索白色人种,他们可正在生育着成堆的孩子。世上还有一个满是高加索人种的地方,就叫"高加索地区",当地的高加索人种都信仰伊斯兰教,正因如此,苏联解体后,穆斯林聚居的高加索地区就成了主体民族人口锐减的俄罗斯的一大心病。

一些更加成熟的读者发来邮件,认为我忧心"白人女性"没有做好生育本职,实在是有些杞人忧天。一个住在美国西海岸的华人小伙儿在邮件中幸灾乐祸地说,自从读了我的书,他与爱人的夫妻生活更加频繁了,为的就是给"黄祸"再添丁进口,从而有朝一日吓我个屁滚尿流。我回复说:这可是件好事啊。殊不知近年来,"黄祸"最大的麻烦早已变为:他们其实已毫无威胁性可言了。假如他不把我视为一个种族主义者,认认真真地看完全书,他就应该知道我专门论述了中国灾难性的人口形势,还用了很长一段篇幅阐释了日本业已崩溃的人口出生率。生育率下滑是个不争的事实——不仅面色苍白的苏格兰人和比利时人如此,那些"阴险狡诈、身材矮小的黄种人"也不遑多让——而这些黄种人读者竟然还以为我会被"黄祸"吓得屁滚尿流呢。

所以,到底是谁在执迷于"种族"的概念呢?种族主义何其老套啊,所有事情都要被塞进这么陈腐的框架中加以审视。你去过巴尔干半岛吗?那儿有一个于 2008 年 2 月才宣布独立的最年轻的欧洲国家——科索沃①。继阿尔巴尼亚之后，科索沃成了欧洲第二大伊斯兰国家，也绝不会是最后一个伊斯兰国家。巴尔干半岛变成今天这般模样，是因为那儿的"白色人种"都被"有色人种"给杂交混血了吗？并非如此。在巴尔干，穆斯林和非穆斯林长得一模一样。这帮家伙平日里都是一副德行，一天抽180支烟使得他们的手指都被尼古丁熏得微黄，每个人身上都穿着做工粗糙、会引起过敏的廉价服装。这群人之间根本不存在什么肉眼可辨的区别——除了他们各自的宗教信仰，因此应该说，巴尔干半岛变成今天这般模样，是因为年复一年，穆斯林人口的繁衍速度远远超过了非穆斯林人口。今时今日，你不过是探讨一下伊斯兰在欧洲的崛起现状，都要被指责为过度执迷于"白种人"或"高加索人种"之类的种族观念，殊不知事实恰好相反，正是因为世人过度执迷于业已过时的种族观念，他们才根本无法理解伊斯兰在欧洲的崛起现状。

2007年，一帮游手好闲的德国小伙子被逮捕，警方查到他们正在策划一起恐怖袭击事件。这起袭击如若得逞，可能造成的死亡人数将比马德里火车站爆炸事件和伦敦地铁爆炸事件的总和还要多，所幸警察将这场袭击扼杀在了摇篮之中，于是整件事就成了一则乏人问津的无聊新闻。谁是策划那场袭击的恐怖分子呢？默罕默德（Mohammed）？穆罕穆德（Muhammad）？还是马哈茂德（Mahmoud）？都不是，他们的名字是"弗里茨"（Fritz）和"丹尼尔"（Daniel）。啊？"弗里茨"？从没听说"穆罕默德"的音译还能这么写呢！没错，弗里茨·杰罗维茨（Fritz Gelowicz）是个

---

① 2008年2月17日，科索沃通过独立宣言，宣布脱离塞尔维亚，截至目前获得108个国家的承认。科索沃问题至今依然悬而未决，给巴尔干地区的和平与稳定造成了负面影响。中国不承认其独立主权地位。

与德国皮短裤一样再正宗不过的德国名字。弗里茨来自乌尔姆①（Ulm）——爱因斯坦的故乡，位于碧波荡漾的多瑙河畔，不过我上次去乌尔姆时，河中已漂起了一层厚厚的青苔。这个弗里茨着实给沉湎于幻想的西方人开了一个大大的玩笑，他在参加"多元文化之家"的社团活动时皈依了伊斯兰教。该组织其实就是一个伊斯兰文化中心，由一位支持圣战的伊斯兰阿訇②创立——好一个"多元文化之家"，实际上却公然支持着"单一的文化"。该组织的三名成员——包括一名已经皈依伊斯兰教的德国人——在参与车臣战争时被俄罗斯政府军击毙。弗里茨曾经一心想要干掉几个美国人，瞧瞧，"多元文化之家"的一个职能就是：这里有太多引人注目的多元文化，绝大多数文化最后都会被伊斯兰文化攻击得支离破碎。2004年，弗里茨及其同伙阿提拉·塞里克（Atilla Selek）驾车行驶时被拦下逮捕，他们的车上满载着支持奥萨马·本·拉登的宣传单，大肆宣扬着"9·11"恐怖袭击事件。不得不说，这个故事听起来就像是一部以圣战为主题、情节曲折雷人的情景喜剧，片名可能叫作《阿提拉与德国佬》。

弗里茨·杰罗维茨、澳大利亚工人杰克·罗奇（Jack Roche）、英国保守党官员之子、拥有一语双关的贵族姓氏的伍德豪斯③（Wodehousian），全世界都遍布着被所谓"多元文化之家"培养出来的青年，他们以皈依伊斯兰教为最高理想，毅然决然地成为圣战

---

① 德国南部城市，位于慕尼黑和斯图加特之间。
② 又称伊玛目，为伊斯兰宗教领袖，尤指率领伊斯兰教徒做礼拜的人。
③ 英国的贵族姓氏，伍德豪斯家族的许多成员均为上议院议员且多为托利党（即保守党前身）成员，因此伍德豪斯一姓既象征着英国的贵族身份，也是英国保守党的代表姓氏。

分子,并随时准备献出自己的宝贵生命。

为什么激进的伊斯兰阿訇把目光投向了青少年而非中老年?为什么他们迫不及待地想把正值豆蔻年华的加拿大、英国甚至美国的少男少女们都变成伊斯兰教徒?因为他们深深知道,当西方国家把一代人浸入"文化多元主义"的大染缸中,一大批年轻人就会产生身份认同的巨大真空。伊斯兰是一种意识形态,非说它是一个"种族",那便暴露了你的智商——简直愚蠢至极。与之相似,动不动就给别人扣上一顶"种族主义"的帽子,充其量只是西方自由主义者们因无法接受幻想的破灭而疯狂喊出的梦呓而已。

灯火黯然

尽管不断提及穆斯林,但本书的重点既不是伊斯兰教,也不是伊斯兰教徒,更不是激进的阿訇——不管其身处欧洲或是中东的清真寺里。本书的重点不是"他们",而是"我们"——这里的"我们"意指我们的文化,是塑造了现代文明世界、建立了全球法律体系、创造了国际贸易网络的西方文化——这也是当代世界赖以存在的文明依托。纵使如此,正应了爱德华·格雷爵士(Sir Edward Grey)在"一战"前夕的那句名言:"全世界的灯光正在一盏盏地熄灭,在许多美国人认清斗争的形势和规模之前,世界地图上将会有众多地方为黑暗所吞噬。"人口并不代表一切——一些针对本书的批评认为,主流文明从来都不是靠数字说话的。然而,问题的重点恰是,只有当你拥有强大的自信和意志,你才能抛开数字——你得知道你是谁,以及你信仰什么。从某种程度上讲,自信与意志的影响力其实更加深远,也更加难以抗拒。不过有时候,自信与意志的确会轰然崩塌。奥斯卡·范·登·博加德（Oscar van den Boogaard）是一个德国籍同性恋"人道主义者"（听起来简直是中了三连彩），2006年他接受了比利时《标准报》的采访，当被问及关于欧洲伊斯兰化加速的问题时，他用一句话总结了自己的感受——他所深爱的欧洲就要完蛋了。"我不是个勇士，可是谁又是呢？"他耸耸肩，"我从未学过如何为自由而战，我擅长的只是享受自由。"

真是遗憾，只会享受自由，不可能获得自由，或者不可能永葆自由。我们之中有太多的人——不仅是欧洲人，美国人亦如此——都只会享受自由，对捍卫自由之事却一无所知。于是乎，我们跟范·登·博加德先生一样，面对厄运只能认命地耸耸肩。著名的库伯勒 - 罗丝模型^①（Kubler-Ross five stages of grief）描述了人在身处哀伤过程中的五个不同阶段，而博加德已经经历了前四个：否定、愤怒、妥协、沮丧，现在正抵达最后一个阶段：接受。按照伟大的欧洲传统，那些无法平稳过渡至"接受"阶段的欧洲人将不得不转向，把希望寄托于身骑战马、征服大陆的英武勇士，甚至期盼着另一个希特勒出现，然而，到头来却发现眼下除了一群无足轻重的法西斯分子在执念于旧日时光，什么英雄好汉都已不见踪影了。在面对人口问题时，就连一贯坚不可摧的法国右翼政客让 - 马利·勒庞也只是无奈地呢喃：我已近耄耋之年。好吧，廉颇老矣，尚能饭否？

全球秩序正在经历重大变革，然而，真正关心这一问题的所谓专家却寥寥无几，这着实使我惊措万分。在"美国衰落"的声音甚

---

① 瑞士的心理学家伊丽莎白·库伯勒 - 罗丝（Elisabeth Kubler-Ross）在1969年出版的《论死亡与临终》（*On Death and Dying*）一书中提出，人们在身处弥留之际或者面临巨大损失之后，其悲伤情绪会经历五个明显的阶段：否定、愤怒、妥协、沮丧、接受。

器尘上之时，弗朗西斯·福山①（Francis Fukuyama）为了挽救他业已过时的"历史终结论"，近来开始把欧洲当作未来发展的文明样板：

> 我坚信，欧盟比今日的美国更加准确地反映了历史终结时的世界面貌。欧盟通过建立跨国法律机制，超越了主权国家的传统权力政治，这比美国仍然相信上帝、国家主权和军事力量的行为模式更加接近人类历史的未来文明。

竟然没有一个人去认真思考一下欧洲的民主赤字、高昂福利与锐减人口，所有人都想当然地认为这些都是社会发展的必经之路。历史确实要终结了，但不是因为已经到达了自由民主的最高阶段才走向终点，而是因为它即将一落千丈，滑落到那个未经开化、血腥原始的文明起点。

然而，纵使事态正在急剧恶化，丢盔弃甲的西方人依然在不断妥协，其妥协之势甚至连他们的批评者都意想不到。2007年末，瑞典《哥德堡邮报》（*Göteborgs-Posten*）刊载的一则新闻即令我大跌眼镜：

> 在瑞典女兵的抗议之下，瑞典军方对北欧军团制服上的盾形徽章进行了修改，去除了徽章上狮子肖像的生殖器。
>
> 一群来自快速反应部队的女兵向欧洲法院提起上诉后，瑞

---

① 日裔美籍学者。哈佛大学政治学博士，师从塞缪尔·亨廷顿。现为约翰·霍普金斯大学的保罗·尼采高级国际问题研究员、国际政治经济学教授，第一本著作《历史的终结及最后之人》使其一举成名。"历史终结论"认为，人类最后的历史就是"自由民主"的历史，在"自由民主"阶段，人人皆获平等的认可，历史也就随之终结，不再演进了。

典军方最终同意对这头狮子实施阉割……

天呐！这简直是对北欧军团的无情戏弄！来自瑞典军方"传统委员会"的克里斯汀·布劳恩斯坦（Christian Braunstein）竟然还对报社记者说："我们奉命一一核查，确保徽章上的生殖器已经被彻底去除。"

你大可完全相信，这是一项欧盟定可出色完成的光荣使命。

一丝不挂者与一命呜呼者

《美国独行》出版后不久，有一次我信步逛到了华盛顿特区的鲍德斯书店①（Borders）总店。与其他作者一样，当看到自己的著作摆在畅销书专柜之中，而一个潜在的买主正站在那儿仔细翻阅时，我打从心眼儿里觉得高兴。可是，等我凑过去一瞧，嗐，他看的原来是旁边那本《花花公子之名媛裸照特辑》（*The playboy Book of Celebrity Nudes*）。我先入为主的心理活动完全是空欢喜一场，倒是《花花公子》的编撰者看到这一幕定会心花怒放，毕竟他们夙兴夜寐为一大堆裸照撰写说明也着实是煞费苦心。大概是不好意思，看见我凑过来他便放下书走开了。谁曾想，我刚一转身，他又鬼鬼祟祟地转回来了，拿起《花花公子》瞟了一眼女歌手南茜·辛纳特拉②（Nancy Sinatra）（我记得特别清楚）的便装照，然后出去转悠了一会儿，旋即又溜达回来，拿起《花花公子》扫了一眼女演员维多

---

① 曾为美国第二大连锁书店公司，现已破产。
② 美国女歌手、演员，于20世纪60年代早期开始职业生涯。

利亚·普林西帕尔[1]（Victoria Principal）（如果我没记错的话）的裸照，然后再出去转悠、再溜达回来，最后终于拿起一本《花花公子》，决意收入囊中。不过，这种时候，小小谨慎往往比肆无忌惮更为明智，只见他悄悄地把那本书置于一本《美国独行》之下，然后面无表情地拿着两本书走向了结账台。

我有什么好抱怨的呢？我守在那儿一直看着，最后发现《美国独行》大约有60%的销量都源自上述购买方式。哈哈，这种购买方式的真正可贵之处在于：若是在其他国家，你会鬼鬼祟祟地晃过展柜，瞟过来又瞟过去，接着神不知鬼不觉地把《美国独行》放在《花花公子》的下面，然后气定神闲地朝结账台走去。正如我在最前面提到的，这本书马上就要被禁了……不是在沙特阿拉伯、苏丹或者瓦济里斯坦[2]（Waziristan），而是在加拿大被禁。一旦加拿大伊斯兰会议（Canadian Islamic Congress，CIC）提出抗议，《美国独行》断然是不能被容忍的。由于加拿大最负盛名的新闻周刊《麦克莱恩斯》（Maclean's）刊登了《美国独行》的一段节选文字，加拿大伊斯兰会议联合了加拿大人权委员会（Canadian Human Rights Commission）、英国哥伦比亚人权委员会（British Columbia Human Rights Commission）和加拿大亚伯达人权委员会（Alberta Human Rights Commission）一起盯上了我，向我发出了一大堆关于"人权"的抗议，理由是我患有"恶性伊斯兰恐惧症"[3]（flagrant Islamophobia）。所以，假如你是在加拿大的书店浏览本书，你手里捧的可能其实是一本宣扬"仇恨犯罪"的不良读物，如果你担心会

---

[1] 美国女演员、作家、企业家。
[2] 位于巴基斯坦西北部与阿富汗接壤的一片山区。
[3] 指对伊斯兰抱持一种极度恐惧与憎恶的情感。

有乔装打扮的加拿大骑警在走廊里穿梭巡视,我劝你最好还是多拿至少两本看起来更加正常一点的书——比方说,《花花公子之名媛裸照特辑》和《自杀式爆炸袭击之傻瓜教程》(Suicide Bombing for Dummies),然后悄悄地把《美国独行》夹在中间。

加拿大伊斯兰会议的主席名叫穆罕默德·艾马斯利(Mohamed Elmasry)。2004年,艾马斯利主席在一次电视访谈中声称,杀害任何一个以色列平民——无论男女、只要成年,都是合法的。就凭这句话,我们客观而论,他无疑就是一个恐怖主义支持者。然而,他却反过来对我横加指责,抨击我发表了针对穆斯林的"诋毁言论",甚至因为骂我而走红,成了加拿大宣扬所谓自由、进步和"人权"的左翼杂志的封面新宠。

如此荒唐的故事恰恰印证了本书的主题,简而言之一句话:当西方世界被没有底线的"包容"论调紧紧束缚,从而导致非包容的力量最终从内部将西方瓦解,那将会是怎样的一番情景?为了批判《美国独行》,加拿大伊斯兰会议把其中的核心观点复述得比我本人写的更富表现力:乌合之众的穆斯林与充满活力的自由社会之间无法兼容。看来,自由的代价就是充满警觉,或曰药不能停;而这也正是为何那么多激进派的穆斯林游说团体急不可耐,非欲将西方社会的这种警觉除之而后快。讽刺的是,恰是在西方社会那帮吃饱了撑的没事儿干的文化多元主义进步者的积极促成下,他们或许马上就可以梦想成真了。

从精装版面市到平装版发行,中间相隔的一年半时间恰好印证了本书的核心论点。在这世上,很少有人会写一本关于世界末日的书,因为我们大家都不想看见世界末日。别的不提,单说一点,如若社会彻底崩溃,我们这些作家连一分钱版税都甭想拿了。你会写一本关于末日的书,正是因为你想避免末日的到来,正是因为你愿意为了那些无辜之人而守护世界的和平与安稳。几年之前,一位出版商约我吃午餐时,给我介绍了一个代笔的好活儿。她想让我写一本约翰·克里[①](John Kerry)的竞选日记,这对我来说当然是小菜一碟,我要做的无非就是跟着克里到处趴趴走,然后毫不留情地将他嘲弄一番。可是,那天我却支支吾吾,犹豫不决,终于她看出了我的心思,然后问道:"好吧,那你自己到底想写本啥样的书呢?"

我说:"我想写一本关于世界末日的书。"这时候,对话陷入了一片死寂,我感觉她应该想走人了。没过一会儿,她果然要走人了。离开之前,她对我说:"你知道我第一次读你作品时是什么感觉吗?我觉得你在控诉。你那篇关于莫妮卡的裙子[②]的专栏文章特别风趣。"然后,她对着服务生说:"结账,谢谢。"那一刻,我的脑海中浮现出了男子歌手组合门基乐队[③](Monkees)与流行音乐大师唐·克许纳[④](Don Kirshner)英雄会英雄的动人场景——门基乐队说自己已经受够了制作垃圾一样的口香糖歌曲,现在想成长为真正的艺术家了,而这位出版商简直像极了当时的唐·克许纳。

我那篇关于莫妮卡的裙子的专栏文章,确实是一篇事先对评

---

① 美国政治家,第68任国务卿。2004年7月29日获民主党提名为总统大选候选人,与当时的在任总统小布什展开竞选。
② 20世纪90年代,美国时任总统克林顿曾与白宫实习生莫妮卡·莱温斯基(Monica Lewinsky)偷情18个月,两人的性丑闻传出后,外界称该事件为"拉链门"。独立检察官在调查事件时,曾从莱温斯基住所拿走了包括粘有精液的蓝裙子等许多证物,而正是这条裙子迫使克林顿最终承认两人有"亲密关系"。
③ 美国本土乐队,由四人组成,于20世纪60年代兴起。
④ 美国传奇音乐制作人,20世纪50年代以创作广告歌曲起家,后成为发掘好声音、提携新明星的伯乐和大师,《时代周刊》在1966年赋予其"黄金耳朵"的封号。2011年逝世,享年76岁。

论对象作了细致采访的诚意之作:这条裙子已被列入了证人保护计划①,接受了修复整容手术,现已成为位于爱达荷州某处的一副蓝色的窗帘。20世纪90年代中后期——克林顿执政的两个任期,对于专栏作家而言真是一段绝妙的时光。如今,奥巴马当选总统后,我们又迎来了克林顿的第三个任期②,我本应遁去巴哈马群岛安养天年了。可是,我却总觉得自己像《北非谍影》③(Casablanca)中的英格丽·褒曼(Ingrid Bergman),她在影片中对男主角亨弗莱·鲍嘉(Humphrey Bogart)说:"我已经把那条裙子放起来了。待到德国人撤走的时候,我就重新穿上它。"何其相似,我也已经把莫妮卡的裙子放起来了,待到宗教激进主义者撤走的时候,我就重新穿上它。

我们之中没有人预知2030年时形势将会如何发展,正如我们的先人之中没有人能够在1908年时预知俄罗斯、土耳其、奥地利和德意志等帝国将在十年之内土崩瓦解一样。然而,我还是很欣赏脱口秀节目主持人丹尼斯·普拉格(Dennis Prager)所作的判断:一些人忧心于伊斯兰复兴,及其在衰落的西方社会中所伴生的一系列问题;另一些人则忧心于全球变暖。20年后,总有一方将被历史证明是对的,而另一方看上去简直就和大傻子一样。

---

① 又称为"蒸发密令",是美国联邦政府旨在保护证人出庭作证后不受到(由作证引起的)人身伤害的一项政策措施。
② 奥巴马首次当选总统后,在内阁中重用克林顿执政时的班底成员,以期重启克林顿时期的经济繁荣,美国媒体因此称之为"克林顿的第三个任期"。
③ 好莱坞经典电影。"二战"时期,卡萨布兰卡是欧洲人逃往美国的必经之地。在影片中,当地夜总会老板里克(亨弗莱·鲍嘉饰)拥有两张宝贵的赴美通行证,一天他偶遇了自己的昔日恋人伊尔莎(英格丽·褒曼饰)及其现任丈夫,两人在感情纠葛和政治矛盾中面临着艰难的抉择。

序言　生存或者毁灭

> 我们知道此刻如何，却不晓得未来怎样。
>
> ——威廉·莎士比亚，《哈姆雷特》

你是否正忧心忡忡？看起来你的确是心神不宁。心忧天下，这已成为进步社会中有责任感的公民借以彰显自身美德的最佳途径：知我者谓我心忧，"心忧"本身已经成了令其自我感觉良好的道德资本。

不过，你到底在忧心些什么呢？是伊朗的核武器吗？得了吧，这不过是小布什这个基督教原教旨主义者和他的犹太复国主义小伙伴们所自导自演的一出闹剧，目的是给美国的能源巨头哈里伯顿公司[①]（Hallliburton）提供口实，以助其成功打入伊朗市场。对核武器忧心忡忡，根本就是庸人自扰。"这令我作呕，这让我反胃"，

[①] 1919年成立于美国，世界最大的能源供应商之一，总部原设于美国休斯顿，2007年迁往阿联酋迪拜，以期在中东获得更多的商业合同。

这是英国小说家马丁·艾米斯的一句名言,在时任首相撒切尔夫人不断扬言使用核武器的铁腕时代,他不能自已地对核武器感到忧心忡忡。在一本短篇小说集的前言中,他模拟了核爆发生的场景,并对之后的悲惨世界做了如下白描:

> 假如我可以幸存,假如我血肉模糊的眼睛没有流到脸颊上,假如我没有被炮火、金属、玻璃所混合而成的冲击波砸倒在地——祈愿所有这些假设都能成真,我当有责任(何尝不是我最不想做的),穿越时速千里的暴风、漫天飞舞的原子、匍匐扭曲的死尸,回到那远方的故园。之后,唯上帝可知,我是否尚存一丝气力找到我的妻子和孩子——然后,杀了他们——当然,如果他们还活着的话。

核爆的灾难并未降临,马丁·艾米斯当然也没有杀死他的老婆,倒是最终以离婚收场。你且将心比心,当年里根和撒切尔到处威胁动用核武,搞得人人自危倒也并非完全不可理喻。不过,难以理解的是,今时今日,当朝鲜的金氏政权和伊朗的宗教领袖手中也有了核武器,大家却都心照不宣且安之若素,就如同法国老百姓听闻他们的总统又找了两个情妇后一样地麻木不仁。而这些年来,马丁·艾米斯也再未就核武器的问题发出一语——据我所知,迄今他也尚无杀死现任太太的任何规划。

在核阴云的笼罩之下,我们究竟应该如何自处?类比而言,"气候变化"问题——好吧,如果你此前听过类似言论,那么请堵上我的嘴——又到底是怎么一回事呢?如果你观看过美国前副总统阿尔·戈尔(Al Gore)制作的纪录片《难以忽视的真相》(*An*

Inconvenient Truth），你大概应记得他所描绘的烈日灼心般的末日梦魇是以下述情景开场的：

> 一天，天生胆小的四眼天鸡①先生正在林中漫步，忽然扑通一声，一个橡子从树上坠落，正好砸中它的脑袋。
>
> "天呐！"四眼天鸡尖叫道，"天要塌了！大王叫我来巡山，我得快些回去禀报他！"

噢，不好意思，我弄混了！我把戈尔的纪录片记成了此前另一部有关生态危机的迪士尼动画片。不过，谁让这些电影都大同小异啦，接下来的场景无外乎都是马尔代夫的海平面又上升了。你可能还观赏过另外一部主题类似的美国电影，在好莱坞大片《后天》(*The Day After Tomorrow*)（小心我剧透哦）中，美国副总统迪克·切尼发表了一段演讲，声言北半球即将全部冰冻。我并非气候学家，所以我还是引用该片男主角丹尼斯·奎德的台词作评吧——"理论上说，这或许确有可能。"然而，重点在于，从四眼天鸡到阿尔·戈尔再到丹尼斯·奎德，打从地球出现以来，这些在电影中粉墨登场的"人类先知"不厌其烦地预言世界末日即将到来。四眼天鸡教授说，天要塌下来了；戈尔副总统说，地球要爆炸了。凡此种种，换汤不换药。得嘞，如果你反驳不了他们，那么还不如投诚招安呢。不妨也让我来预测一下吧：

> 世界末日真的要来了！脚底抹油往上山去！奔跑吧，兄弟！

---

① 美国动画电影《四眼天鸡》中的主人公，为一只戴着眼镜的小鸡，性格特点是胆小而谨慎。

等会儿,别跑了,兄弟!举目四望,山上满眼都是伊斯兰恐怖组织的大小营地。我再斗胆预测得狠一些:所谓的西方世界将在21世纪寿终正寝,大部分西方国家甚至会在我们的有生之年消失于无形——特别是一些欧洲国家。或许在世界地图上,你仍能看到意大利、荷兰等等地名,又或许在土耳其的伊斯坦布尔仍然矗立着圣索菲亚大教堂等著名古建筑,但它已并非一个天主教大教堂,而仅仅是一处静静矗立的建筑物而已——可是,就连意大利和荷兰,何尝不也只成了静静矗立的建筑物了呢?

这还不过只是开胃小菜。关键的问题并非那些生态偏执狂们所忧心忡忡的海平面上升——马尔代夫群岛要被淹没,起码也得等到公元 2500 年左右;可是,就在咱们聊天这工夫,真正的危机正在飞速恶化之中。眼下最当紧的关键问题在于,我借用弗朗西斯·福山的"历史终结论"来总结:这并非历史的终结,而是我们所熟知的西方世界的终结。我们能否阻止这一终结的厄运?这将完全取决于美国,取决于美国是否能够重燃斗志,主动改造哪怕一部分的新兴世界。如果答案是"否"的话,恐怕这也将是美国时代的终结,以及又一轮黑暗时代的开始。倘若黑暗时代降临,地球的大部分地区都将重回原始状态。

如此一来,我的观点岂不是和阿尔·戈尔关于生态毁灭的预言殊途同归?确实,世界末日的到来岂是我们能够算得准时间的。看看这么多年来,四眼天鸡教授的同道中人们都干了些什么吧:

1968 年,著名科学家保罗·埃尔利希(Paul Ehrlich)在其畅销书《人口爆炸》(*The Population Bomb*)中宣称:"在

1979年的一场饥荒中，将有数亿人饿殍遍野。"

1972年，罗马俱乐部在其具有里程碑意义的研究报告《增长的极限》(*The Limits to Growth*)中宣称："我们将在1981年用尽黄金，1985年用尽水银，1987年用尽锡，1990年用尽锌，1992年用尽石油，1993年用尽铜、铅和天然气。"

1976年，罗威尔·庞第（Lowell Ponte）出版了畅销书《寒潮来袭：新的冰川世纪已经开始？我们能否逃过一劫？》(*Has the New Ice Age Already Begun? Can We Survive?*)。

1977年，美国时任总统吉米·卡特（Jimmy Garter）（现在听起来简直不可思议）自信地推断："我们将在10年内用尽世界已知的所有石油储备。"

上面的预测，一个都没有成真。这些兜售世界末日的谣言贩子们没有一件事预测得准——我们并未见到数亿人口成为饿殍，也并未见到石油、天然气和黄金被人类耗光。与此同时，尽管美国冰球联盟已在加利福尼亚州的安纳海姆和新墨西哥州的坦帕湾组建了职业球队，这些温暖地带的孩子们还是无缘在冬日里看到结冰的天然湿地，眼巴巴地却连一杆球也打不了——寒潮并未来袭。不过，这也并不是说在20世纪的最后30年中，什么事情都没有发生。真正值得我们注意的是：在这段时期，发达国家人口占全球人口的比例从临近30%下降到了20%稍强；反观伊斯兰国家，其人口比例则从15%增长到了20%。

若说对未来世界存在威胁，上述警讯难道还比不上几棵病树或者挂在上面的濒危树懒？1970年，除印度以外，几乎没有哪个非伊斯兰国家将伊斯兰教看作是洪水猛兽，甚至巴勒斯坦问题似乎也只是被置于常见的民族主义框架之内。而眼下，让我们再来看看伊斯兰教的世界舞台吧：大部分地缘政治危机都发生在塞缪尔·亨廷顿（Samuel Huntington）在其专著《文明的冲突》（*The Clash of Civilizations*）中所提出的"将穆斯林与非穆斯林隔开的欧亚大陆与非洲大陆交界边缘的环状地带"，就是这个"环状地带"，恐怕永远都不会从时政新闻中消失。这个礼拜，恐怖主义者在印尼巴厘岛发动了爆炸袭击。下个礼拜，恐怖主义者又在泰国南部实施了斩首行动。再下一个礼拜，俄罗斯联邦中一个寂寂无名却资源丰富的穆斯林自治共和国又发生了暴乱。再往后，是马德里、伦敦……那个伊斯兰掌控的"环状地带"霎时间已然扩展到了西方世界的中心。

1970年，看上去距今并不遥远。如果你现在已经五六十岁——别叹息青春，今天作为西方世界顶梁柱的那些小伙子们迟早也得活到咱这岁数——虽然你穿的裤子和70年代相比变紧了，你的发型也不似年轻时候那么时髦了，但是你生活中的很多场景，包括房子的外观、车子的样式、厨具的形制和塞满冰箱的各色食品，并没有什么明显的变化。尽管如此，透过现象看本质，现在的世界终究还得说是变了新天。再次重复一遍这无情的统计数据：1970年，发达国家人口占全球人口的比例是伊斯兰世界的两倍：30%对15%；到了2000年，两者已然平分秋色，各占20%的份额。

那么，到了2020年，情况又将如何？

2001年9月11日，这根本算不上什么"一切骤变的一天"，倒是更似点醒人类"一切早已大变的一天"。在9月10日这天，有几个新闻记者真正关注过美国-伊斯兰关系委员会、加拿大伊斯兰代表大会或者英国穆斯林委员会？如果你声言"穆斯林是否被冒犯"将成为21世纪初丹麦、瑞士、荷兰、比利时、法国、英国等西方世界的头条新闻，大部分人都会认为你疯了。而就在9月11日早晨，过去只露出一角的巍然冰山却突然跃出了海平面，无情地撞向了纽约曼哈顿的世贸双子塔。

这本书探讨的即是一角之下那另外7/8的冰山——处于发达国家内部的一股更为强劲的发展力量。这一力量已经使得欧洲脆弱不堪，无力抵抗自身逐步"伊斯兰化"的变异趋势；这一力量也给其他西方国家——包括美国、加拿大等国的未来命运敲响了警钟。他们所面临的关键问题包括：

1. 人口规模的减少；
2. 福利民主体制的崩溃；
3. 文明的衰竭。

人口的力量

假设你们学校一共只有200名学生，却准备和另外一个有2000名学生的学校打场篮球友谊赛，当然，这并不意味着你们学校肯定会输，不过公平而论，对方确实拥有比你们更为有利的起始优势。再想想以下场景：你想要发动一场革命，可是你身边只有七个革命同志，而且都已经年逾八旬——我看你还是不如歇菜好了。可是，如果你此时掌控着2,000,007个革命兄弟，而且这些人都是20啷当岁的小伙子，那么我看你应该可以大干一场了。

在讨论"中东和平进程"时，不知有多少保守党派人士意识到这样的数据：加沙地带的人口平均年龄仅为 15.8 岁。

明晰了这一根本问题，剩下的就都只是些细枝末节了。如果你是一个"温和派巴勒斯坦"领导人，你觉得你能否说服这个国家——一个充斥着缺少教育、没有工作、在联合国监管下、靠欧洲救济过活的亡命徒和愣头青的"想象中的国家"——变得稍微理性一些？倘若忽略了最具决定意义的人口因素，任何对"巴勒斯坦问题"的分析都是瞎耽误工夫。

何其相似，欧洲、加拿大、日本、俄罗斯的显著特征都是缺乏新生儿。发达世界正在经历着有史以来最为迅猛的人口趋势变革。不少人一定都看过一些充满笑料又不失温馨的好莱坞电影——比如《我的盛大希腊婚礼》（*My Big Fat Greek Wedding*）——美国的白人 (WASPy) 小伙儿们开始与人口众多、火辣漂亮、性欲旺盛的希腊女孩儿们约会。在电影中，地中海之滨的希腊女孩儿真可谓"我家的表叔数不清"，亲戚多到你连屋子都挤不进去。可是，现实却恰恰相反，希腊的生育率已多年徘徊在平均每对夫妻 1.3 胎左右，人口学家称其为人类社会前所未见的"超低生育率"（lowest-low fertility）。更要命的是，希腊的生育率在地中海沿岸的南欧国家中却已经算是"矬子里面的将军"了：意大利为 1.2，西班牙为 1.1。纵览西方发达国家，这几年还能找得到"大"家庭的也就只剩下英语国家了：美国的生育率达到 2.1，新西兰比之略低一点。估计好莱坞应该正在重拍一部《我的盛大新西兰婚礼》：那些来自希腊的孤寂的独生子女们纷纷入赘新西兰家庭，并从其爱人的兄弟姐妹中体会到大家庭的温馨与幸福。

依我之见，这可不是艺术虚构，而是正在上演的现实生活。以下内容根本不需要虚构，如果你觉得荒诞，权当是个玩笑吧：2050 年，

60%的意大利人将没有兄弟姐妹、叔舅甥侄。往日人丁兴旺的意大利大家庭中,在一张一望无际的长条餐桌旁,爸爸斟酒、妈妈盛面、三世同堂的温馨场景将如同恐龙灭绝一样一去不返。诺埃尔·科沃德[①](Noel Coward)曾在一部戏剧中写道:"索道车啊索道车,索道车上的人们都无路可退(funiculi, funicula, funic yourself)"。到了21世纪中叶,我看意大利人在生育大事上确实将没有任何退路了。

专家们天天都在讨论问题的根源,然而,人口统计学其实正是根源中的根源。"9·11"事件发生之前,发达国家的人们丝毫没有意识到伊斯兰问题。现在,我们每晚打开电视收看新闻,尽管热点地区散落于世界各地,但是从冲突主体的成分看来,不难印证我们的假设:在巴勒斯坦,穆斯林教徒对抗犹太教徒;在克什米尔,穆斯林教徒对抗印度教徒;在非洲,穆斯林教徒对抗基督教徒;在泰国,穆斯林教徒对抗佛教徒;在高加索地区,穆斯林教徒对抗俄罗斯人;在印尼巴厘岛,穆斯林教徒对抗国际背包客;在斯堪的纳维亚半岛[②],穆斯林教徒对抗丹麦漫画家。环境保护主义者或许只会在嘴上宣称"胸怀全球视野,扎根本地实践",而穆斯林却在行动上真正做到了。他们心无旁骛,在世界的各个角落开辟着全新的战场。

为什么他们能做到?因为他们有人力。因为在七八十年代,当西方人错将"人口过剩"的奇谈怪论当回事儿时,穆斯林家庭却正在大量地"造人"(在伦敦和加纳实施自杀式恐怖袭击的伊斯兰教徒都是这波婴儿潮的产物),这边,我们还在一直讨论着人口

---

① 英国演员、作家,代表作为《与祖国同在》,曾获得1943年奥斯卡最佳原创剧本奖。
② 泛指北欧国家,在地理上特指斯堪的纳维亚半岛,包括挪威、瑞典、芬兰,文化与政治上还应包含丹麦。

过剩的问题。2005年，贾瑞德·戴蒙德①(Jared Diamond)出版了一本畅销书：《崩溃：不同社会如何走向成败兴亡》（*Collapse: How Societies Choose to Fail or Succeed*）。这个题目倒是切中时弊，所以我也买了一本，然而令我哭笑不得的是，书中讨论的问题却都是离题万里：复活岛快要被淹了，因为岛民把所有的树都砍了个精光；智利不是七国集团和联合国常任理事国的成员，因为智利人砍了太多树；在戴蒙德笔下关注的格陵兰人、玛雅人以及其他"社会"的崩溃命运的背后，基本上所有的原因都只是——他们砍光了树。

无知的老戴蒙德，这才真叫"只见树木，不见森林"啊。俄罗斯正在走向崩溃，却与砍伐森林毫无关系。问题的关键不是森林里的树，而是"家庭之树"，是树干枝头上的孩子们。一个不去传宗接代的民族必将是末路穷途。而只有繁衍生息的民族才将改变我们生活的时代。因为，当历史召唤人类时，定是首先抛出一个最基本的问题来：

开门呀！

谁在门后面呢？

福利与战争

人口数量减少将导致民主国家无以为继。在美国，对财政赤字忧心忡忡的政客们时常抱怨：我们正在给子孙后代堆积着父债子偿的无尽麻烦。然而，欧洲的情况则更是雪上加霜：他们连可以偿还债务的子孙后代都没有了。

---

① 美国作家，著有《崩溃》《第三种黑猩猩》《枪炮、细菌和钢铁》等著作。

在我所生活的美国新罕布什尔州，1820年时其人口数量达到了顶峰，尔后一路下滑，直到1940年才又逐渐回升。时至今日，新罕州的人口规模才刚刚恢复到200年前的水平。美国的西部大开发扼杀了新罕州的传统畜羊业，年轻人逃离这片平原奔赴西部打工，或者去往东北部的工业城镇谋求生计。看着如今空荡的地窖、废弃的谷仓、荒芜的牧场都即将重新被森林覆盖，不免令人徒生伤感。不过，年轻人口的离乡潮并没有彻底扼杀故园的发展，因为美国并不存在使老年人沉溺其中的高昂的社会福利。无独有偶，在加拿大的育空地区①（Yukon），当淘金热的风潮已过，上一秒钟酒吧里还是熙熙攘攘，舞女的吊带袜里塞满了钱；下一秒钟酒吧就已人去楼空，人们争相跳上最后一块狗拉雪橇，仓皇地向南奔去。不过，淘金客虽走了，育空地区却也并未愁肠百结，不必操心未来由谁去支付酒吧舞女们的退休金。与白马市（White Horse）和道森市（Dawson City）日渐萧条的酒吧不同，对于发达国家而言，人口问题却是关乎生死的大危机，因为20世纪的福利民主国家正是建基于一种并不完美的发展模型——唯有不断增长的人口才得以维持其不断运行。

我们或许可以用一个公式来概括这个模型：

老人 + 福利 = 你倒霉

青年 + 意志 = 谁惹你，谁倒霉

我这里所说的"意志"，可称得上是某一种文化的支撑脊梁。就拿非洲来说，当地并不乏青年人，但他们很多都染上了艾滋病，且大部分并不认为自己是非洲人——比如卢旺达人，其身份认同首先来自于自己的部落，而大多数部落并没有将其他部落融为一体的

---

① 加拿大行政区划由10个省和3个地区组成，育空为3个地区之一，位于加拿大的西北方，因流经该地区的育空河而得名。

雄心壮志。然而，伊斯兰人口却拥有着将伊斯兰世界融为一体的雄心壮志，由此也就形成了中东、南亚及其他地区穆斯林族群的首要而核心的身份认同。由此可见，在伊斯兰世界，青年与意志兼备；而在欧洲呢，却是老人和福利俱全。

此时此刻，我们正在见证着于20世纪晚期兴起的看似进步的福利民主制度的逐渐衰亡。财政破产只是根本性的体制破产的一个表征：福利民主制度的天生缺陷早已融入了社会运转的基本原则之中。20世纪，西班牙的法西斯和共和派展开了一场事关未来的残酷内战，可如今，当马德里深陷一帮外国恐怖分子的威胁之中，这些西班牙斗士的子孙后代们却都对此视若无睹。一旦再发生恐怖袭击，他们必将一言不发地缴械投降，甚至连声讨几句的意思都没有。另一方面，一些国家盲目倡导现代多元文明，将本土公民的身份认同与大量的外来移民绑定一处，实在是浅薄无知之极。不论在何处，这样的国家都埋藏着圣战的种子。西方穆斯林那横跨世界的伊斯兰身份认同正在取代旧式的民族主义思潮，并成为诸多全球性问题的首要诱因。

对于那些人口减少却福利沉重的国家，其实问题非常简单：他们能不能变得现实一点？他们能不能在社会进入老龄化之前首先长大成人？如果不能，他们终有一日将会落入与之世界观迥异的族群之手，在异族人的统治之下走向灭亡。

积重难返，困兽犹斗

第三个因素是什么呢？是西方世界的衰落国家所无法摆脱的文明倦怠感，他们深陷文化多元主义以至于根本搞不清楚状况。当然，第三个因素和前两个因素是紧密相连的。在美国人看来，"反恐战争"与"国内赤字"之间似乎没有明显的联系，然而事实上，福利民主国家的结构性缺陷和全球伊斯兰文化的崛起之间却存在着紧密的关联。国家财政负担了本应由成年公民承担的一切责任——医疗保健、儿童看护、老人赡养——甚至已经到了服务公民的一切需求、而非仅仅是生存需求的夸张地步。就美国的情况而言，联邦"赤字"并非真正的问题；政府的福利开支才是导致赤字的根本原因。即使比尔·盖茨每个月都掏钱缴税为赤字买单，这些福利开支也仍是入不敷出，且正在一点点地蚕食着公民的独立自主意识，直至使他们陷入死于安乐的危险境地。因此，"大政府"终将造成对整个国家的安全威胁：它将令公民更易遭受类似宗教激进主义的恐怖威胁，使人们更难动员起与之相抗衡的强大意志力。"9·11"事件应该让我们对于"大政府"的节节败退有所警醒——唯一的好消息是，第93次航班上的"英勇公民"① 与劫机者抗争到底，终使此架飞机冲撞大楼的阴谋未能得逞。

在20世纪晚期，曾有两大趋势在世界舞台上扮演重要角色：在东方阵营，共产主义土崩瓦解；在西方阵营，人们的自信土崩瓦解。弗朗西斯·福山著名的"历史终结论"预言了西方自由民主体制必将战胜苏维埃共产主义体制，然而，对这一理论最为有力的批驳就是，现实情况并非福山所论述的那般理想。美国人（或者说民主党及其支持者以外的美国人）或许可以自诩他们"赢得"了冷战，但是欧洲的法国人、德国人、比利时人以及加拿大人却没有资格自诩，

---

① "9·11"事件中，共有4个航班被劫持并冲向恐怖分子的预定目标，唯有美联航第93号航班上的乘客与劫机者殊死斗争，使撞楼阴谋未能得逞，但最终结果仍是机毁人亡。

极少数的英国人大概也有资格吧。这些都是北约成员国——从技术上说，他们也都曾站在胜利者的一方去抵制不得人心的恐怖专政。在欧洲，冷战结束初期的确有过一段令人欢欣鼓舞的日子：柏林墙倒塌的那一刹，几乎所有人都为之兴奋，特别要注意的是，人潮之中有不少身材火辣的东德女郎，她们迫不及待地想要与西德那些最讨人厌的帝国主义走狗们共享嘉士伯或时代牌啤酒。然而，这一刻真是稍纵即逝，我尊敬的福山先生啊，在欧洲大陆空谈"我们的大理想"（Big Idea）打败了"他们的大野心"，实在是毫无道理。不管再怎么涂脂抹粉，我们也很难将"打败共产主义"归功于法国人或意大利人。相反，这些国家中曾有数百万人年复一年地投票支持共产党执政。甚至于今天，在苏联的威胁已经终结，它们的衰落速度却不减反增了。

在托马斯·巴尼特（Thomas P. M. Barnett）的新书《大视野大战略：缩小断层带的新思维》（*Blueprint for Action*）中，他引用了罗伯特·卡普兰（Robert D. Kaplan）——一位非常敏锐的国际问题专家的观点，将地图上处于西方以外边缘地带的法外之地比喻为"印第安领地"，这真是个滑稽但却误人的笑话。新旧时代下的印第安领地之间存在着极大的不同：过去，根本不用担心印第安的苏族人会突然出现在纽约第五大道①（Fifth Avenue）上到处乱跑；如今，那些荒蛮之地上的土著居民只要银行卡中有钱，只须个把小时就可以抵达国际大都会的中心城区。另一个不同之处在于：过去，是白人迁往印第安人的领地之上定居；如今，追随激进派阿訇的伊斯兰信徒们却从新印第安领地上迁徙而来，定居于繁华的西方大都市。

---

① 位于美国纽约曼哈顿的一条南北向主干道。

还有一个差别在于技术：过去，印第安人只有弓箭，我们的骑兵则有火枪伺候；如今，在所谓的新印第安领地上，连饭都吃不饱的国家却手握着核武器。

除此之外，作为一个专有名词，"印第安领地"意味着即便是那些蛮荒之地也必须遵循文明世界的规矩。事实上，若要说西方世界以外的"印第安领地"曾经遵循过现代世界秩序，那就只能追溯到一两代人以前了——西部非洲、巴基斯坦、波斯尼亚那时候确曾如此。今日，相较于70年代，即便东欧、拉美以及部分亚洲国家都更为开放自由了，地图上其他地区的自由程度却一直螺旋式的下降之中。重重压力之下，未来的自由国家将会是何种模样？是变成苏东剧变后的波兰荣景，还是变成苏东剧变后的南斯拉夫乱局？在欧洲，人口压力显然更倾向于引发后者。

西方的未来敌人将与基地组织更为相似，他们跨越国界，遍布全球，在当地扎根，将活动外包；同时，他们又通过强大的身份认同团结在一起，冲破了边境与国土的阻隔。他们有时也许会以"民族国家"的身份作掩护，正如在阿富汗和索马里所做的一样，但是他们不会成为民族国家，也不想成为民族国家。圣战分子可能是第一批敌人，但其他跨国恐怖组织很快也将如法炮制。对此，联合国、欧洲联盟等在"9·11"事件前对恐怖主义知之甚少的国际组织并无可能作出有效的应对。

我从未想过书店竟会把我的著作跟"末日贩子"的书摆在一起。公平地说，这本书与"末日贩子"所描述的"人口爆炸、资源枯竭"的场景至少有一个重要区别。我马上就会告诉你这个区别是什么，这对于理解人类发展的核心公式——人口与意志的交互关系——实在是至关重要。人口因素都可归纳为一组数字，纯属是一个统计学问题，而第二个因素——意志——虽然略显抽象，但却同样重要。

奥萨马·本·拉登（Osama bin Laden）认识到："人总是被强马而非弱马所吸引。"这在很大程度上其实是一个主观感受的问题。技术上说，你本该成为一匹强马的——坐拥坦克、炸弹、核武等军事武器——可是，如果你看起来太过软弱，甚至软弱到都不敢使用这些武器，你就会立刻被戴上一顶弱马的帽子。拉登并非满足于仅将欧洲纳入伊斯兰哈里发国家的一部分，他其实更加在意美国这个超级大国。2001年9月下旬，圣战分子毛拉纳·因亚达拉（Maulana Inyadullah）藏匿于巴基斯坦的白沙瓦①（Peshawar），等待着袭击"大撒旦"美国的命令，他忙里偷闲地对前来暗访的英国《每日电讯报》（Daily Telegraph）记者大卫·布莱尔（David Blair）打趣地说道："美国人热衷于百事可乐，而我们则热衷于万死不辞。"

英国小说家玛格丽特·德拉布尔②（Margaret Drabble）在伊拉克战争爆发后也在《每日电讯报》上发表过评论。至少在碳酸饮料的问题上，德拉布尔与因亚达拉"英雄所见略同"，她说："我讨厌可乐，反感汉堡，鄙弃那些充斥着情感和暴力、违背历史真实的好莱坞电影，我痛恨美帝国主义，痛恨他们的幼稚无知，痛恨他们对于胜利的盲目自信——殊不知，历史上他们从未胜过。"

瞧瞧德拉布尔女士都写了些什么玩意儿！假如你生活在20世纪30年代的波兰——国土已被苏联和德国所瓜分，你还有工夫操心苏联人喜欢什么饮料或者纳粹德国又拍摄了什么矫情电影吗？美国当属历史上最善良的霸权：它是世界上第一个非帝国主义的超级大国，在有能力掌控世界时，却选择甘作一个在地缘政治中包养他国

---

① 巴基斯坦北部城市。
② 英国当代最有影响力的女作家之一，为女权主义者。

的干爹。通过接管欧洲防务，美国希望这些国家能够免遭传统敌手的威胁。初衷是好的，但却同时免除了他们作为一个主权国家的传统责任，将欧美同盟变成了某些情景喜剧中经常出现的混乱家庭——一个成年人照顾着一窝满腹牢骚的孩子——从人口年龄结构来看，他们应属世界上最老的孩子了。美国一直倾向于在联合国以及其他机制尚不成熟的国际组织中分散权力，但却没有因此而赢得什么朋友。树大招风，所有处于支配地位的大国都会招来世人的厌恶——大英帝国如此，古罗马帝国也是一样——不过，他们都是因为一些正当的缘由而遭人厌恶的。美国却不同，美国被厌恶的理由可谓五花八门、无奇不有，比如穆斯林憎恨美国的脱衣舞表演和同性恋色情服务；欧洲人憎恨美国人都是迷恋堕胎的自以为已被赎罪的"再生基督徒"[①]；反犹太人士也憎恨美国，因为他们认为美国被犹太人所控制。太过犹太化、太过基督化、太过无神论化，美国俨然就是乔治·奥威尔（George Orwell）笔下的101号房间[②]；不论你厌恶什么，你总能在这里找到它；不论你反对什么，美国总是头号的靶心。

这也是为什么非议美国的人们倾向于支持环保主义的原因之一。假如美国是一个传统意义上的强权国家，知识分子马上就会指责美国对法国、印度、加蓬等国都造成了威胁。但是很明显，美国不是一个传统意义上的强权国家，于是这帮人就必须捏造出另一套理论，宣扬美国这个超级大国不仅仅是对小国的威胁——就算威胁不了整个银河系，至少也威胁得了整个地球。正如阿尔·戈尔所言："我

---

① 基督教教义认为，当一个人幡然醒悟、从此皈依福音、摒弃以前所有违背教义的所思所作所为，就成为了一名再生基督徒。
② 出自于乔治·奥威尔的小说《1984》，书中的101号房间是一间刑讯室，每个被关入其中的人都必须面对"世上最恐怖的事情"。

们破坏了地球和宇宙之间的能量平衡。"

这简直就是"胸怀地球视野，扎根月球实践"啊。什么破坏了地球和宇宙的"能量平衡"？有数据支撑你的理论吗？没有吧？难道你拿得出1940年和1873年的"宇宙能量平衡表"？哎哟喂，得了吧！美国会成为世界的眼中钉，并非因为它是传统意义上的超级强权，而是因为一个更加可怕的原因——它的"消费主义"，它的生活方式。那些备受鄙夷的可乐和汉堡正在实现着希特勒和斯大林的野心和梦想——一统地球村——过去的征服者们却只能通过残忍的种族屠杀以实现相似的宏图。相比而言，美国的所作所为却体现出它是多么地和平与无害。

然而，他国偏偏还要对超级大国的温和宽厚挑肥拣瘦。在访问美国时，各国游客经常会对一件T恤衫的图案评头论足——在美国星条旗的下面有一句标语："这些颜色不会褪去。"在外国人来看，这实在是有够讽刺了。近25年来，在美国的敌人眼中，这些颜色已经褪去了多次——美军从越南撤退，从索马里逃跑，从坠落于伊朗沙漠上的直升机遁去。即使是在最成功的战役中——包括1991年的海湾战争和1999年的科索沃战争——傻子都能看得出美国一直在极力避免向战乱地区派遣地面部队。正如拉登所预见，面对驻非洲大使馆被炸毁和沙特的卡巴塔恐怖袭击事件[①]，美国照例会脚底抹油，就像扎卡维[②]（Zarqawi）预见的美军终将从逊尼派三角区开溜一样。当前，美国外交政策的首要目标应是让全世界看清，美国并没有逃

[①] 1996年6月25日，沙特阿拉伯真主党引爆了一辆装满燃料的卡车，导致19名美国人、1名当地人当场死亡，另有372人受伤。

[②] 全名阿布·穆萨布·扎卡维，本·拉登的副手，"基地组织"的三号人物。生于约旦，2006年6月7日被联军部队空袭后捕获。

跑；或者可以说让全世界看清——而非看轻——美国的"决心"。要是美军有朝一日真的从伊拉克逃跑了，美国时代也就要玩儿完了——俄罗斯、中国甚至保加利亚凭什么要尊重一个碰上一丁点儿小刺激就尖叫着跑回家的所谓大国呢？

千万别被拉登、萨达姆、奥马尔①的话所误导。你应该认真考虑的是这些国家：（1）认为本国与美国亲善交好；（2）至今仍一致认为宗教激进主义是全球安全的重大威胁；（3）认为美国缺乏解决问题的意志力。你会听到很多持此观点的新兴国家，例如印度和新加坡的领导人对于美国的衰落一直忧虑不已。英国历史学家尼尔·弗格森（Niall Ferguson）将美国描述为"不堪一击的巨人"。日本海军将领山本五十六（Admiral Yamamoto）则断言这个"沉睡的巨人"势难再被唤醒——毕竟，比起门廊边坚硬冰冷的石凳子，家里摆放的名牌靠椅要惬意和舒适得多。在越南，5万人的死伤数量终使美国巨人决议撤退；在中东呢？估计5000人的死伤数量就足以令美国打退堂鼓了。下一次战争呢？可能牺牲个500或50人就喊着要回家了吧？或者它压根儿就没考虑要加入战争？我们的敌人已经确定——大部分西方国家，尤其是美国，都是软弱无能且自甘堕落的，他们很难持续地关注某一国际问题。美国拥有世上最强大的军事力量，却丝毫没有投入战斗的意志力，那么，这种军事力量也就根本算不上优势了。如果你是CNN国际频道的忠实观众，自"9·11"事件之后什么新闻让你的印象最为深刻？是美国拥有世界上最大、最好、最先进的军队？还是国会议员们歇斯底里地尖叫着要赶紧制

---

① 全名毛拉·穆罕默德·奥马尔，阿富汗塔利班的创始人，行踪神秘，外界对其相貌特征等知之甚少。2015年8月31日，塔利班发表声明，确认奥马尔死于2013年8月23日。

定"撤军时间表"？美国就是那个躺在舒适的名牌靠椅上不停打盹儿的肥佬，他有一辆光鲜亮丽、刚打过蜡、停在自家车库里的法拉利跑车，可是碍于路面太过坑洼泥泞，他是绝对不肯把车子开上路的。聊以自慰的是，每当他把法拉利停在路边洗车时，来往的路人仍能感受到那夺目的光彩。

备选方案

日益萎缩的人口和意志就好似一张单程票，帮助欧洲搭上了一列通往末日的快速列车，如此说来，人口加上意志也就成了判断一切的最有力指标：可观的人民力量。不温不火地说，如果地球上增长速度最快的族群与自由社会的特征格格不入，那将意味着什么呢？

在穆斯林人口逐渐攀升的同时，发达国家能否免于伊斯兰的文化影响而保持其政治传统呢？穆斯林人口的增加又会对人文、科技、医疗、创新、能源……特别是基本的自由观念产生什么样的影响呢？

各国所受的影响或许将大同小异。在法国，天主教堂将变成清真寺；在英国，乡村酒吧将实行禁酒；在荷兰，同性恋夜店将迁往美国旧金山。不过，在其他方面，生活还如往常一样。在新欧洲的国民构成中，已然不信奉基督教的世俗主义者将被严格遵守教条的伊斯兰教徒所替代，这些穆斯林也将被当作新欧洲人来看待。就好比著名音乐剧《猫》（*Cats*），演员虽换了新人，剧中角色却依然未变；又或者像全黑人阵容的百老汇名剧《你好，多莉！》（*Hello, Dolly!*），尽管珀尔·贝利[①]（Pearl Bailey）代替了卡罗尔·钱

[①] 美国黑人歌唱家、电影女演员。20世纪60年代，因主演百老汇黑人戏剧《你好，多莉！》获得美国话剧与音乐剧最高奖项——托尼奖。

宁①（Carol Channing），可是作品的情节、乐曲、布景却依然如出一辙。发达社会的运行法则已然十分强大：不管是谁执掌大权，都能使社会运转如常。

可是，如果社会并不似上述所说那般运转如常呢？2005年，非政府组织"自由之家"发布了一项题为"个人自由和民主程度"的调查报告：在世界上最不"自由"的8个国家中，有5个是伊斯兰国家；在46个世界上主要的伊斯兰国家之中，只有3个能被称作是自由的；在穆斯林人口占比20%至50%的16个国家中，只有3个能被视为自由国家，即：贝宁共和国、塞尔维亚和黑山共和国、苏里南共和国。法国若能紧随其后成为第4名，也未尝不是一件趣事呢。

当前的人口趋势将会导致什么后果，我们或许可以百家争鸣，不过若是轻易断言没有任何后果，则未免显得荒谬至极。菲利普·朗曼（Philip Longman）曾在他的《空摇篮》（*The Empty Cradle*）一书中写道：

> 未来的孩子将从何而来？他们将更多地来自与现代社会格格不入的族群家庭。长此以往，此一趋势必将使人类文化脱轨，远离市场经济和个人主义的现代化进程，从而逐渐衍生出一种原教旨主义主导下的反市场文化——新的黑暗时代也即将由此应运而生。

朗曼的观点不难理解。西方的自由派人士总是保持着微妙的直觉，不论何时一听到有人说"哪里有意大利人生息，哪里就是意

---

① 美国音乐剧女演员，1941年开始职业表演生涯，先后在百老汇出演了《绅士都爱金发女郎》《钻石是女人最好的朋友》等经典名剧。

大利",他们便高喊:"你这是种族主义!"如果你想搞清楚人口结构中的"白人"比例是多少,就更加不合时宜了。实际上,问题的关键不在种族,而是文化。假如一国100%的人口都尊奉自由多元的民主体制,那么"白人"占70%抑或5%都无关紧要。但假如只有一部分人尊奉自由多元的民主体制,另一部分人则嗤之以鼻,那么关键就在于尊奉自由的那部分人是占了90%、60%、50%抑或45%。这也是为什么这一问题已多年占据着国际报刊头版的重要原因——想想法国的青年暴动,丹麦的海外使领馆因其国内媒体出版了讽刺穆罕默德的漫画而遭袭,荷兰电影导演提奥·梵高(Theo van Gogh)遇刺,土耳其想成为欧盟成员国,巴基斯坦人因《新闻周刊》刊发了关于"古兰经被马桶水冲走"的报道而掀起风波。每当我提出这些观点,左翼分子们就会说道:"哦,这就是典型的右翼种族主义嘛。"然而,实际上,这些问题恰恰是左翼人士应该关心的事情。我只是一个"社会保守主义者",假如毛拉[①]接管了我们的世界,我大不了就开始蓄更长的胡子,娶更多的太太,然后夹起尾巴做人就好了。倒是那些女权主义和同性恋者的日子势将更加难熬。假如马萨诸塞州高级法庭的法官里有三五个穆斯林,"同性恋婚姻法"通过的几率能有几何呢?这便是欧洲几年后所不得不面对的历史情境。

美国和欧洲的人口状况不同,于是便导致了诸多差异,比如两者的"反恐战争"。对美国而言,战争是在中东地区的逊尼派三角区或者巴基斯坦的兴都库什山脉[②](Hindu Kush)的险恶流沙中与敌

[①] 对伊斯兰教师和领袖的尊称。
[②] 亚洲中部山脉,位于阿富汗和巴基斯坦之间。

人拼个你死我活；他们跋山涉水，与一群外国人奋力厮杀。然而，欧洲的"反恐战争"却是一场内战。英国前首相内维尔·张伯伦（Neville Chamberlain）曾将捷克斯洛伐克描述为"一个我们一无所知的遥远国度"。而今，对大部分西欧国家来说，他们"一无所知的遥远国度"却已然伫立在自己的领土之上。

保守派作家谢比尔·斯蒂尔（Shelby Steele）将美国在伊拉克的踌躇不前视为一种地缘政治版的"白人的救赎"与"世俗的忏悔"，这种情绪来源于对以往所犯罪行的愧疚。即使当战事正酣，我们的文化仍在反映着这个时代的病态心理：我们凭什么解放伊拉克人民？我们代表着帝国主义与世间一切恶魔。

在这一点上，我倒希望我们真的能代表帝国主义，至少也能够达此程度：人们常说一个能够认知自我的强大国家并非意外形成，因而它需要将成功的秘诀广而告之；可是相反，却没有多少人提及，一个强大的国家总是选择给自己下绊儿，在国际组织中甘愿伪装自己与他国平等，甚至与古巴和苏丹具有平等的投票权——这何尝不是一种国际版的"平权法案"呢？

随着文明冲突愈演愈烈，你可以在两种极端世界之间发现：一方面，一个世界拥有能够发动决定性战争的所有必备因素，包括财富、军力、工业和技术等；另一方面，另一个世界虽在物质上一无所有，却拥有纯粹的意识形态和大量的虔诚信徒。他们发动战争的其他必需品都可在通信器材公司里找到：手机、电脑以及借此通信手段而获得的银行卡和美工刀——所有这些工具都为他们所用，并借此一手制造了血腥的"9·11"惨案。

如冷战一样，面对一场关乎生死存亡的大决战，我们面临着一个问题：对我们而言，他们是否是可敬的敌人？

为了能够预测一个最有可能的结局,我们还面临着另一个问题:对他们而言,我们又是否是可敬的敌人?

你或许会想起关于关塔那摩监狱①(Guantánamo Bay)是否"虐待"了囚徒的那场论争,其中一个重要细节是:关塔那摩的美国守军接到命令,只有戴上手套才能去拿《古兰经》。这样做的原因是穆斯林囚徒认为,异教徒的手是"不干净"的。一方面,伊斯兰人认为异教徒的手不干净;另一方面,这些异教徒竟然同意了他们的看法,还乖乖戴上了手套。与虐待囚徒的说法相去甚远,守卫们戴着羊皮手套(也可能是仿羊皮手套),挨个给穆斯林囚徒免费派发着《古兰经》,就像戴着白手套的管家把《泰晤士报》毕恭毕敬地递到贵族老爷手中一样。显然,接受穆斯林的此类要求不光是不成体统,最终还将使美国自毁前程。我们自毁前程,也就等同于穆斯林的最终胜利。"反恐战争"持续4年之后,小布什政府又开始推广一种新的战争形式——"持久战"。这绝不是什么好兆头。在短期战争中,将资金投入到坦克和炸弹上即可——这也正是我们的优势所在。但在持久战中,决胜的关键在于意志和人力——这恰恰却是穆斯林的优势所在。面对一个自毁前程的人,即使是落后一方也照样能够反败为胜。无论有意或是无意,如若西方文明给外界留下了即将走向衰亡并被他人征服的印象,恐怖主义圣战者就会立刻明白:哈哈,征服他们,舍我其谁哉?!

战争持续得越长,困难积累得越多,因为这是一场与时间进行的赛跑,是一场必须延续人口、经济、地缘政治等各种影响力的综

---

① 美国军方于2002年在古巴关塔那摩湾海军基地所设置的军事监狱。据报道,关塔那摩监狱平均每名在押人员每年耗资约90万美元,被称为"全球最昂贵监狱"。

合竞赛。在"人口"上，伊斯兰世界的出生率居高不下，小而又小的他们到了21世纪中期也将在人口数量上超越地广人稀的俄罗斯；在"经济"上，欧洲将在10年内经历整个社会的动荡不安，他们沉重的社会福利体系会因人口的低出生率而难以为继；在"地缘政治"上，假如你认为联合国和其他国际组织现在都已憎恶美国，那么再过几十年，等到整个欧洲人口都已经半伊斯兰化，再看看美国能从欧洲得到点儿什么支持吧。

我之前说过我与阿尔·戈尔和保罗·欧利希等"末日贩子"之间有一点重要区别，那就是无论问题是什么，他们提出的解决方案如出一辙。无论是全球变冷、全球变暖抑或人口爆炸，"末日贩子"都叫嚣着要建立一个"大政府"，进行更加严格的管制，征收更加高昂的税负，并将公民转移至未经选举却影响长存的危机游说团体手中。这种方案不仅不能解决问题，事实上反倒成了问题的一个病征："大政府"接管了成年公民本应发挥的大部分核心功能，而西方社会却对此早已习以为常。甚至在美国，太多民主党人都认为北欧国家的福利社会是西方民主发展的终极形态。果真如此，那我们可就在劫难逃了。一个成功的社会需要在私与公之间维持平衡，可是在欧洲和加拿大这种平衡却早已荡然无存。当外交政策决策者论及我们的敌人时，他们经常把诸如伊朗、朝鲜等"流氓国家"与基地组织、真主党等"非国家行为体"区分清楚。这种区别在国内战线上也是如此。"大政府"恰如失控的"流氓国家"，缺乏聪明才智以驱除对于自由的威胁。与此同时，公民成为"非国家行为体"的意愿就显得尤为重要，正如第93次航班上与恐怖分子殊死相抗的公民英雄们一样，他们往往比庞大的联邦组织更加敏捷、更加高效。自由世界需要更多由公民扮演的"非国家行为体"。

所以，你可以说这也是一本有关"末日预言"的非典型著作："小政府"而非"大政府"才能避免末日的出现——政府必须将自现代以来代劳已久的社会责任归还给公民自己去承担。

然而，这种改变对于欧洲而言简直是难于上青天，他们已经习惯了"文化多元主义"的鸦片侵蚀。在困顿与麻木中，欧洲惶恐不安，不知该做些什么，也因此从未做过什么。多年以后，考古学家在寻找古老文明衰败的蛛丝马迹时，他们将会惊奇地发现欧洲的衰落缘由竟然如此简单。你根本无须劫持飞机撞向摩天大楼，令数千平民霎时间死于非命。事实上，这实在是个下下策，即便是再软弱的国家也会因此而义愤填膺并迎头还击。换一种思路，如果你用多元文化的"敏感性"来找碴生事，软弱的国家则会竭尽全力满足你的任何要求——最后，甚至会把那些摩天大楼的大门钥匙乖乖交到你的手上。2006 年，丹麦发生"漫画圣战"事件[①]后，英国外交大臣杰克·斯特劳（Jack Straw）称赞了伦敦报业的"敏感性"，因为他们从未再版过任何对于伊斯兰"先知"的冒犯图文。

斯特劳很可能是受到了快餐连锁店——汉堡王——的文化"敏感性"的启发：汉堡王在英国的所有门店都从菜单上撤下了冰激凌蛋卷，原因是海威考姆勃市有一位名为拉施得·艾克塔（Rashad Akhtar）的顾客抱怨，冰激凌蛋卷上有一圈奶油喷绘的旋涡形状——像极了阿拉伯文中的"安拉"一词。我从不知道《古兰经》里的哪一个章节曾经说过："伙计们，别忘了不只人类能够代表真主和先知之身，巧克力冰激凌也能代表真主和先知之名。"真是见鬼了！

---

① 2005 年 9 月 30 日，丹麦销量最大的日报《日德兰邮报》刊出了讽刺伊斯兰教先知穆罕默德的 12 幅漫画，由此导致穆斯林民众的强烈抗议，也引致部分伊斯兰极端分子的恐怖威胁。

果不其然，对于《法国晚报》（France-Soir）老板的"敏感性"，这位英国外交大臣也是赞赏有加。由于一名编辑转载了讽刺伊斯兰先知的丹麦原创漫画，这位老板毫不犹豫地将之炒了鱿鱼。或许，英国外交大臣对于荷兰人民的"敏感性"亦将钦慕不已，越来越多的荷兰人由于厌恶本国无处不在的恐怖和紧张氛围，举家移民去了加拿大、澳大利亚和新西兰。

终有一日，英国外交大臣将幡然醒悟并赫然发现：小心翼翼地在多元文化"敏感性"下生活，其实与在伊斯兰教法下生活别无二致。恰如一位同样以敏感性著称、同样为丹麦籍的非漫画人物[①]所言："生存或者毁灭：这是一个问题。"

我们对此将如何作答，才将是未来唯一的紧要之事。

[①] 指哈姆雷特，为莎士比亚名作中为父报仇的丹麦王子。

第一部分

西方世界：被阉割的时代

人口，民主，命运

第一章　新时代降临

> 文明毁于自杀,而非谋杀。
>
> ——阿诺德·约瑟夫·汤因比,《历史研究》

我有个故友叫乔治·艾博特(George Abbott),曾导演过很多音乐剧,比如《都市掠影》(*On the Town*)、《失魂记》(*Damn Yankees*)、《酒绿花红》(*Pal Joey*)。艾博特于1995年溘然长逝,享年107岁,当时他正在重排百老汇音乐剧《睡衣仙舞》(*The Pajama Game*)。艾博特已近期颐之年时不得不放弃打网球,因为他的老球友们一个接一个都驾鹤西归了。而现在的美国就跟艾博特一样,不管是在八国集团①、北约组织还是欧盟峰会中,美国很快就会发现,它的昔日伙伴们都已经老而将死了。

21世纪初期最为关键的事实就是,除美国以外的几乎所有发达

---

① 八国集团(Group of Eight),简称G8,是指八大工业国——美国、英国、德国、法国、日本、意大利、加拿大及俄罗斯的会议协商机制。

国家——加拿大、欧洲、日本等国和地区的人口都在迅速老龄化，而且比历史上任何时期的老龄化程度都更高，老龄化的速度也更快。假如一个社会的出生率下降，小孩儿越来越少，而老人却越来越多，那么老龄化问题就会出现。为了维持人口稳定——也就是说，人口既不增也不减，1950年是100万人口，30年甚至60年后还是100万人口——生育率就需要维持在平均每个妇女生育2.1胎，而现在的美国生育率正好是2.1左右。加拿大目前的生育率为1.48——突破了本国新低，加拿大人一贯因持枪率更低、派遣联合国维和人员更多以及拥有公费医保等事迹而睥睨美国人，但貌似1.48的生育率才更能突显这个"北方雪国"与"大撒旦"——美国之间的差别吧。欧洲的生育率为1.38；日本为1.32；俄罗斯的生育率最低，为1.14。这些国家——或者，确切地说，这些国家的人们——眼看着就要断子绝孙了。

老人本身并没有错：就拿我自己来说，假如能够选择一场晚会的音乐节目，比起最近流行的一些说唱歌手在台上无病呻吟，我更喜欢听多丽丝·戴①（Doris Day）献上一曲；而比起跟安吉丽娜·朱莉②（Angelina Jolie）约会，我更愿意同黛比·雷诺兹③（Debbie Reynolds）共进晚餐。但不妨想象这样一幅场景：在美国北部的一

---

① 美国歌手、电影演员，有"雀斑皇后"之称，以邻家女孩的灿烂笑容征服了20世纪50—60年代的众多影迷，经常成为年度十大卖座巨星。代表作有《影舞者》等。
② 好莱坞电影明星、社会活动家、联合国难民署形象大使。1989年作为时装模特开启职业生涯，20世纪90年代初成为电影演员。代表作有《移魂女郎》《古墓丽影》等。
③ 20世纪50年代红极一时的美国女演员，是米高梅电影公司歌舞片时代的一线明星。代表作有《雨中曲》等。

座磨坊小镇里，工厂大门紧闭，街头凄凉万分，镇上的年轻人为了生计早已迁居别处；而在美国南部，一座新生的小镇正沐浴在阳光之下，欣欣向荣地发展起来，那里坐落着鳞次栉比的商店和餐馆，拥有比北方小镇更多的工作岗位，还有更好的教育条件。现在，你觉得真正亟待解决的问题到底是人口增长，还是人口下降呢？光是想象一番这样的景象，我们就已经一目了然——年轻人的创造力对一个社会的发展来说至关重要。

既然如此，假如比之南方小镇，一整个国家或者一整个欧洲的人口形势都与北方的磨坊小镇更加相似，那将是何其地触目惊心。

此外，如果你是个"反资本主义者"，千万别以为反正自己拥有"大政府"提供一切福利，便不需要关注商业的创新与发展，更不需要在乎年轻人的数量有多少。须知，"大政府"是以比它更为庞大的人口基数为基础的：相比于加拿大和欧洲，美国算是"小政府"了，假设到2075年美国人口比现在增长30%，那么，美国现行的社保体系基本上从2017年起就要进入赤字时代了。你且想想，西班牙的人口总数每过35年就会减半，相比于纳税人口尚且在增长的美国，福利负担大得多的西班牙又会何时破产呢？激进派的左翼分子可以为"大政府"摇旗呐喊，也可以高举控制人口的大旗，但绝无可能做到两头兼顾。把两个相互排斥的政策硬绑在一起，只会让欧洲走向社会崩溃的边缘。历史上还从来没有人口下降的同时经济反而增长的先例，况且现在还多了个让我们喘不过气来的重担——社会福利体系。

全世界的婴儿出生率都在下跌，到最后，全世界的每对夫妇都会像西方国家的中产阶级那样，平均在39岁时才生下第一个孩子。而这终归是一场要决出最后赢家的比赛。在人口困境中挣扎到最后一刻的种族将赢得最大的胜利，而到了那时，本来就指望着外来移民带动社会发展的国家早已经财弹力竭了。即便第三世界的人口出生率也在减少，看看自己更为惨淡的出生率，欧盟国家也没什么好高兴的：第三世界就是欧盟国家的育婴室，养育着欧盟国家不须费心照看的未来劳动力；当第三世界的出生率与欧盟国家一样下降时，比起给第三世界带来的麻烦，更头痛的应该是欧盟国家。除非欧洲在接下来的5到10年内悬崖勒马，否则到了本世纪末，欧洲就会像经历了一场中子弹①爆炸一样：高楼大厦依然林立，但造楼的人却都死光光了。之后再过不到100年，所有德国人就可以下地狱去跟希特勒（Hitler）、希姆莱（Himmler）、戈培尔（Goebbels）和戈林②（Goering）等纳粹先驱们一起打扑克了。在马尔代夫被"上升的海平面"淹没之前，西班牙人和意大利人早都被埋在地平面以下六英尺了。不过安啦，这都不是事儿，还是继续操心您那"气候变暖"的鬼问题去吧。

直截了当地说吧，再过不到20年，欧洲就会半伊斯兰化，其原有的政治—文化特征将被彻底改变。

14世纪，黑死病曾带走欧洲1/3的人口；21世纪，远不止1/3的欧洲人口行将消失——但这一次并非被迫，而是缘于自我选择。我们生活在一个千载难逢的时代：无论怎样，文明的自我衰落已经构成了这个时代的主旋律。若是讨论偏远落后的原始部落因为与现

---

① 一种以高能中子辐射为主要杀伤力的低当量小型氢弹。更正式的名称是强辐射武器。中子弹是特种战术核武器，只杀伤敌方人员，对建筑物和设施破坏很小，也不会带来长期放射性污染，尽管从未曾在实战中使用过，军事专家仍将之称为战场上的"战神"。

② 4人均为纳粹德国战犯。

代社会的接触而土崩瓦解,你大概可以举出一大堆历史案例,但要说现代社会由于落后族群的兴起而走向没落,那真是闻所未闻。现在的我们在回顾罗马衰亡史时都会唏嘘不已,殊不知未来的人类学家在面对我们的衰亡史时,一定也会情不自禁地陷入沉思呢。

地图上的数学题

2001年,"9·11"事件发生后,一个此前陌生的群体进入了我的视野,正是这一群人引发了我对人口问题的浓厚兴趣。他们并非开着飞机撞向五角大楼的恐怖分子,而是与那些恐怖分子有着共同信仰的伊斯兰同胞,在加拿大的蒙特利尔、英国的约克郡、丹麦的哥本哈根,甚至世界的各个角落都有为这次袭击而欢呼雀跃的活泼身影。然而又有几人知晓,在欧洲的西北角,斯堪的纳维亚半岛的穆斯林人口正以迅雷不及掩耳之势飞速地增长,他们对自己的伊斯兰文化更是前所未有地充满自信。

人口当然不能解释所有事情,但也足以解释90%了,其中有些事情即便是傻子也能看出是由人口问题所致。比如,当美国第一位黑人国务卿科林·鲍威尔[①](Colin Powell)向法国呼吁在伊拉克战场上进行国际合作时,为什么法国时任总统雅克·希拉克(Jacques Chirac)对其提议毫不买账:如果一国30%的城市人口都是穆斯林,青年失业率又居高不下,人民也为此怨声载道,那还谈什么派兵出征阿拉伯战场,还谈什么与大撒旦美国并肩作战呢?人,是一切问

---

① 美国历史上第一位黑人四星上将,第一位黑人参谋长联席会议主席,也是第一位黑人国务卿。

题的开端，随手往世界地图上那么一指，甭管远近你都会发现：比起何事、何地、何时、何因，何人才是一切问题的本质原因。还记得 1980 年代的电视节目吗？那个时候，我们被"黄祸威胁论"的新闻狂轰乱炸，零售商都在说"黄祸"正吞噬着美国，甚至预言很快他们就不得不在商场中用日语跟顾客交流了。然而，这些预言并没有应验，而且也永远都不会应验。到了 1990 年代，专家们又说，由于坚持贸易保护主义，且任人唯亲、昏聩无能，日本已然日薄西山了。但这真的说得通吗？你大可以把这套原因搬到六七十年代，照样能解释为何日本当时的经济也不行。对比往昔，日本在 1990 年代发生的唯一一个结构性变化，其实就是"黄祸"的大幅萎缩，正如东京学艺大学的山田弘毅教授（Yamada Masahiro）所言，日本经历了第一次"出生率大萧条"。这场大萧条并非普通意义上的经济危机，而是愚昧的经济学家由于对人口问题的过分忽视而引发的一场种族危机。日本社会已经老龄化了，而一个老龄化了的社会一定会变得更加畏首畏尾、萎靡不振；因为老人总是倾向于把风险看得比收益更大。

既然如此，那么中国能在 21 世纪崛起吗？问题是：中国将未富先老。

那波斯尼亚呢？为何自"二战"之始，它就一步步走向崩溃，最终成为上演了一幕幕种族大屠杀的修罗场？答案是：因为"二战"后波斯尼亚的塞尔维亚族人口从 43% 降到了 31%，而穆斯林人口则从 26% 增长到了 44%。在民选时代里，没有人能抵挡得了人口多寡的选票威力，除非爆发一场内战，以死相抗。而塞尔维亚人也发现，若不能超越敌人，唯有除之而后快。但现在，欧洲面临的一个难题是，波斯尼亚的人口问题已经扩展到了整个欧洲大陆。

欧洲穆斯林人口猛增的事实也曾引发过一场"漫画圣战"的怪诞事件。2005年9月，一家丹麦报社发表了几位漫画家拿先知穆罕默德开涮的漫画，结果引发了持续数周的抗议、诉讼、威胁、暴乱、纵火、毁房以及暗杀等一连串事件，恐怖情绪从加拿大的卡尔加里蔓延至巴基斯坦的伊斯兰堡，伊斯兰的怒火自英国的伦敦一路延烧到印尼的雅加达。回到2006年9月10日，没有几个人能预料得到再过几年将从大众媒体上看到这样离奇的新闻头条："丹麦漫画圣战中的死亡人数已经升至9人。"死人的事固然不是闹着玩儿的，特别是看到死亡人数翻了一番又一番的时候，但我们竟能这么快就把危机四伏的人口问题深埋于心、不复重提，也真是让人醉了。与"9·11"事件后席卷欧洲大陆的一场场小型恐怖袭击一样，"漫画圣战"事件昭示了一个残酷的现实：欧洲人口正日渐衰老，而穆斯林人口则正当年轻气盛。在一场文明的冲突中，恰似新主人在搬入新家之前要将厨房重新修葺一番，穆斯林也正在为他们在欧洲的新家设计更加适合自己的装修方案。在"漫画圣战"中，也许每个网络大V都会在原则上力挺勇气可嘉的丹麦报社员工，可是满打满算也就只有500万人写了博客，相比之下，欧洲穆斯林人口的官方统计数据为2000万。这是个什么概念？你不妨自己算算。

鹿特丹的穆斯林人口比例是多少？40%。比利时最流行的男孩名字是什么？"穆罕默德"。那瑞典的第三大城市马尔默呢？还是"穆罕默德"。截至2005年，"穆罕默德"已在英国最流行的男孩名字排行榜上名列第五。即便如此，在"9·11"事件以及随后发生的马德里、巴黎和伦敦的恐怖袭击案之前，大部分欧洲人从未意识到主流人口比例的变化趋势。

让我们从另一个最基本的角度来审视问题：为什么我们生活的

世界是如今这般模样？为什么本书原版的写作语言来自于远离欧洲海岸的一个小岛呢？为什么英语成为了全球贸易、互联网和国际组织的通用语言？为什么除了英国以外的其他十几个国家，从拉丁美洲的伯利兹（Belize）到非洲的博茨瓦纳（Botswana），从西非的尼日利亚（Nigeria）到西太平洋上的岛国瑙鲁（Nauru），都在说英语？为什么加拿大和巴布亚新几内亚拥有同一个女王？为什么1/4的世界人口都来自英联邦，并且多多少少都受制于历史悠久的英国普通法和英国议会传统呢？

因为在19世纪早期，英国成为了第一个真正降低了婴儿死亡率的国家。在此之前，英国不列颠群岛上的景象和世界其他地方别无二至：每个家庭都有一大堆孩子，但大部分孩子在能为家庭和社会产生经济回报之前就已经夭折了。到了1820年，情况大有改观，医学的进步以及基本卫生条件的改善使得15岁以下的青少年构成了英国人口的半壁江山。纵然单纯从数量来看，相比于中国的3.2亿人口，英国的280万人口只不过是北大西洋群岛上极不起眼的一小撮人，可是后来的历史证明，起决定作用的并非人口基数，而是潜在的人口增长趋势。此后，英国凭借着富裕的人力，不仅占领了加拿大、澳大利亚和新西兰，还高度渗透了西印度群岛、非洲，乃至亚洲和太平洋地区的政治与经济命脉。与此同时，让世界感到万分幸运的是，人口的转移也带去了英国义化，使得历史悠久的法律体系、财产权利观以及个人自由理念均由此传播至五洲四海。

试想一下，倘若第一个降低了婴儿死亡率的国家并非像英国这般拥有崇尚个人自由的悠久传统——比如中国、日本、俄罗斯或者德国——那世界又将会变成什么模样？何事、何地、何时固然重要，但何人才是所有问题的关键。假若你所归属的族群人口稀少，而你们自己又一天天地年华老去,那还谈何去改变世界呢?

时至今日,谁的境况同19世纪初的英国一样呢?究竟在哪个国家15岁以下的青少年构成了全国人口的半壁江山?

在西班牙和德国,15岁以下青少年的比例占14%,英国为18%,美国为21%——而沙特阿拉伯15岁以下青少年占全国人口的39%,巴基斯坦为40%,也门为47%。正是一个小小的也门,如同200年前小小的不列颠,即将通过各种途径把富余的年轻劳动力输往世界各地。对英国文明思想嗤之以鼻的文化多元主义者着实应当考虑一下,当美国最高法院、印度国会以及澳大利亚的法律体系都开始按照也门的价值观运行,连哈佛、耶鲁、牛津、剑桥这些高等学府也都建立在也门的价值体系之上,世界将变成什么鬼模样?

"海平面升高"这种不是问题的鬼问题,毫无道理地使人们整日里担惊受怕,而对于真正是问题的人口问题我们却丝毫未加留意,这也从两个不同侧面印证了当今人类文明的可悲现状。作为以深挖新闻真相著称的《纽约客》(New Yorker)杂志的总编辑,大名鼎鼎的戴维·雷姆尼克(David Remnick)向广大读者宣称,地球"或将变成不宜人类居住的星球"。事实上,这个星球的大部分地区在还未变得不宜居住之前,早就已经无人居住了。然而,我们的环保主义者最不关心的就是关于人口的政治——人,才是人们生存发展的最大资源。对不住了,热心环保的芭芭拉·史翠姗①(Barbra Streisand),我们马上就会发现,环保主义者才是这个世界上最不幸的人——正如我们即将发现的那样。我的第二个孩子出生时,一个邻居忠告我:"好啦,你都有俩孩子了,可别再生了。"可见她

---

① 美国演员、歌手。21世纪初积极参与防止全球变暖的高峰会议,对环保问题十分关切。

是个多么开化又有责任感的人，毕竟具有进步思想的她一辈子都在为"人口过剩"操碎了心。这种人口过剩的观点实在是深入人心，特别是在那个时代，到处都有人因为害怕"资源正日渐衰竭"而歇斯底里地奔走相告，相互劝诫少生孩子，以至于依靠人类最伟大的资源——我们自己——来解决资源危机的根本出路无人问津。然而也正因如此，日益衰竭的宝贵资源不是什么石油，而恰恰是我们自己。濒临灭绝的珍稀物种不是什么斑点鸮①，而恰恰是我们自己。如今，在西方进步人士中，死亡崇拜的思想日益盛行，而"人口爆炸"更支持了这一荒诞无稽的意识形态。我们穷凶极恶、藏污纳垢，我们磬山采木、竭泽而渔，我们巧取豪夺、兴妖作祟，因此饱含罪恶的我们根本就不应该降生于世。休·布莱克摩尔（Sue Blackmore）博士（在英国《卫报》上）写了一篇关于生化危机的专栏文章，丝毫没有意识到自己的文字有多么幼稚可笑：

> 未来几十年内，数以亿计的人类很可能行将灭亡。我们被万般踩躏而残破不堪的家园已无法再承载更多灾难……假若我们抱着大公无私的精神，希望确保世上的每个人都安然无恙，其结果必将是引发一场争夺资源的战争，并继续对地球进行无情地踩躏，直至所有人类都走向灭绝。
>
> 如果把地球的安危放在第一位，那人类本身就是地球的病原体。所以我们应该让尽可能多的人类消失，这样其他物种才能得以存活，我们还应接受人类文明的崩塌以及一切人类成就的灰飞烟灭。

---

① 美国西北部的一种野生鸟类，自1990年始被列入《美国濒危动物保护法》名录。

最后，人类可能意识到有些文明还是具有珍存价值的，但是也必须搞清楚哪些东西应当被保存下来，哪些人需要在锐减的人口中存活下来——比如，掂量一下科学家、音乐家等与政治家的存在价值，以便考量孰轻孰重、谁死谁活。

嗯，那就掂量掂量吧。一边儿是休·布莱克摩尔博士和酷玩乐队的那帮毛头小子，另一边儿是副总统迪克·切尼。究竟哪一方"应该存活下来"呢？我想在这个问题上我们达成了一致意见——关注全球变暖的环境学家阿尔·戈尔，美国环保组织"塞拉俱乐部（Sierra Club）"的董事会成员，可能还有好莱坞女明星斯嘉丽·约翰逊（Scarlett Johansson）——她那时也许正穿着比基尼、划着独木舟在被大水淹没的曼哈顿里穿行，只为在曾经风靡一时的高档餐厅里摘些漂在水面上的菊苣充饥。

有趣的是，呼吁大幅缩减人口的环保主义者从未身先士卒，不论诺亚方舟多么狭小，他们的手里永远攥着头等舱的船票。不过也巧了，布莱克摩尔博士不必再发愁是否应该牺牲法国总统雅克·希拉克（Jacques René Chirac）和俄罗斯总统弗拉基米尔·普京（Vladimir Putin）以保住流行歌手斯汀（Sting）和天才乐手博诺（Bono）了。从欧洲、俄罗斯、日本以及其他国家直线下滑的出生率就可以看出，世界上大部分地区为解决全球变暖已经采取了先发制人的攻势，甚至选择了走上一条自杀之路。事到如今，我们面临的危机已与"人口过剩"截然相反：发达国家非因战或因病死亡的人口缩减率比其他任何国家都更为迅猛。难道环保行动仅仅局限于保护黑犀牛和绿颊鹦鹉吗？难道人类就不是生态环境的一分子吗？人类在生态环境中的存亡危机就在眼前，单说一点，环保主义者就即将变得越来越稀少。21世纪末，急剧下滑的意大利和西班牙人口必将无法填补当地绿色和平组织的空缺职位。比利时为气候变化而四处奔走的说客也将与喜马拉雅雪豹齐名，双双列入濒危物种名录。在美国，马萨诸塞州和加利福尼亚州中支持民主党的环保主义者们马上就会发现，那些讨论可持续发展的国际会议将会变得更加门庭冷落。

至于说科学家和艺术家的成就如何优于政治家，看看某些出生率仍在增长的国家吧，他们对于音乐的钟情倒可谓享誉世界，但其在科学领域的建树100年来却始终未见起色，而政治成就又偏向于产生新的独裁者、毛拉与核武器，等等。如此说来，之前想象的画面出了点差错，撕碎斯嘉丽·约翰逊镶着毛边的比基尼吧，应该让她穿上因海平面上升而被浸湿了的穆斯林罩袍才对。

近20年几乎所有的预测（经济增长、全球变暖等）充其量只是些可笑的推测而已，绝大多数的末日预测也同样如此。兜售世界末日的言论贩子们屡屡失误，是因为他们没有把人类的能动性与创造性考虑在内："我们没法保证全球粮食供给了！"末日贩子们叫嚣着。但是，人类却轻而易举地发明了更加高产的耕作技术。"公元2000年，石油就要枯竭了！"末日贩子们不断发出警告。然而，人类却发明了新的开采和提取工艺，事实证明如今石油仍然足够满足人们的需要。

殊不知，人类创造性所依赖的恰是人类本身——人类才是当今世界正在日渐枯竭的宝贵资源，至少在一些自掘坟墓的发达国家中的确如此。

西方人口告罄

按国名的英文首字母排序,我们从世界各国列表中的头几个看起:

1. 阿富汗 2005 年每千人生育率为 47.2。
2. 阿尔巴尼亚 2005 年每千人生育率为 15.08。

这意味着阿尔巴尼亚的生育率是阿富汗的 1/3。上文提到,"替代生育率"——也就是维持人口不增也不减,使人口规模基本稳定的生育率——是每位妇女生育 2.1 胎。有些国家已经远远超过了这一数字:生育率最高的国家是尼日尔,每位妇女平均生育 7.46 胎;马里为 7.42;索马里为 6.67;阿富汗排在第 4,为 6.69;也门为 6.58。注意到这些国家有什么共同点吗?全是伊斯兰国家。

回到阿尔巴尼亚的生育率上。与阿富汗相比,阿尔巴尼亚的生育率不算高,但和欧洲其他国家相比却已经是最高的了。为什么会这样呢?因为阿尔巴尼亚是欧洲唯一一个以穆斯林为人口主体的国家——截至目前为止。

顺着生育率排名前一百的国家往下看到底,终于能找到每位妇女生育 2.11 胎、恰好在"替代生育率"的指标上徘徊的美国了。新西兰紧随其后;爱尔兰的生育率为 1.9,澳大利亚为 1.7。而加拿大的生育率为 1.5,已远远低于替代生育率;德国和奥地利均为 1.3,接近灭亡边缘;俄罗斯和意大利均为 1.2;西班牙为 1.1——相当于替代生育率的一半。因此,西班牙的每一代人口都会比上一代人口减半。两个成年人仅仅生育一个宝宝,所以孩子的数量是父母的一半，也是祖父母的 1/4，曾祖父母的 1/8。再往后推也就没啥意义了，毕竟现在孩子的数量已成事实，想回到过去为时已晚。我曾收到很多西班牙人写的信件，由于政府决定把出生证明上的"父亲"和"母亲"两词替换为对同性恋者不那么具有冒犯意味的"先辈 A"和"先辈 B"，他们感到异常愤懑。伴随着"同性恋婚姻"的合法化，这次称谓修改是官方实施的"传统语言大清理计划"的一部分。但由于后代人口总数开创了历史新低，改换抚养人的称谓根本没有碰触到问题的核心。假如根本没人来参加比赛，那光起个队名又有什么意义呢？政府至少应该先去鼓励西班牙的年轻人走进巴塞罗那的单身酒吧，尝试一下这样的对话："你愿意跟我回家，玩一个先辈 A 和先辈 B 的角色扮演游戏吗？""嗯，好呀，不过我要当先辈 A……"

2006 年，有报道称，西班牙的执政党——工人社会党向议会提出了一项议案，将猩猩列入"人的范畴，并给予它们人类当前享有的道德和法律上的保护"。工人社会党的论据为，西班牙人确实与黑猩猩拥有高达 98.4% 的共同基因，与大猩猩拥有 97.7% 的共同基因，与红毛猩猩的共同基因也占到了 96.4%。真是不幸，依我看，西班牙人与猩猩之间那 2% 的基因差别显然包括了对于繁殖后代的需求。吉本的《罗马帝国衰亡史》在如今的欧洲已经没啥意义了，反倒是应该有人写本《长臂猿的崛起与胜利》（*Gibbons' Rise and Triumph*）。不过干吗只保护猩猩呢？为什么不给予羊以堕胎的权利？或者允许沙鼠和凤头鹦鹉缔结同性婚姻？西班牙国王干吗不干脆以皇家的名义宣布从今往后猪可以飞呢？

到了 2050 年，意大利人口将下降 22%，保加利亚人口将下降 36%，而爱沙尼亚人口将下降 52%——甚至更多。现在，17 个欧洲国家都处于人口学家所谓的"超低生育率"状态：平均每个妇女生育 1.3 胎。理论上讲，这些国家的人口每 35 年左右就会减半。而实际上，人口减少的速度比理论上更快，因为比老一代更加精明的年轻人发现，身处一个已经变成火葬场等候室的国家实在是半点意义也没有，况且不是所有收入微薄的青年都心甘情愿地独自负担起一个全是老人的畸形家庭。同时，除去经济状况不说，生育率的降低对文化也会产生相当大的影响：我特喜欢去逛维也纳的唱片行，在一层大厅里你能看到琳琅满目的华尔兹和轻歌剧的老唱片，而至于嘻哈曲风的新唱片，你得在地下楼层最里面的一个小箱子里才翻得到。瞧瞧，假如你是个年轻人，痴迷于时髦喧闹的现代文化，恐怕到了大概 2020 年，你在西欧可能就再无立锥之地了。

在美国，人口变化的趋势表明，支持民主党的"蓝州"的生育率已经低得可以申请成为欧盟的神圣一员了；在 2004 年总统大选中，支持共和党候选人小布什的"红州"的生育率比支持民主党候选人克里的"蓝州"高出了 12%。如此一来，除非在大选中有奇迹发生，否则民主党在 2010 年和 2020 年的议会席位重新分配中一定会更加心塞。不过，对于美国相对较高的人口出生率，也有不少人感到不满，认为美国的高生育率除了证明拉美裔移民的强大生殖力外，什么也说明不了——君不见，水泄不通的产科病房里满眼都是非法入境的移民。事实上，美国的白人女性生育率为 1.85，比欧洲或者加拿大的白人女性生育率还是要高得多。这边厢，在支持民主党的"蓝州"——从旧金山到佛蒙特州乡下，入学儿童的数量每况愈下；不过那边厢，在支持共和党的"红州"，白人女性的生育率已经超出了"替代生育率"。从人口角度看，支持堕胎、承认同性恋婚姻、无限推迟成年年龄——无论民主党的这些"进步议程"看上去多么具有吸引力，人口锐减的形势终将使它们变得毫无意义。

生育率枯竭时，整个社会的活力也将衰竭。人口缩减是文明崩塌的最显著特征，人口数量也是人类未来最清晰的命运风向标。所有那些生育率极速下滑的国家都正在逐渐衰落，除非它们采取措施改变现状，或者训练那些已被当成公民的红毛猩猩们在老年社区中心提供服务，否则必将湮没在历史的尘埃之中。要知道，供养日益增长的老年和退休人口的税收收入，必将由同样数量的年轻在职人口来缴纳。而完全世俗化的乌托邦社会的设计瑕疵恰在于，它最终还是得依赖其他宗教社会的人口出生率以补充人力。

所以，当欧洲人和加拿大人不再想要孩子，那劳动力从哪儿来呢？

很简单，多伦多《环球邮报》上自命不凡的编辑给出了答案。2004年，加拿大的生育率出现了有历史记载以来的最低值，比1992年跌落了25.4%。对此，《环球邮报》的撰稿人写道："幸运的是，加拿大经济和财政上的宽裕现状使我们能够继续鼓励人口过剩国家的人才移民至我国，以便很好地解决人口规模缩减的问题。"

哟！所以我们没啥好担心的了，是吧？感谢上帝啊。加拿大人全都可以回家了，捧着文化多元主义组织派发的"为多样性喝彩"的宣传小册子，倒头做你的白日梦去吧。

不过，请稍等一下：来自"人口过剩国家"的"人才"？好吧，你倒是说出几个人才的名字来听听呗。

在西方世界，"专家"转变观点的速度比远洋游轮掉个头还慢。如今，欧洲的"专家"们还在为"人口爆炸"而喋喋不休，当初考虑到传统天主教家庭的高生育率而在20世纪70年代建立的校舍，到了90年代左右已渐渐人去楼空，即便如此，这些所谓的"专家"还在为人口过剩问题无谓地叫嚣着。在关于世界末日主题的登峰造极之作《人口爆炸》（1968）一书的开篇中，保罗·埃尔利希就以戏谑中带有几分犀利的口吻描写了他穿越汹涌的人潮到达印度德里一家酒店时的感受：

> 吃饭的人，洗衣服的人，睡觉的人，走亲访友的人，歇斯底里争论不休的人。双手伸进出租车窗乞讨的人，随地大小便的人，拥挤在公交车里的人，遛宠物的人。人，人，人，全都是人。

然而，到了21世纪，即使是德里这样的城市也将会日渐冷清。保罗·埃尔利希笔下的这个污秽肮脏之地也无法长期维持足够高的生育率了。即便如此，那些自诩聪明的人还坚持着长久以来欧洲和加拿大所奉行的政策——把第三世界当成人力梯队，不断夺走第三世界国家哺育出的各界精英。2004年大选时，针对一些美国公司把客户服务呼叫中心"外包"给爱尔兰和印度，约翰·克里和约翰·爱德华兹（John Edwards）在民主党初选辩论中展开了慷慨激昂的争吵。这种外包简直不可理喻！但更不可理喻的是，西方大多数国家正把整个未来都外包给了第三世界！就像美国委托中国人制造廉价的芝麻街玩偶厄尔莫（Elmos）和迪士尼小熊维尼（Poohs）一样，加拿大更指望着中国人能造出廉价的人类——毕竟在加拿大、欧洲还有其他刚才提到的一些国家，一个家庭生小孩的成本简直高得离谱。就个人来说，我从未见过比夺走第三世界的医生和工程师更加自由开明的政策了，一点儿也谈不上懒惰和自私。但是，即便支持这一政策，它也不会一直行之有效。联合国最新的人口统计报告显示，全球生育率已从正常的"替代生育率"2.1下降到了1.85。1.85意味着什么？意味着人口总数将日渐减少。减缓增长的世界人口总数在2050年将达到巅峰（我猜实际上应会更早），随后就要开始走下坡路。

由于欧洲人的自私，加上税负过重，人们根本不愿生育，而拯救欧洲人不孕不育的权宜之计——把第三世界当成生育婴儿的温床——也只是死路一条。

客观而论，后基督教的超理性主义其实比天主教教义和摩门教教义更加缺乏理性。欧盟在21世纪依靠移民开创美好未来的政策，看起来就像传说中的震教徒一样——震教徒是禁止生育的，因此要想增加他们的人口，除非让其他人改信震教。

世界上一些曾被称为"人口过剩"的国家，现在其婴儿出生率也仅为2.9，甚至还在继续下降。印度便是如此，中产阶级人数正在直线上升，生育率却在一路下滑。到了2020年，人口不断减少的发达国家都会积极地寻求引进所谓的海外"人才"，但是，加拿大人怎么能确定受过良好教育的印度人会放弃美国和澳大利亚，选择来到相比之下税赋负担更高、法治程度更低的加拿大呢？又或者，他们难道不想留在经济形势一片大好的印度吗？至少在自己的国家，他们的劳动果实不会一股脑儿地直接变成为了供养上一代老人所上缴的税负。如今，第三世界国家的新生人口将在成年之后拥有更加广阔的选择空间。到了2015年，头脑发达、精力充沛的中国人和巴西人可以到任何想去的地方奋斗。那时，他们又何必非要迁入欧盟，支撑一个年老体弱、知恩不报的老龄化社会呢？况且，假如欧盟国家的劳动人口继续减少，退休人口却持续增加，那今后必将不仅成为西方世界税率最高的地区，在全世界的税率排行榜上也必将首屈一指。现在，印度的中产阶级、新加坡人或者智利人已经对移民欧盟没有多大兴趣了。如果新保守主义者所倡导的"再造中东"的疯狂政策真的出台，即便是阿拉伯人也宁愿选择继续待在自己已被改造成功的国家之中。

当东方遇上西方

今时今日，根本没有什么"人口爆炸"，以前也从未有过。甚至在1968年，保罗·埃尔利希及其同流也应当心知肚明，他们口中的"人口爆炸"其实就是一次大规模的人口结构调整。当今世界的人口不再像以往那般"西方化"，而是变得日益"伊斯兰化"了。伊斯兰教不论在欧洲还是北美，发展都极为迅速：在英国，参加每周宗教活动的穆斯林人数已经远超基督教徒。与此同时，在传统的伊斯兰温和教派地区，从巴尔干半岛到印度尼西亚，穆斯林的宗教观念也正在一天比一天变得更加激进。

假如一个国家选择把生孩子的活儿都外包出去，那供货方是谁就异常重要了。澳大利亚的民主党领袖琳恩·艾利森（Lyn Allison）在与其政敌戴安娜·韦尔（Danna Vale）的辩论中就曾警告公众——澳大利亚即将被穆斯林所吞噬，她说："我小时候就听到很多对澳大利亚新移民的无聊调侃，他们说的那些移民有希腊人、意大利人……还有越南人。"不过，他们口中的这些移民指的是特定的种族或民族，而穆斯林则不然，它是一个宗教，一个带有明显政治意义的宗教——不像你祖父的出生地，一旦他来到新的地方定居就大可将它忘得一干二净了。事实上，对许多身处西方的穆斯林来说，伊斯兰教已经变成了他们主要的表达方式，他们身上拥有一种超越国界的泛伊斯兰身份认同。澳大利亚总理约翰·霍华德（John Howard）也曾明确表达了大多数政治领导人都不敢置喙的观点："你不可能从来自意大利、希腊、黎巴嫩、中国或者波罗的海的移民身上找到任何能与伊斯兰教相提并论的东西，没有什么能同发动圣战的痴言呓语相比的了。假装伊斯兰教的威胁根本不存在,真的无异于是掩耳盗铃。"

伊斯兰教徒已然成为了欧洲新增人口的主力军,也是加拿大新增人口的第二大来源。那么眼下就很有必要好好思考一下约翰·霍华德提出的问题了:穆斯林在欧洲总人口中占到多大比例时,会有爆发圣战的危险?5%?10%?12%?还是20%?"9·11"事件过去了一年又一年,然而在这7年的大部分时间里,我们依然对该问题的答案一无所知。不过,除非我们故意视而不见,艾利森女士所说的"希腊人、意大利人和越南人"同穆斯林移民之间的区别的确是显而易见的。在欧洲大陆,文化大熔炉的景象早已一去不复返,取而代之的是信仰的转变:一个苏格兰人完全可以和希腊人或者博茨瓦纳人结婚,但要是和一个也门人结婚,那他/她就必须皈依伊斯兰教,成为一个穆斯林。而作为穆斯林移民者的目的地,欧洲国家也弃传统的移民方式于不顾,转而积极投入到了被伊斯兰教同化的进程之中:法国巴黎市立的室内游泳馆开始分男女专用水区了;澳大利亚的医院餐厅也不再供应猪肉食品了。

大部分西方国家近些年才真正建立起"西方文明",这话并没什么不对。直到20世纪70年代,南欧还遍布着法西斯独裁国家——葡萄牙、西班牙、希腊,等等。二三十年前,意大利还是个流氓国家,德国也接近种族灭绝的边缘。批评西方人粗鄙颓废、自命不凡、荒淫无度的穆斯林也并非没有一丝道理。但是,当人口增速最快的群体恰好也是最抵触民主国家神圣性的群体,那我们的麻烦可就大了,至少对政治左翼人士来说确实如此。由于穆斯林对于"女性选择权"的异常抵制,女权主义者根本无法在穆斯林中开展女权运动,如此一来,欧洲女性就将在一个从不给予女性任何选择权的社会文化的桎梏中度过余生。而且就在当下，住在穆斯林家庭附近的非穆斯林女性在出门时也要戴上头巾了。好吧，好吧，我知道伊斯兰文化有时候也很多元,沙特阿拉伯的首都利雅得也会有许多同性恋者出现,苏丹的首都喀土穆还有一家女权主义出版社，其为数众多的成员甚至还在专门为女性实施割礼手术的门诊楼上租了好几间豪华办公室。我其实不想假装什么都知道,除了上电视节目的时候不得已而为之,不过假装什么都知道总比假装这个世界上一丁点儿问题也没有要好太多了吧。

暂且忘了犹太人、同性恋者和女人吧，就说最基本的一点：在伊斯兰文明绝大部分的范畴中，根本没有关于探讨和研究的文化传统。对于这一社会思想价值观，人们根本没有挑战、质疑和检验的概念，而这种情形也绝非一朝一夕所致。在伊斯兰教刚兴起的二三百年，学者们始终致力于研究《古兰经》的神圣预言对伊斯兰教徒的日常生活有何影响。但到了 11 世纪，伊斯兰教法的四大学派都坚称他们已经完全掌握了真理，无须再对《古兰经》进行更多的阐释和探究了。也正是从那时起，伊斯兰教逐渐走向了衰落。2002年，联合国数据报告称，一年之内被翻译为西班牙语的书籍总量比一千年来被翻译为阿拉伯语的书籍总量还要多——由此也证明了阿拉伯世界的封闭程度。那么，这些被翻成阿拉伯语的少得可怜的书籍到底是些啥呢？有希特勒的《我的奋斗》(*Mein Kampf*)，还有《犹太长老议定书》(*The Protocols of the Elders of Zion*)，这两本书在温和教派的伊斯兰国家也登上了畅销书排行榜——甚至在伦敦市中心的埃奇韦尔路上的穆斯林书店里，两本书也同样十分畅销。从来没有一个伊斯兰国家能够造得出宇宙飞船登上月球，也没有任何一个伊斯兰国家可能发明互联网，仅仅是因为一千年来，伊斯兰文化早已将信徒们的好奇心消磨殆尽,而登上月球、发明互联网等等冒险行为需要的恰是一种求知的精神。

当然了,你也不必认定了每个穆斯林都是冥顽不化的圣战分子,个个都想要劫持一架波音747飞机撞向最近的高楼,以此证明即便他们干不了别的丰功伟绩,最起码能给人类的未来画上一个巨大的问号。不妨让我列举两条有趣的数据吧:

> 2001年秋,加拿大《渥太华公民报》(*Ottawa Citizen*)针对加拿大的阿訇开展了太平洋与大西洋两岸的民意调查。结果显示,只有两人坚称并无穆斯林涉案"9·11"事件。哦,好吧,调查时间仅在恐怖袭击后几周,大家都惊魂未定,坚称不相信是穆斯林所为也情有可原吧。
>
> 五年后,也就是2006年夏,英国发起一项民意调查,发现仅有17%的英国穆斯林相信,阿拉伯人与"9·11"事件有关。

然而,所有去过中东旅游的人都可能遇到这样的经历——不是和那些要和大撒旦美国决一死战的恐怖分子碰面的场景,而是和已被西化的、来自巴林[①]的性感女医生打情骂俏的有趣经历。聊天的时间过去10分钟、20分钟、45分钟——她们不断讲着些语无伦次的蠢话。其中最蠢的话完全不合逻辑:2002年春,我遇到许多观点不谋而合的阿拉伯人,他们坚信(1)"9·11"事件是以色列情报组织

---

① 西亚国家,地处波斯湾西南部、卡塔尔和沙特阿拉伯之间,绝大多数居民信奉伊斯兰教什叶派。

摩萨德^①（Mossad）发动的；（2）这次袭击是穆斯林同胞的巨大胜利。

英国的民意调查表明，西方穆斯林中出现了一个相同的现象。在服饰、运动、流行音乐、经济状况、对于交通基础设施的需求以及其他成千上万的小问题上，你都可以被同化，但是到了当今世界面临的核心问题上，英国迅速增长的穆斯林群体中有83%的人都不能苟同英国同胞们的看法。关于现实情况的巨大争议，永远不可能为一个社会带来内部的稳定。西方国家的穆斯林正在全天候地玩着小孩子才会迷恋的"说反话"游戏。

因此，当"与现代世界格格不入"（恰如菲利普·朗曼所言）的一群人已成为地球上繁殖速率最快的群体，"现代世界"到底还有多少苟延残喘的概率呢？美国未来几年面临的最大挑战就是，不能再和他远在大洋彼岸的情人盟友们你侬我侬了。考虑到约翰·克里曾倚靠的欧洲老朋友们已经都自顾不暇，美国在新兴国家中寻找新的盟友就显得愈加紧迫。我本人是小布什主义的坚定拥护者，支持为中东带来自由的外交政策。但无论怎样，这种政策的风险还是极大的，毕竟大多数伊斯兰国家由于具有极强的社会凝聚力，很可能反过来给自由国家带来变革。相比之下，欧洲国家面临着更为棘手的任务——一边应对文化崩溃，一边维护社会自由。绝大多数国家是根本不可能完成这项艰巨的使命的。看着电视上反丹麦人的抗议活动，再看看穿过大街小巷的愤懑难平的游行队伍，每个人口中都高喊着自由是"西方的恐怖主义"，声称"伊斯兰的敌人"必将

---

① 全称为以色列情报和特殊使命局（The Institute for Intelligence and Special Operations），由以色列军方于1948年建立，以大胆、激进、诡秘称著于世，与美国中央情报局、英国军情六处、俄罗斯联邦安全局（克格勃）一起，并称为"世界四大情报组织"。

"断子绝孙",这样的场景每每让我忆起在阿拉伯世界游历的日子。那时候,随便逛到某处就可能看到让人触目惊心的场景——一群热血沸腾的男子跳着诅咒"大撒旦去死"的舞蹈走街串巷。在中东,你马上就能学会如何避开那帮疯子们的眼睛、悄悄溜出房间以保住一条小命的生存艺术。不过,现在的问题却是,那个挤满了疯子的房间正是偌大一个欧洲。

第七个阶段

莎士比亚笔下曾描写过人生的七个阶段,借此我们能够很好地理解世界的现状:

> 世界是一个舞台,
> 所有的男男女女不过是一些演员,
> 他们都有离场的时候,也都有登场的时候……

而现在,我们当中有些人正要谢幕离场,还有好些人却正挤破了头准备登场。莎翁又如何具体描写了人生的不同"阶段"呢?且让我们一探究竟:

> ……然后是一个军人。
> 满口念着古怪的誓词,胡须长得像豹子一样,
> 爱惜着名誉,动不动就要打架,
> 在炮口上寻求着泡沫一样的荣名。

这些军人就是圣战中的步兵，是你在新闻中随处可见的激进青年，他们在加沙和伊斯兰堡的街头巷尾上蹿下跳，焚烧着美国的星条旗；他们也是那些上过飞行课程和在威尔士经受漂流训练的家伙，憧憬着有朝一日能开着飞机撞向摩天大楼，或者在伦敦地铁爆炸袭击中以最好的体格出生入死；他们还是那些把杀害一个七岁的俄罗斯别斯兰小女孩视为勇气可嘉的狂人：满口念着古怪的誓词，在炮口上寻求着泡沫一样的荣名，或者干脆把自己置于炮口——在激进阿訇的煽风点火之下，他们甚至愿意以身殉教。在未来的二三十年里，这帮易躁易怒的年轻人就要爆炸了——我说的可是人口爆炸——不过在热衷圣战的毛拉脑中，爆炸可就是别的意思了。到了2050年，穆斯林的生育率将开始下滑，正如一些相对发达的伊斯兰国家现在已经身陷的人口趋势一样。尽管如此，穆斯林生育率的下滑时间还是比欧洲、比加拿大、比美国的佛蒙特州来得更晚一些。况且，考虑到中东为数不多的优势、也是其唯一的资源——石油——将在21世纪中叶加速枯竭，伊斯兰教必然只得更加倚重人口爆炸所带来的比较优势。假如穆斯林们真的想要建立新的哈里发国家，把全世界都变成伊斯兰世界，那他们就必须在接下来的25年里努力生育以实现这一宏伟的目标。

　　美国人现时又身处哪个阶段呢？这样一个超级大国，在莎翁的笔下恐怕已是人到中年了吧：

　　　　胖胖圆圆的肚子塞满了阉鸡……
　　　　满嘴都是老调格言和老生常谈……

　　或者，更确切点，美国人分成了两类：支持民主党的蓝州人一碰到为难民提供庇护的问题就开始"老生常谈",而支持共和党、人口充足的红州人则依旧整日里满嘴挂着"老调格言"。当然美国也并非没有自己的人口问题,但即便大家都认为是拉美裔移民的生殖能力才使得美国得以维持人口的"替代生育率",美国本土人口的出生率也同样是发达国家中最高的。因此,美国相对健康的人口状况,绝对是美国例外主义的一个最新例证。

那么,欧洲人又如何呢?

> ……第六个阶段
> 变成了精瘦的趿着拖鞋的龙钟老叟,
> 鼻子上架着眼镜,腰边悬着钱袋,
> 他那年轻时候节省下来的长袜子,
> 套在他皱瘪的小腿上显得宽大异常,
> 他那朗朗的男子的口音
> 又变成了孩子似的尖声,
> 像是吹着风笛和哨子……

这就是欧洲大陆眼下的惨状。为了构建欧盟,欧洲人扩充了一个对于他们皱瘪的出生率而言过于宽广的世界。更糟糕的还是他们构建欧盟的特殊方式:自1945年开始,德国人、法国人、意大利人"那朗朗的男子口音"就开始对社会健康保险和带薪休假制度高谈阔论了,也正是这些高福利制度让如今的欧洲人乱了阵脚,"朗朗的男子的口音"也便变成了"孩子似的尖声"。由于维持这种社会的代价太过高昂,日渐衰老的欧洲人口只能依靠更多的外来移民以支撑起庞大的福利体系。

莎翁是如何描绘人生的最后阶段的呢？

……终结着这段古怪的多事的历史的
最后一场，
是孩提时代的再现，全然的遗忘，
没有牙齿，没有眼睛，没有口味，没有一切。

此情此景描写的正是今日的俄罗斯：一个平均寿命每况愈下的"欧洲病夫"，艾滋病、肺结核肆意蔓延，心脏病高发，基础设施几近崩溃，人民无法捍卫国界，奸诈狡猾的腐败高层榨干了富饶的西部国土——这是一个无所不包的国家，却又是一个"没有一切"的国家。

那么，人生的最初阶段呢？莎翁又是如何描写的呢？

……最初是婴孩，
在保姆的怀中啼哭呕吐……

去荷兰的阿姆斯特丹、法国的马赛、奥地利的维也纳或者瑞典的斯德哥尔摩的儿童用品店里瞧瞧吧，去哪一家店面都是一样，好好去看看那些包着头巾、穿着阿拉伯长袍的穆斯林妇女吧。那，才是未来。

第二章 向前……向前……快撤：
人口 VS 幻灭

> 恰如一匹好色的种马却突遭阳痿，我们为自己最重要的信仰的失落而羞愤难当。尽管我们有知识、智慧和蛮力，但如若缺少了思想，即便动物能做之事我们也力有不逮。
>
> ——P·D·詹姆斯[①]，《人类之子》

这段话出自英国作家詹姆斯女爵的某部小说之开篇，她借书中角色——牛津大学莫顿学院的历史学家西奥多·法龙（Theodore Faron）——之口写下了这段话，小说的时间设定在2021年，那时候，人类已无法繁衍后代。我们似乎比她设定的时间表更早地进入了这一尴尬局面。不过，与我们的现实处境有一点差异，在詹姆斯女士

[①] 英国当代著名的推理小说女作家，被尊称为"推理小说第一夫人"。其作品曾经多次获奖，于1987年荣获英国推理小说家协会"钻石匕首"终身成就奖，1999年荣获美国推理小说家协会大师奖，并因其成就被封为女爵。曾任英国作家协会主席。

所幻想的小说场景中，人类面临的实为生理意义上的不孕不育。

然而，在现实生活中，我们却出现了身心意义上的双重不育——至少在一些发达国家中，特别是在一些排斥保守政党的"进步"地区，情况的确如此。近年来，几乎所有的地缘政治挑战都源自于人口问题。当然，各国的人口危机也并非一模一样。正因如此，应对人口危机的难度才会更大——面对特定的国内环境，不同国家的不同措施反而造成了国际环境的不稳定现状。在日本，人口问题恰似在实验室条件下培植的——没有任何复杂的外部因素影响，比如移民。在俄罗斯，人口问题取决于该国及其近邻——中国的关系；在欧洲，新的房屋主人已经准备就绪——恰如一个已经签好了买卖协议的常住户。

让我们先来看看地球上老龄化最严重的国家吧。在日本，高空的太阳已开始进入漫长的落日阶段：人口总量持续减少。2005年，日本人口的出生率首次低于死亡率。这个国家为我们提供了一个直观又纯粹的人口减少模型，没有外来移民、没有人数可观的少数族群、也没有任何引入外来人口的政策意愿：这片土地上只有日本人——日益衰老、日渐减少的日本人。

曾几何时，情况看起来并非一发不可收拾：与美国相比，大部分发达国家其实都很拥挤。如果你跻身于一个嘈杂拥挤的城市，花了几十万钞票却只住进了一间狭小的公寓，不过看似还是做了笔划算的买卖。然而，随着时光流逝，现代民主国家却都面临着劳动人口日益短缺的困境：据《日本时报》（*Japan Times*）报道，人口流失"在社会和经济领域给政府带来了种种挑战，比如无法提供社保服务，也缺少充足的劳动力。"最首要的问题是，新生儿的减少导致产科大夫也随之减少。那些有能力、有干劲的医学院毕业生干吗要进入行情惨淡的产科医院坐冷板凳呢？这才叫恶性循环呢，产科大夫短缺也有后遗症，假如你生活在现今的日本，生孩子也是要看时间的。在隐岐岛（Oki Island），孕妇必须等到每周一的早晨才能生孩子。因为只有那时产科病房才开门——每周一早晨10点，产科医生搭乘飞机来到岛上，为在医院门口排队等候的准妈妈们一一接生，然后到了下午5点半，她便搭乘飞机下班回家了。假如你疏忽大意，把分娩时间定在了周二至周日，那么你就只能坐上狭小的直升飞机，孑然一人去往一个陌生的外地医院紧急分娩，身边也没有疲惫的爱人陪伴左右。也不知隐岐岛是否开设了无痛分娩的特殊课程，教你如何冲着那嗖嗖旋转的直升机桨叶调节呼吸？

早在2006年，隐岐岛的最后一个产科医生就已经离乡背井了，当地的公共医疗部门也再未外请产科医生常驻。毋庸置疑，我们能够回想起不少类似的报道，近年来，美国、加拿大、澳大利亚的偏远地区也是如此。毕竟，一个不过几百人的小村子干吗要维持庞大的医疗系统呢？不过，隐岐岛可有17,000人啊，却还是没有妇产医院。在那里，接生确实是一个夕阳职业。

那么好了，未来的日本将会发生哪些变化呢？略举两例说明。无论日本人对于外来移民如何反感，一个基础设施良好的发达国家迟早都会人满为患；恰如一家拥有先进技术的工厂，即便破产了也不可能一直空在那里。等着瞧吧，到了某个节骨眼，革命自有后来人，定会有人陆陆续续迁入日本这个大工厂的。

还会带来什么变化？在詹姆斯女爵的小说《人类之子》中，女人们最终找到了玩具娃娃以抒发母爱，"伪妈妈"带着她们的"假孩子"招摇过市，甚至跑去公园里荡秋千。在如今的日本，这一场景已不是小说中的幻想，而恰恰是真实的一幕。21世纪初，日本的玩具制造商就已经想到这一问题：玩具是给孩子玩的，但日本眼下却没有多少孩子。这可怎么办呢？2005年，日本托弥公司（Tomy）开始向市场推广一款名为"梦娃娃"（Yumel）的新玩具———一个用以为老人做伴儿的小男孩，他熟练掌握了1200个日文短语，不只是咿咿呀呀地说些简单的短句——比如"我爱你"——还能问出一些犹如真实的孙辈们（假如你有的话）才能问出的问题，比如："为什么大象的鼻子那么长呀？"梦娃娃还有个小伙伴，名为"梦伴侣（Snuggling Ifbot）"，它是一个具备了五岁儿童会话能力的玩具娃娃，生产它的玩具公司体现出日本人特有的办事效率，早早就研制出了机器人的对话功能以避免老年人患上痴呆症。在一个幼稚又自私的社会中，成年人抛开所有应尽的责任，甘愿与玩具相伴到老——这似乎是对当代社会民主国家最为中肯的总评。我们自己充当了自己无福生养的孩子。

　　面对此情此景，我们怎么能放任不管呢？人口不断减少的青年群体是否可能献出自己最有活力的韶华时光去照看那些不断增多的老年群体？或者，是不是只要充分利用日本的前沿科技，将未来寄托于机器人和梦娃娃之类的"后人类"，我们的处境就将变好吗？对于政府机构而言，究竟什么措施才更加简单易行呢？是劝说那些娇贵的公民改变养尊处优的生活习惯，诱导他们寻回早已丢失的生理冲动以便生育造人，还是干脆授予索尼公司（Sony Corporation）以合法克隆人类的营业执照？假如你要为自己的自私行为辩护，你可能会抄起一大堆图表说：你瞧瞧，人口下降是普遍现象啊，就跟几百年前的工业化一样，每个国家都得经历这个阶段，而且谁先经历完，谁先获得发展优势。然而，这一观点的问题在于，片面地将今日之形势与英国18世纪末的工业革命对比，而忽视了与英国19

世纪早期的人口激增对比。在工业化时代，人力尚且被看作十分关键的经济因素；可在新科技时代，人力竟变得无关紧要了——更糟糕的是，倘若大多数的可用人力还都是些穆斯林，那么人力甚至将成为劣势。作为当今世界人口危机最超前、科技水平也最先进的国家，日本很可能会变成第一个宣布克隆技术合法化的国家，走上一条"超人类主义"的不归之路。

或许，我们的世界将会出现越来越多的日本老年人，且这一群体将万年长存，就像那个关于乡巴佬的冷笑话——乡巴佬拥有一把使用了 70 年的斧子：他换过七次斧刃，换过四次手柄，不过斧子始终还是原来那把斧子。好吧，我们终将战胜死亡，获得人类的终极胜利，不过这并非我们祖先所最初寄望的含义——在一个未知的世界中获得永生——而是就在当下，一些人类将永远活在世上。这就是生命的终极意义了吧，不是吗？生命恒久远，万世永流传。

你们觉得我是在开玩笑吗？我们很多人对转基因食品心存疑虑，并不断想方设法将其妖魔化，可是，当面对转基因人类的问题时，我们的态度却截然不同了。你敢破坏蔬菜的基因，我们就烧了你的工厂。不过，你要是来破坏人类的基因，我们还得把信用卡递过去任你刷爆。甚至就在你犹疑不决之时，克隆人已经用上了比我们额度更高的白金信用卡啦。

如果制造机器人和克隆人吓坏了你，咱们还有第三个选项。与那些逃离母国的欧洲人不同——他们的家园已经变成了伊斯兰化的新国家，日本人并无种族争端和国内战争之虞。所以，他们大可洗心革面，再次走上繁衍后代的正途。然而，他们真会这么做吗？在 20 世纪 70 年代出生的日本女性之中，有 51% 到了 30 岁却还没有生过孩子。《日本时报》根据最新公布的一组吓人的数据称："日已顺势加入了德国和意大利的行列,人口规模的急速缩减已几成定局。"

日本、德国和意大利。咦?若说"一战"后签订的《凡尔赛条约》[①]对战败国的惩罚太过严苛,那么与之相比,"二战"之后的惩罚条款看来确实要更为宽容——可也更加致命啊。

末日清仓大甩卖

相对而言,日本人口减少的影响堪称是最无害的——日本的人口危机只须自己面对即可,而无须我们掺和其中。然而,在世界的其他角落,美国正在被敌对势力威胁——威胁并非来自他们的优势,而恰是其弱势:第一个威胁就是,如若一个政权摇摇欲坠又不甘沉寂,那便没有什么规则能束缚得了它。比如,俄罗斯即正处在权力加速衰落的旋涡之中,对于美国和其他利益相关方而言,最大的风险就在于——为了使权力的衰落放慢脚步,俄罗斯会抓住哪根救命稻草。

俄罗斯人口在 1992 年时达到顶峰——1.48 亿,可到了 2015 年人口将减少至 1.3 亿;再到 21 世纪末,人口将减少至 5000 万至 6000 万,只占苏联解体前人口总量的 1/3。当然,它也不一定非得照现在的速率一路下降,但我觉得其人口少于 5000 万的概率将高于人口多于 1 亿的概率。实际上,最坏的估计是俄罗斯人口总量将在本世纪中叶前就减少至 8500 万。一国陷入死亡旋涡的时间越长,荒

[①] 第一次世界大战后,协约国和同盟国经过巴黎和会长达 6 个月的谈判,于 1919 年 6 月 28 日在巴黎的凡尔赛官签署了一系列条约,主要目的是惩罚和削弱德国等战败国,标志着第一次世界大战正式结束。

野逃生的机会就越少。俄罗斯已是世界上生育率最低的国家之一：平均每个妇女生育1.2胎——而祸不单行，这个国家还有着世界上最高的堕胎率。在判断未来前途时，大部分俄罗斯女性都选择以流产胎儿的方式表达立场，70%的堕胎率足以亮明她们的观点：俄罗斯没有未来。

美国弗吉尼亚大学的政治学教授阿伦·C. 兰什（Allen C. Lynch）曾回想起自己去俄罗斯旅游的经历。当时，美国一部以反堕胎为主题的电影《无声的尖叫》（*The Silent Scream*）正在俄罗斯上映。这部电影形象且直观地展示了堕胎的恐怖画面，意在促使观众在观影过程中产生对堕胎的厌恶和反感。"可是，谁成想，俄罗斯女性在观影后竟然更加坚定了堕胎的想法"，兰什在一篇文章中写道。与婴儿遭受的痛苦相比，俄罗斯的女观众显然更关注影片中出现的干净的医院、先进的设备以及手脚麻利的医生与护士。于是，俄罗斯的女性们无不慨叹："去美国堕胎岂不更好？"在共产主义统治70年后，与其说俄罗斯人是生理不育，不如说是精神不育更加贴切。

另一方面，死亡文化正如火如荼地在俄罗斯蔓延开来。如果你是公元2000年出生的俄罗斯男子，你的预期寿命只有58.9岁。虽然俄罗斯女性的寿命和美国女性的寿命相当，但俄罗斯男性的寿命却比孟加拉国的还短——倒不是因为孟加拉国对预期寿命的计算结果作假，而是因为俄罗斯男性的寿命实在是太短了，他们要是热带雨林里游来荡去的猴子，早该名列濒危物种排行榜啦。在和平时期相对发达的国家之中，俄罗斯男性预期寿命的降幅之大是闻所未闻的，而且还伴生了诸如老姑娘嫁不出去等许许多多的社会和经济问题。对不住了，尊敬的女权主义者葛洛莉亚·斯坦能[①]（Gloria Steinem）女士，在这场关于男性是否为可有可无的大规模社会实验中，截至目前我们可以得出的结论是——女性的确还是离不开男性的。

俄罗斯现在堪称"欧洲病夫"，就算与非洲国家比也同样是羸弱不堪。俄罗斯爆发过严重的肺炎潮，肺结核是这个国家最致命的传染病，耐药细菌的数目也在不断增多。与此同时，俄罗斯的艾滋病增长率在全世界也是最快的。21世纪的前五年，HIV检测为阳性的俄罗斯人数已经超过美国近20年来艾滋病患者的总和，据称，俄罗斯总人口中的1%都受到了艾滋病感染，这个数字已经与世界卫生组织认定的黑非洲的艾滋病流行率相同。屋漏偏逢连夜雨，俄罗斯男性的预期寿命本就没有超过中年，现在艾滋病也横插一脚来进一步缩短他们的寿命；而正值生育年龄的年轻男女，却因染上艾滋病毒而无法再为社会繁衍后代，社会人口再生产的希望也就此破灭。根据某些预测，艾滋病每年将夺走25万至75万名俄罗斯人的生命。俄罗斯民族已经丧失了从自我毁灭中解脱求生的意志力，眼下，与发病率高的心脏病、肺结核以及毒品引发的丙肝一样，艾滋病只不过是另一个病征而已。

俄罗斯将变成一个遍地老太婆的国家，没有足够的年轻士兵保家卫国，没有足够的年轻商人经世济民，没有足够的年轻家庭传宗接代。如果说俄罗斯的意识形态曾经是20世纪最大的不稳定因素，那么，俄罗斯的社会崩裂则将成为21世纪最大的不稳定因素。伊朗核问题仅仅是美国面临的诸多地缘政治挑战之一，与之相比，美国

[①] 美国女权主义者、记者、社会活动家。20世纪60至70年代，成为妇女解放运动的代表人物。

的老对手——俄罗斯——的不稳定因素才是最可能对国际社会产生更严重影响的关键之所在。

不过，在俄罗斯广袤的国土上，确实还存在着一些远离上述危险趋势的另类地区，它们维持着较高的生育率和较低的HIV感染率。在俄罗斯的89个联邦地区中，12个地区呈现出人口大量增长的可喜趋势。你能猜到是哪些地区吗？听好了，全都含有以"伊"开头、以"斯兰"结尾的那个词儿。对，就是"伊斯兰"！"9·11"事件后，西方媒体的"末日贩子"们便开始预言，美国的"阿拉伯聚居区"将日渐喧闹并与白人非穆斯林人口针锋相对，现在看来，其喧闹程度也就和纽约州威斯特切斯特县平日里的一个寂静街区差不了多少。然而，俄罗斯确实存在着喧闹非凡的穆斯林聚居区，至于其他地区则都已陷入了超低生育率的浩劫之中，无力支撑这只病恹恹的北极熊起死回生了。

世界上面积最大的国家无疑已在走向衰亡，当前最棘手的问题其实是——它垂死挣扎之际所承受的病痛究竟有多么剧烈。大多数全球性问题其实都只集中存在于某些特定的地理范围之内：非洲的艾滋病，中东的伊斯兰，朝鲜的核武器。然而，俄罗斯却是个什锦大拼盘：它拥有与非洲一样严峻的艾滋病流行率，拥有世界上数量最多的核武器，还拥有日趋激烈的宗教激进主义分裂运动。当然了，核材料据称都存储于"安全"的设施之中。但愿如此吧。

俄罗斯的存在恰恰证伪了某种咸吃萝卜淡操心的错误观点：当前，人口太泛滥，资源太匮乏！事实恰恰相反：在可怜又衰老的俄罗斯，资源丰富却人丁凋零——而且，我再说一遍，健康的人口才是我们最不可或缺的重要资源。如果你是克里姆林宫的俄罗斯高官，现在应该作何打算？你有何本事让一个犹如行尸走肉般的垂死国家起死回生？没错，你掌握着核武技术——邪恶国家的宗教领袖和政治独裁者正对其虎视眈眈。你拥有遍地资源却杳无人烟的远东腹地——一些国家或许正采取各种方式欲对之鲸吞蚕食。这正是当年美国向俄罗斯购买阿拉斯加[①]的交易逻辑。1850年，俄国沙皇亚历山大二世[②]（Alexander II）的胞弟——康斯坦丁·尼古拉耶维奇[③]（Grand Duke Konstantin Nikolaevice）声称，沙俄帝国无法保住其远在北美的海外领土，总有一天美国或英国将轻而易举地将其占领，所以为什么不趁能大捞一笔之时干脆把它卖了呢？如此观点也同样适用于今日长达2000多英里[④]的中俄边境线。在日渐空旷的俄罗斯东部领土，人口仅有1600万且仍在持续的锐减之中。而在中国，15亿人口大军亟欲开辟新的战场。中国的资源日渐短缺，俄罗斯东部却蕴藏着本国80%的丰富资源。依我之见，即便嗜酒如命的斯拉夫人现在的平均寿命仅为66岁，也绝对能在有生之年赶上符拉迪沃斯托克[⑤]（Vladivostok）改回其中文的原名——海参崴，俄罗斯或许宁

---

① 美国面积最大的州，相当于全国领土的20%，1867年被俄国以720万美元卖给美国。2012年，美媒曾调侃鉴于严重的财政危机，美国政府可考虑将阿拉斯加卖给中国还债。
② 全名为亚历山大二世·尼古拉耶维奇，沙俄帝国皇帝（1855年3月2日—1881年3月13日在位），尼古拉一世的长子。在沙俄历史上，与彼得大帝、叶卡捷琳娜女皇齐名，在任期间对俄罗斯的社会发展做出了历史性贡献。
③ 沙皇尼古拉一世的次子，曾任俄罗斯帝国海军元帅、俄国地理学会主席、海军总司令兼波兰王国总督、国务会议主席，为著名的改革派领袖。曾负责重建在克里米亚战争中战败的俄国海军，并最终使之成为世界第三的现代化海上军事力量。
④ 中俄边境线总长4300多公里，约为2600多英里。
⑤ 位于亚欧大陆东端、阿穆尔半岛最南端。原名海参崴，清朝时为中国领土，归属于吉林将军隶下，1860年11月14日《中俄北京条约》将包括海参崴在内的乌苏里江以东地域割让给俄罗斯，俄罗斯将其更名为符拉迪沃斯托克，意为"镇东府"。

愿笑着将符拉迪沃斯托克送回中国怀抱。面临人口灭绝，俄罗斯也没啥谈判筹码了——除了给中国做嫁衣也别无他法。

事实上，俄罗斯的确可以给中国做嫁衣，帮助其解决一个独一无二的结构性难题：世界史上迄今最为严重的男女比例失调问题。中国遍地都是"光棍"——也就是"没有对象的单身汉"。自从1978年中国推行"独生子女"政策以来，男女比例的不平衡现象即开始日趋严重，直至今日已达到了119∶100。如今，身处"男多女少"时代的第一代人口已进入适婚年龄。除非中国打算成为继斯巴达帝国①之后的又一个"男同性恋大国"，不然这么多青年男子的余生将要何去何从？遵循往例，干柴烈火却难逢艳遇的年轻小伙们都可能有一个最佳的结局——为伊斯兰极端组织所用，化身为狂热的圣战分子。或者，鉴于俄罗斯也存在失衡的人口比例——多病短命的男性与长寿健康的女性——不难看出，中俄双方具有一种珠联璧合的互补优势，斯拉夫女人和中国男人何不互相勾搭，即使男孩们都还乳臭未干，女士们却已人老珠黄。

当年沙皇帝国和共产主义的黄粱美梦竟会以如今的惨淡之势化为泡影，实非俄罗斯民族主义者所能预见的。然而，他们亦从未清楚地认知自身缺陷。基地组织坚信能摧毁西方的理由之一，便是他们认为当年造成苏联垮台的恰是阿富汗——而非美国。未来，俄罗斯的大部分领土都将被伊斯兰世界侵占，这便是俄罗斯的最终宿命。

---

① 古希腊城邦之一。位于希腊半岛南部的拉哥尼亚平原。斯巴达以其严酷纪律、独裁统治和军国主义而闻名。由于极其尚武，斯巴达的战士数量庞大，且十分重视对男性战士的培养，男孩7岁就要离开家庭、编入儿童连队、受初步的组织纪律训练，12岁以后要受严格的军事和体育训练。男子成年结婚以后，平时必须生活在军营中，参加聚餐和操练，直到60岁才可退伍。

然而，对于美国来说，这却是极其危险的——俄罗斯衰落之际的所作所为必将伤害美国的利益。垂死挣扎之中，俄罗斯可能走向分裂，给世界留下的遗产将包括：若干新的伊斯兰国家，一个核武化的中东，一个更加强大的中国。理论上说，继购入阿拉斯加之后，美国可以再下一城，将西伯利亚也收入囊中。可是俄罗斯的盘算却是，人类总有一天将回到两极世界，在几乎所有的可能性中，站在美国的对立面似乎将更加合算。如果说中俄战略伙伴关系恰是这一逻辑的外在体现，我们不妨未雨绸缪，一个"中—俄—欧—穆斯林同盟"也将呼之欲出。我曾收到许多美国人发来的大量邮件："唉，美国有太多支持民主党、只顾政治正确却胆小如鼠的蓝州①了，以至于我们到现在都还赶不走伊斯兰人渣们，不过所幸俄国佬和中共分子打击穆斯林倒是很有一套，他们才不会像我们这些懦夫一样畏首畏尾，一到要开仗的时候就吓破了胆。"或许吧，或许有一天他们会像你们臆想的这样，不过现在，他们都认为圣战分子只是美国的问题，且这一问题的存在也符合他们的利益。君不见，为了掣肘美国，俄中联盟正在支持世界上所有的不逞之徒，从伊朗的疯癫总统到美国后院的乌戈·查韦斯②（Hugo Chavez）。

综上所述，不难得出一个重要结论：一个大国的衰亡并非源于战争或毁灭，而恰恰源于自身的无能，源于无法使其自身摆脱自毁之厄运。撒切尔夫人曾说："保守是生活的真谛。"谁最抗拒生活的真谛，谁亦将成为最快衰亡的国家。对于俄罗斯，拉开冷战帷幕

---

① 在美国政治竞选中，各大州通常分为蓝州与红州，其主体人口分别支持民主党和共和党。

② 委内瑞拉第 52 任总统，曾宣称要在委内瑞拉甚至拉美大陆建立起"21 世纪社会主义"。

的英国前首相丘吉尔（Churchill）或许只知其一不知其二：俄罗斯外强中干，早已陷入深渊而无法自拔。

落叶知秋

何处起源不必意味着何处归宿。1775年独立战争时，本杰明·富兰克林①（Benjamin Franklin）在给英国化学家约瑟夫·普利斯特利②（Joseph Priestley）的一封信中谈到，既然同为说英语之人，自己理应为英国当前面临的困境开个药方：

> 战争以来，英国花费了300万英镑，杀死了150个美利坚人，平均每杀死1个人花2万英镑……可是，与此同时，6万个新生儿却降临在了美利坚。只消算一算，你们英国人那精明的脑瓜儿就应该清楚，若想把我们全杀了得花掉你们多少时间和多少金钱。

显然，富兰克林将问题过分简化了。并非所有的美国人都愿意反抗殖民母国。独立战争之后，美国发生了大规模的人口迁出潮。如果你沿着多伦多东部的33号高速公路（Loyalist Parkway）开向金

---

① 美国著名政治家、科学家，同时也是出版商、印刷商、记者、作家、慈善家，更是杰出的外交家、发明家。1706年生于美国马萨诸塞州波士顿市，参与了多项重要文件的草拟，并曾出任美国驻法国大使，成功获取法国对于美国独立的支持与承认。富兰克林曾经进行多项关于电的实验，并且发明了避雷针、双焦点眼镜、蛙鞋，等等。于1790年逝世。
② 英国化学家，发现了氧气。

斯顿市①（Kingston），你就会知道有大量的纽约人离开美国前往今日的加拿大安大略省定居。此外，还有一些美国黑人十分渴望继续服从于英王乔治三世（King George III）的统治，为此他们不辞艰险地迁居至遥远的塞拉利昂②（Sierra Leone）。对于这些人来说，他们首要的身份认同依然是英国的臣民，而非美国殖民地的居民。不过对于另外一些人而言，他们的新身份是"美国人"，代替了原本忠于王室的"英国人"。今天，欧洲面临着相似的问题：对于欧洲内部人口增长最快的族群而言，他们首要的身份认同是穆斯林抑或比利时人？穆斯林抑或荷兰人？穆斯林抑或法国人？

这即是文明自信的来源：如果"荷兰人"或"法国人"的身份认同变得愈来愈脆弱，那么更为强大的身份认同就会占据上风。不难发现，独立战争时期的美国与现在的欧洲之间还有着其他相似之处：忠诚于大英帝国的人们年老体衰，却大多殷实富裕；反叛者则年轻气盛，却大多贫穷拮据。归根结底，前者缺少的恰恰是后者所独有的意志力。

欧洲其实与日本一样，出生率惨不忍睹，已被宠坏了的老年人们毫不顾忌日益恶化的经济状况，坚持日复一日地伸手向政府要福利过活。然而，与日本不同的是，欧洲大陆的新房主已经完全就位，唯一的问题只在于房产转让的过程是否会伴随着血雨腥风。

若说美国的"盟友"们并未对"9·11"事件的重要性投注热情，

---

① 加拿大东南部城市，圣劳伦斯航道上的重要港口之一。
② 位于非洲西部的大西洋沿岸，北部及东部被几内亚包围、东南与利比里亚接壤，首都为弗里敦。塞拉利昂曾是欧洲黑奴的主要来源地，现为全世界最贫穷的国家之一。

那是因为欧洲本土滋生的恐怖主义问题早已使得欧洲民众变得麻木倦怠了，比如地跨爱尔兰与英国的阿尔斯特地区[①]（Ulster）和地跨西班牙与法国的巴斯克地区[②]（Basque）。事已至此，你大可保守估计，北爱尔兰的恐怖组织到底还有多大可能维持在某种"可控的暴力水平"——恰如英国政府中那帮缩头乌龟的战略家所言。就在阿尔斯特地区历经"磨难"的30年中，南亚的温和穆斯林已然变成了具有政治诉求的激进穆斯林；先前的非伊斯兰国家已然变成了半伊斯兰国家，例如尼日利亚；另有大批穆斯林定居到了欧洲的某些地区，那里此前几乎从未有过如此大规模的移民造访。

我们可以对上述趋势的意义为何争论不休，但断不能说上述趋势毫无意义——那些掉以轻心之人正是以此为由不断搪塞和妥协的。在欧洲大陆和其他西方国家，本地人正在日益衰老且日渐凋零，年轻的穆斯林则逐渐地取而代之。此时，我们总是会听到某些人抛出各种的"想当然"：当然，不是所有穆斯林都是恐怖分子——即使有相当一部分热衷于圣战，他们以各个清真寺为据点，从维也纳到斯德哥尔摩，从多伦多到西雅图，形成了一个支持圣战的强大网络；当然，并不是所有穆斯林都支持恐怖分子——即使相当一部分人确有共同的基本目标（希望在欧洲和北美也能生活在伊斯兰教法之下），其中一些人为此不惜投身激进运动，另一些人则佯装

[①] 爱尔兰古代省份之一，包括今爱尔兰共和国的阿尔斯特省和英国北爱尔兰的6个郡。1609年，英格兰和苏格兰的新教徒"种植者"移民阿尔斯特并主张没收当地人的所有土地，当地天主教徒和新教徒移民之间发生了血腥的民族—宗教冲突，从而也成为北爱尔兰冲突的历史渊源。

[②] 位于比利牛斯山脉西部，比斯开湾沿岸，地跨西班牙和法国。历史上，对于西哥特人、罗马人和摩尔人的入侵，巴斯克人都曾殊死抵抗，是伊比利亚半岛上最后一个被蛮族征服的民族。

好人地唱起红脸儿来搭腔。往轻了说，快速变化的人口结构已为恐怖分子提供了施展抱负的广阔缓冲区。往重了说，快速变化的人口结构实则已将恐怖分子的疯狂行为合理化了。在北爱尔兰，若是一名爱尔兰共和军战士炸了一家酒馆，那一定是出于对民主现实的不满——他十分清楚，大选投票结果必定是忠于英国的保皇派（Ulster Loyalists）胜出。然而在欧洲大陆，恐怖分子若是制造爆炸事件，绝不是对于民主现实不满，而恰恰是即将出现的民主现实的新征兆。他已迫不及待跳将出来，因为选举的天平已然朝着有利于他的方向倾斜了。

你也许还依稀记得2005年底，晚间新闻中出现了一堆被焚毁的汽车。法国摊上大事儿了！那词儿怎么说的来着？——"青年"。法国摊上与"青年"有关的大事儿了。我在评论中指出，有些媒体就是不愿意用"伊"字开头的词语点明暴动"青年"的身份，之后我立马收到了一大堆邮件，来信者坚称此案之中不含任何伊斯兰的成分：这些"青年"并非伊斯兰学校的学生，他们或许是穆斯林，但早已被世俗化的西方洗脑；这些青年沉湎于毒品、摇滚以及没有任何情感投入的无聊性爱，他们滋事、抢劫、纵火、毁物，与其他常见的西方青年没啥两样；这些青年经济拮据，都是些无业游民，是衰落法国才独有的特殊情况；等等。其中一个来信者还骂我："你这个大右派脑子进水了吧，怎么什么事情到了你那儿都和圣战沾上了边儿！"

当然，我并不认为什么事情都和圣战有关，不过我倒是确实认为——正如我之前所言，任何问题八成都与人口有关。比如，就以媒体把法国暴动者定义为"青年"这事儿为例。青年的最大特点是什么？乳臭未干。很少见耄耋老人会想去放火烧了雷诺牌①（Renaults）汽车吧。把土制炸弹扔进警察局也绝非易事，毕竟如果你做过髋关节手术，在爆炸的热浪把你的金属关节头熔化之前，别忘了你还得扶着助行器过马路呢。暴动只能是年轻人的把戏。

现在是时候研究一下你在报道中经常听到的无聊数据了："法国10%的人口是穆斯林。"根据2005年的统计数据显示，差不多确有100万穆斯林。然而你要注意，人口的分布情况并不均等，在法国，年龄低于20岁的人口中大概有30%是穆斯林，而在大城市生活的人口中大概有45%是穆斯林。假如要来一场街道斗殴的话，《今日价值》（*Valeurs Actuelles*）的主编米歇尔·古尔范齐尔（Michel Gurfinkiel）说得好："在任何种族战争中，参战双方的比例应是旗鼓相当。"如今，事实确实如此。顺便说一句，要想赢得种族战争，穆斯林根本不必在人口数据上成为大多数。公元八世纪，伊斯兰达到了权力的巅峰，"伊斯兰世界"从西班牙延伸至印度，可当时穆斯林在人口总量中却仍是少数。到2010年，更多信奉天主教的白人法国佬将垂垂老矣，而更多年轻力壮的穆斯林将充斥在巴黎的大街小巷。有一天他们甚至会出现在普罗旺斯的度假胜地——圣特罗佩沙滩，如果届时你和你的情人正躺在沙滩上，身上除了一层防晒油外一丝不挂，你最好希望BBC和CNN也在那里作现场报道，不带任何宗教、种族、文化偏见地帮你打抱不平。

2006年6月，一位54岁的列车员圭多·德墨（Guido Demoor）搭乘比利时安特卫普市的24路公交车去火车站上班，6名——那词儿是什么来着，哦对，青年——也上了这辆公交车，并对车上的乘

---

① 雷诺（Renault S. A.），法国汽车制造商。

客进行恐吓。车上有大概 40 多名乘客，但这些"青年"显然比他们更加年轻力壮。德墨先生挺身而出叫这些"青年"住手，然而"青年"们却群起而攻之，对他一顿拳打脚踢。当然，这 40 多名乘客没有一个人敢于出手相救。相反，等公交车停在下一站后，有 30 几个乘客歇斯底里地大喊大叫，抛下已被打死的德墨先生落荒而逃。随后，三名"青年"被捕，且均被证实为——出乎一些人的意料！——摩洛哥人后裔。罪魁祸首逃跑后，尽管警察愿意担保证人身份的保密性，在 40 多名乘客中却仅有 4 人敢于协助调查。德墨在比利时铁道部的同事向《晨报》（*De Morgen*）慨叹："要是你协助调查了，你定会遭到与德墨一样的报复；假如当时德墨没开口，他现在应该还活得好好的。"

不，他不会活着。他不过与其他 40 多名乘客一样，充其量就是个活死人。就像在比利时，人们时刻保持低调，避免任何眼神接触，蜷缩在角落的座椅背后，然后用报纸遮住自己，一心祈愿被人忽视。德墨先生有两个孩子，他们在"自己的"国家中又能有什么样的未来呢？我的母亲和外祖父母就来自于比利时弗兰德地区的小城圣尼古拉（Sint-Niklaas），那里是我儿时常去的地方，因此在记忆里甚是清晰。我们与姨姥姥和其他亲戚同住，楼上的房间没有洗手间，想方便的时候只能用夜壶。我和妹妹常带着小侄子在鹅卵石街道上闲逛，一逛就是好几个小时。我们漫无目的地穿过烟雾笼罩的酒吧一条街，偶尔买一份炸薯条配蛋黄酱。今日回想，这就是我记忆中最标准的佛兰德[①]地区。然而，此时此刻，圣尼古拉已是今非昔比。就在德墨先生被杀的一个星期之前，圣尼古拉的公交车司机为了抵

[①] 比利时北部的一个地区。该地区居民以弗拉芒人为主，其母语为荷兰语。

抗——那词儿又来了——"青年"们的勒索，刚刚举行了一次罢工。仅仅30多年时间，这个小城已然面目全非。

在比利时的欧洲本土人口中，低于18岁的公民仅占17%。而在比利时的土耳其裔和摩洛哥裔人口中，低于18岁的公民却占到了35%。"青年"的人数在增多，"非青年"却正在变老。为了避免本杰明·富兰克林在信中提到的杀人数据在现实中成真，我们必须让这些"青年"更加"比利时化"，更加倾向于比利时本土的身份认同。这种想法可行吗？卡扎菲上校[①]（Colonel Gaddafi）可不这么认为，他曾说："已有迹象表明，安拉将在欧洲的土地上赐予伊斯兰胜利——无须刀剑，无须枪支，更无须征服。等着瞧吧，几十年间，定居欧洲的5000万穆斯林定将把欧罗巴大陆改造为一个全新的穆斯林大陆。"

西班牙苦雨

如果说对于美国人而言，21世纪最刻骨铭心的日子是2001年9月11日，那么对于欧洲而言，这个时间出现在两年半以后：2004年3月。3月11日，就在西班牙大选前夕，马德里发生了一系列火车爆炸案，超过200人在爆炸中丧生。就在那天，我收到美国朋友的一大堆来信，大部分都以这句话开头："3月11日的恐怖袭击就是欧洲版的"9·11"事件。法国随后也将深受其害。" 也有朋友感慨："欧洲人开始尝到恶果了！"网络大V们都在其博客主页放上

[①] 全名奥马尔·穆阿迈尔·卡扎菲（1942年6月7日—2011年10月20日），利比亚政治家、军事家、政治理论家。曾为利比亚革命警卫队上校，是利比亚九月革命的精神领袖，后成为利比亚的最高领导人。

了西班牙国旗,以声援这个美国的反恐同盟国。小布什总统的兄弟、心如明镜的约翰·埃利斯·布什[①](John Ellis Bush)在其博客上写道:"此刻,所有的欧盟成员国都深知,马德里就是罗马,是柏林,是阿姆斯特丹,是巴黎,是伦敦,也是纽约。"

然而,峰回路转。3月12日,星期五,成千上万的西班牙人涌上马德里的大街小巷,面色阴沉地站在凄风苦雨之中,为逝去的同胞们沉痛默哀。仅隔两天,在星期天的大选日中,西班牙选民却抛弃了现任首相何塞·玛利亚·阿斯纳尔[②](José María Aznar)所属的人民党——该党此前已受尽百般辱骂,转而将工人社会党捧上了执政舞台。阿斯纳尔及人民党是美国发动伊拉克战争的欧洲盟友和重要支持者;而工人社会党则在竞选时保证,一旦当选将撤出在伊拉克战斗的西班牙军队。在这场竞选中,民调原本显示人民党将获得胜利;不幸的是,选前发生的爆炸事件竟然扭转了选举大局。

西班牙政府允许选民在强马和弱马之间做出自由选择,然而,看到西班牙公民在大选中自我阉割的行为,即使是拉登也会大跌眼镜吧。在历时72小时的暴风选举中,西班牙选民对恐怖分子传递出明确的信号:"很抱歉之前冒犯了你们啊。"如此看来,不管马德里到底是不是罗马、柏林、阿姆斯特丹或巴黎,反正它一定不可能是纽约。

[①] 小名为杰布·布什(Jeb Bush),由其全名(John Ellis Bush)中三个单词的首字母组成。1953年2月11日出生于美国得克萨斯州米德兰德市。曾任第43届佛罗里达州州长(1999—2007)。是乔治·赫伯特·沃克·布什和芭芭拉·布什夫妇的次子,其父、兄均曾出任美国总统。

[②] 1953年2月25日出生于西班牙马德里一个富裕的中产阶级家庭,1975年毕业于马德里康普鲁滕塞大学法律系,获法学硕士学位。1996年至2004年担任西班牙首相。

诚然，对于选举结果，出现了种种与约翰·克里输掉美国大选之后①颇为相似的同情声音。有人对西班牙选民表示同情，据报道他们也是义愤难平，因为人民党政府在爆炸案之后的解释与说辞着实令人又气又怜。面对逐渐浮出水面的如山铁证，罪魁祸首明明就是伊斯兰恐怖分子无疑，而阿斯纳尔首相竟然坚称袭击是本国的埃塔组织②（ETA）所为，是巴斯克民族分离主义者的杰作。然而，当西班牙选民因此将选票投给了打算从伊拉克撤军的工人社会党之后，原先对他们的同情也就不复存在了。没有人会记住其中的插曲，亦没有人会记住各方的说辞——唯一能被铭记的只有最终的大选结果：恐怖分子推翻了一个合法的欧洲国家政府。

因此，3月11日并非被钉上耻辱柱的一天，3月14日似乎才注定会是令后世难以释怀的一天。这一天才是能与"9·11"相提并论的日子，这一天定义了一个民族，这一天恰如20世纪30年代把人民推向战争烈火的绥靖纪念碑，铭刻着一次次妥协投降所带来的无法逃脱的人类灾难。在"9·11"事件和"3·11"事件相隔的两年半间，欧洲其实一直都有强化自身的机会。可是如今，美国已经确信：欧洲既不愿改变、也不能改变，即使想要改变，也为时晚矣。3月12日那天，抗议者撑起的雨伞最终只成全了相机拍摄的唯美照片，除此之外再无留下其他任何美好之物。凄厉的雨水都淋在了受害者的尸体之上。从惨剧发生到大选结束的三天时间里，对恐怖袭击的广

---

① 2004年美国总统大选中，民主党候选人克里以微弱劣势惜败于共和党候选人小布什。
② 埃塔是巴斯克语"巴斯克祖国与自由"（Basque Homeland and Freedom—ETA）的缩写，该组织成立于1959年，主张西班牙北部巴斯克地区与法国南部巴斯克地区合并成一个独立国家，并长期组织暴力活动，遭到西班牙和法国的联合反对。直至2011年10月该组织宣布永久停火。

泛报道直接影响了选举结果。在恐惧的作祟下,西班牙人蓄意将大选之日变作了绥靖政策的胜利之日,最终也令那些逝去的同胞蒙羞。

西班牙人为什么要这样做?——为什么不呢?一个生育率只有1.1的国家逞什么英雄呢?绥靖政策恰是向现实妥协的一种投票,是苟活于当下安乐窝的一种选择。为国王和国家而战确是为未来而战;可是生育率如此之低的国家又何谈什么未来啊。所以,没有未来的西班牙人,到底要为什么而战呢?若想杀光西班牙人,恐怖分子还要加快脚步,否则可能赶不上西班牙人的自杀速度。你要如何才能"毁灭"一个每隔一代即人口减半的民族呢?

2001年9月11日,美国本土遭遇了自1812年美英战争以来的首次攻击。犯罪分子全部来自国外——有沙特人,有埃及人。自"9·11"事件以来,欧洲经历了英国地铁爆炸、法国青年暴乱、荷兰政客被杀等一系列恐怖袭击,可是,犯罪分子却全部是其本国公民——英国籍、法国籍、荷兰籍。这就是美国与欧洲的不同之处:美国发动的是一场对外战争,欧洲则处于一场尚未公开宣布的内战初期。

谁将赢得这场战争呢?在奥地利的林茨市,穆斯林移民要求女教师上课时必须戴上头纱,无论她是否信仰伊斯兰教。英国穆斯林委员会要求取消"大屠杀纪念日",因为纪念日"只"针对(所谓)被纳粹屠杀的犹太人,而不纪念被以色列屠杀的巴勒斯坦人。

而欧洲国家作何反应呢?在西班牙的塞维利亚市,先王斐迪南三世[①](King Ferdinand III)已不再是一年一度的嘉年华的守护神,因为他当年从摩尔人手中争取西班牙独立的伟大战绩对于穆斯林移民而言可是毫无吸引力可言。在英国,法官同意将犹太人和印度人

[①] 曾任神圣罗马帝国哈布斯堡王朝皇帝(1637—1657),匈牙利国王(1625-1657)和波希米亚国王(1627—1657)。

从陪审团中剔除,因为穆斯林的被告律师认为当事人将无法因此得到公正的判决。英国圣公会正在考虑免去圣乔治①(St. George)作为英格兰守护神的地位,因为许多牧师吐槽他太过"尚武"了,容易"冒犯穆斯林"。牧师们希望以圣奥尔本②(St. Alban)代替圣乔治,同时取消英国国旗上的圣乔治十字架③,改以圣奥尔本的细黄色条纹十字架代替。这种笑话简直荒唐透顶,恐怕连最毒舌的批评家也哑口无言了。

在未来的几年里,数百万穆斯林青年将进入投票站,一些欧洲国家即便不会正式生活在伊斯兰教法之下,其本土公民——恰如尼日利亚的部分地区一样——也终将与伊斯兰激进的群众妥协共处,他们极为擅长利用多元社会的"容忍"而对其他族群施以无法容忍的折磨。在其他欧洲国家,过程可能不会如此极端,但最终的结局仍将是殊途同归。

马德里和伦敦的爆炸袭击——连同其他恐怖事件,比如提奥·梵高遇刺案——打响了欧洲内战的第一枪。你若是想嘲笑西班牙和英国就先笑一阵儿吧,不过请记住,宗教激进主义者挂在嘴边的目标可不只是将异教徒赶出伊拉克,而是重建一个伊斯兰哈里发国家,其范围将涵盖整个欧洲大陆,所有人民都必须生活在伊斯兰教法之下。有人可能不相信:姑且一听穆斯林的鬼话,看看他们是否会言行一致吧。由于伊斯兰激进派不断发起政治运动,相比于20世纪

---

① 公元4世纪的一名罗马士兵,为基督教徒脱离迫害做出贡献。传闻他杀死了正要吞噬一名女童的喷火怪物,因此经常以屠龙英雄的形象出现在西方文学、绘画、雕塑等作品之中。
② 有历史记载的英国第一位基督教殉道者。
③ 即白底红十字旗,英格兰以圣乔治红白十字旗作为旗号已有800多年的历史。

70年代初，当今世界已有更多地区施行伊斯兰教法了，且这一伊斯兰化的进程仍在不断加剧之中：2005年初，10%的泰国佛教徒因惧怕伊斯兰暴力纷纷弃家而逃——这种暴力恐怕比海啸还具破坏性，不过，这件事在国际媒体上却鲜有报道。有人觉得当前伊斯兰四面树敌反而使其不足为惧，可是殊不知，圣战分子早已习惯于与各路劲敌同时开弓了。如果你连以色列人和俄罗斯人都不放在眼里，那么征服比利时人和西班牙人又有何难呢？

1903年，在英国第一部间谍小说《沙岸之谜》（*The Riddle of the Sands*）中，厄斯金·柴德斯（Erskine Childers）笔下的帆船驾驶员戴维斯（Davies）企图说服英国外交部官员卡拉瑟斯（Carruthers），望他认真考虑德国海军夺取弗里西亚群岛（Fresian Island）的可能性：

> 这其实跟陆战是一个道理，和你一起攀山的同伴，是骁勇善战之人、足智多谋之士，他们熟悉每一条小路，他们分组行动，轻装上阵，步伐矫捷。
>
> 瞧瞧游击队这无法比拟的优势！敌人们却都走着常规的大路，背着大包，步履蹒跚，"对这个国家一无所知"。

戴维斯实际上是希望卡拉瑟斯能将陆战的老原则运用于海战的新战场之上。伊斯兰人何尝不也是如此。他们最牛的游击队其实已不在阿富汗的兴都库什山——在那里，普什图①（Pashtun）战士们曾惨遭炸弹的袭击。如今，他们已在欧洲轻装上阵，正在抄小路行

---

① 普什图人是阿富汗南部和巴基斯坦西部的主要民族，为逊尼派穆斯林。他们信仰虔诚，严守伊斯兰教义和习俗，是塔利班的积极参与者。

稳致远——隐秘的据点、投机的阿訇、野心勃勃的游说团体在自由社会的角落与缝隙中暗自发力——而欧洲的政客们却仍然沿着已经过时的常规大路长途跋涉，秉持着多元文化的虔诚信仰，怀抱着一切都将皆大欢喜的美好希望。

2006年，定居挪威的伊斯兰阿訇毛拉·克雷卡尔（Mullah Krekar）在接受《挪威日报》（*Dagbladet*）采访时说道："我们正是即将改写欧洲历史的一群人！且看欧洲的发展进程吧：穆斯林和清真寺的数量都在不断攀升；欧盟国家平均每个女性的生育率是1.4，而其中穆斯林女性的生育率却高达3.5。"最后，克雷卡尔总结道："事实胜于雄辩，我们的思维方式就是比你们的强啊！"

第三章　人类来自金星：
第一本能 VS 第二本能

> 我们这个时代的希腊，生育率低靡，人口迅速萎缩，即便没有连年的征战，也没有肆虐的瘟神，不少城市仍被废弃，土地也变得荒芜……所有这些皆因人类变得狂妄自大、贪婪自私、好逸恶劳，他们不愿缔结婚姻，或者缔结婚姻之后也不愿生儿育女，即便有人生育也只是其中一两个特例，他们只愿衣食无忧地虚度一生，然而恶魔的种子却由此急速地潜滋暗长。
>
> ——波利比奥斯，《历史》，第36卷

当今的人口灾难究竟是如何发生的？作为世界进步的领导力量，人类史上最繁盛的西方文明又是如何一步步屈服于当下最落后的文化，最终走向了自我的毁灭？时至今日，这些发达的西方文明社会依然是当局者迷，把自身的缺陷全然视作了优点。诚然，外来移民对一个地方而言也并非一无是处，英国的乡村餐馆要是少了咖喱饭也将要黯然失色呢……但若是仅仅为了证明自己的道德优越,便肆意吹嘘并捏造移民带来的种种好处,那可就是愚蠢透顶了。对于一个国家而言,由于人口匮乏而增加对外来移民的依赖,这不是强大的表现,反而是软弱的证明。眼下,欧洲大陆的阿訇们终于可以确信无疑:如今的欧洲已经俨然成为一片穆斯林的殖民地。

《国家评论》(*National Review*)的前任撰稿人约翰·奥沙利文(John O'Sullivan)曾说过,加拿大的战后历史可以用英国喜剧组合巨蟒剧团[①](Monty Python)的一首老歌来概括。这首歌曲以欢快的颂歌开头:"俺是个樵夫,俺骄傲!"之后的序曲悠然见南山,以歌声赞美了北国森林里的质朴生活:"俺从这棵树欢快地跳到那棵树!俯视万物在不列颠属哥伦比亚省的奔涌大河中肆意地漂浮!"到了结尾,颂歌的旋律再次响起,然后渐渐过渡到一段男声的高调门假音,歌手用女性化的声线娓娓道来,声言自己喜欢"穿着高跟鞋、吊带袜和性感胸罩",憧憬着"穿上姑娘的裙子去酒吧里逍遥"。

我特理解奥沙利文的这篇文章到底想说点啥。2005年,我偶然看到一组新闻照片,拍的是在多伦多市政厅外的广场上举行的"世界人妖小姐庆典"。让我和我的小伙伴们惊呆的,并非"人妖小姐"们为了炫耀那些注满硅胶的夸张假体竟举办了一场如此盛大的活动——就算是从美国道康宁公司[②]购买的上好硅胶,人妖身上的这些"零件"也还是假得无可救药。真正让我瞠目结舌的,是多伦多市

---

① 英国六人喜剧团体,他们的"无厘头"搞笑风格在20世纪70至80年代影响甚大。
② 成立于1943年,是一家由陶氏化学公司和康宁公司均等持股的合资公司,总部设在美国密歇根州米德兰市。道康宁致力于探索和开发有机硅的工业应用,现为硅胶技术的全球领导者。

政府竟然昏聩至此，认为"世界人妖小姐庆典"应该得到官方的大力支持！当然了，要是他们不支持，大概会因为"没有包容心"而受到某些舆论的指责。奥沙利文引用那首歌，倒并非是意指加拿大的男性都已变成了"不爱武装爱红装"的异装癖——"没那么夸张啦，整个加拿大有异装癖的男性人数还不到全国人口的35%或40%，而我本人也只在周末才这么干呢！"——这位撰稿人真正的言下之意是，一个曾经散发着男性魅力的北方国家，如今无论在思想上还是精神上都日益散发着浓浓的女人味儿。1945年，加拿大皇家海军曾拥有世界第三大水面舰队；加拿大皇家空军是世界上最具战斗力的空中武装力量之一；加拿大陆军更曾在诺曼底登陆日夺下了世界上最难占领的一片海滩。只可惜时过境迁，经过两代人的代际更迭，昔日的硬汉特征已经完全融入了一个女性化的阴柔社会之中。在这个社会里，人类的第二本能——终身享受权利与利益——被摆在了生命的首要位置，超越了其他所有的人类第一本能。

在这一点上，加拿大绝对不是唯一一个把第二本能置于首位的国家。如果奥沙利文的论断存在纰漏的话，那只可能是——巨蟒剧团的那首歌曲讽刺了战后几乎所有发达国家，而不单单指向加拿大。要想了解为何西方国家在愚昧落后、未经开化的敌人面前如此弱不禁风，那就需要好好研究一下"二战"以来各发达国家的社会转型过程。在如今的政党竞选中，除了美国共和党以外，西方世界的几乎所有政党无一例外地都选择在竞选台上宣扬人类的第二本能：政府提供的医疗保健（美国也正朝此目标坚定而缓慢地迈进）、政府创立的托儿所（可能是加拿大2006年大选的最热议题）、政府准予的男性陪产假（英国已经批准实行），等等。我们已然把第二本能凌驾于第一本能——国防建设、政治自主、家庭建设以及最基本的生育需求——之上了。可是，如果不能"繁衍生息"，哪来那么些人去负担人类的第二本能？要知道维持终身福利制是需要庞大开支的，而这些开支的增长速度远比我们的繁衍速度快多了。道理说出来大家都懂，可是人类对于第二本能的痴迷与依赖已然无法自拔，这大体是由我们的自满与自私所造成的苦果：我们想摆脱赡养老人的重担肯定不会是为了老人好，而是因为不想让那些老家伙占用我们自己的时间。不过世界是公平的，如果你懒得照顾祖父母，有朝一日你的孙子孙女们大概也会以其人之道还治其人之身。

　　我一直很喜欢林肯在就职演说中发表的一段讲话，他用"记忆的神秘和弦"一词完美地比喻了一个健全社会的不同层面：最顶层好比乐曲的主旋律——也就是我们所身处的当下，然而，类似于和声部分的第二层也并非一点都不重要：和声能够将当下的主旋律放在特定的历史环境之中，遵照永恒的真理前行，从而将我们同历史紧紧地系在一起，也鞭策我们为了未来而不懈奋斗。然而，从1945年开始，西方世界出现了一大批政府干预社会的政策举措——国家养老金、高等教育资助、提高税收以支付其他项目——这些政策措施打破了不同代际民众之间相互联结的传统模式，转而使他们完全陷入了一种以自我为中心的催眠状态。然而，人类的第一本能最终仍会显现，悲剧也就随之而来了。新保守派学者罗伯特·卡根（Robert Kagan）关于"美国人来自火星，欧洲人来自金星"的观点[①]也许还

[①] 罗伯特·卡根认为，欧洲正在摒弃武力，进入一个以法律、规则、跨国合作进行自我约束的新时代，实现着康德所描述的"永久和平"。与此同时，美国却正在陷入历史的泥沼，还在一个无政府状态的霍布斯世界里炫耀蛮力。作者实际上借此表达：在人类本能的范畴中，欧洲在追求第二本能，美国仍在追求第一本能。

不能很好地概括当今世界的状况，其实应当说西方人本来都是火星人，偏偏欧洲人要伪装成金星人。巨蟒剧团的歌曲、世界人妖小姐庆典无非都只是说明了一点：我们这些火星人天真地以为，只要我们乔装打扮成金星人就万事大吉。那些在多伦多市政厅招摇过市的身材火辣的变性人，一再提醒我们——现代西方民主的所谓包容性，已经使我们的社会变得越来越"娘"了。

美国人大概还没明白，西方世界已经堕落到了什么地步：在一些欧洲国家的政府内阁中，国防部长的职位远比不上卫生部长有吸引力。想想美国前国防部长唐纳德·拉姆斯菲尔德①（Donald Rumsfeld），如果这位老炮儿被调任为卫生部长，他会将之看作升职吗？我敢肯定这位美国部长绝不会这么想。然而不幸的是，第二本能看起来实在是太高级、太具诱惑力了，以至于美国的欧洲盟友们无法抵抗，甚至在"实力"这个词的涵义上都已经无法和美国达成一致了。2002年，芬兰总理帕沃·利波宁（Paavo Lipponen）在伦敦发表了一场演说，声称"欧盟决不能发展为一个军事意义上的超级联盟，而应当成为一个在需要捍卫自身利益时，不用武器也能解决问题的强大联盟。"

对于芬兰而言，不使用武力大概是绝佳的选择。然而，这位芬兰总理却不应就此判断：对所有欧洲人而言，以前那套老规矩都已经不再适用。如今，传统的军事硬实力已经逐渐被某些权力新手段所替代，我们也逐渐习惯了一场又一场的"国际茶话会（欧盟、联合国、国际商会，等等）"。然而，从长远来看，这种对国家

---

① 德裔美国人。1975年被时任美国总统福特委任为国防部长，成为美国历届内阁中最年轻的国防部长。2001年小布什当选总统后，被再度委任为国防部长，成为美国历届内阁中最年长的国防部长。

再定义的思路根本就行不通。美国前总统杰拉尔德·福特（Gerald Ford）为了迎合保守派选民的观点曾违心地说过："一个大到足够满足你任何欲望的大政府，也已经大到能够夺走你的一切。"的确如此，但这种情况发生之前还有一个过渡阶段，那就是——政府也许已经大到可以满足你的任何欲望了，但却并未大到可以令你上缴足够的税金以让它得以持续满足你的各种欲望。

欧洲各国政府恰好处于上述的过渡阶段之中。欧洲的公民已经被他们无力继续负担的社会福利给套牢了，导致现在已成了政府寅吃卯粮、整个国家最终只能走向崩溃的不利局面。通过对社会保障制度的现实考察，我们可以预计到了2040年，美国的养老金支出占全国GDP的比例将上升至6.8%。而在希腊，养老金支出早已占到了全国GDP的25%——也就是说，希腊社会事实上已经崩溃了。但欧洲国家的选民们丝毫不以为意，他们一个个心里盘算的只是——老子纳了税，就该享受应有的权利。

这里就存在一个关于"社会民主"的悖论。你想要降低赋税，缩减政府权力，左翼人士就会谴责你"自私自利"，我自己就曾被这样口诛笔伐过。我很享受每天去上班时能开车行驶在宽阔的公家道路上，也很乐意能为军队和消防部门的必要开销缴税纳贡，但除此之外，我希望能保留我辛苦赚来的个人财产，并且只为我个人的需要而消费和买单。

左翼人士常常鼓吹伦理道德，他们宣称：多多纳税就等于为社会减轻负担，是更友善、更宽厚、更仁慈、更公平的一种做法。但是很可惜，最新的欧洲选举结果（穆斯林当选人数的比例持续上升）表明，选民们根本就不会关心什么社会的共同利益，穆斯林也只会给穆斯林的候选人投票,没有什么比主张社会平等的社群主义①更能让一个公民变得自私自利了。一旦一个人能够享受医疗保险以及其他社会福利,他/她就不会在乎什么社会的共同利益,并且从那以后也便有了私心,只要能在有生之年满足一已私利,就算种种私利会导致整个国家在二三十年后崩溃,那也"关老子何事"了。"我死后哪管洪水滔天?!"事实证明,"社会民主"的本质就是公开的反社会。本章开头引用了古希腊历史学家波利比奥斯的话,其实应该更正一下——人类的"贪得无厌"披上了"狂妄自大"的外衣,从而带领着欧洲和其他国家一同走上了"好逸恶劳"的不归之路。

从某种程度上讲,欧洲国家已经把政府与公民之间的关系进行了再定义,这种重新定义的关系更接近于毒贩子和瘾君子之间的关系。一旦让公民在这样的社会里安身立命,就很难说服他们戒掉毒瘾,再回到之前的社会了。正因如此,除美国以外的所有西方国家都已由政府来负担公民的医疗保险了。说来也怪,在所有的发达民主国家,公民都希望在超市有更多品牌的早餐麦片可供选择,都希望在电影院有目不暇接的电影作品可供欣赏,也都希望在屏幕前有越来越多的色情网站可供浏览,然而,一到了生死攸关的健康医疗问题,大家却都乐意把选择权交到政府的手里。

实际上,"大政府"根本不只是钱的问题,而是关乎道德优越感的问题。据加拿大前外交部长劳埃德·阿克斯沃西(Lloyd Axworthy)称,美国一直热衷的"硬实力"早已过时,而加拿大正为了更加强大的"软实力"而上下求索。且不管别人怎么说,我个人认为两种力量之间的真正区别应在于更深层次的两种文化——硬

---

① 20世纪80年代后产生的当代最有影响的西方政治思潮之一,其哲学基础是新集体主义,认为个人及其自我最终是由他或她所在的社群所决定的。

文化和软文化——之间的差别。研究人口与政治趋势的迈克尔·巴罗内（Michael Barone）是一个明白人，他曾出版过一本书，名为《硬美国，软美国：竞争与溺爱之争以及国家前途之战》（*Hard America, Soft America: Competition vs. Coddling and the Battle for the Nation's Future*），但是很难想象会有人写出一本名为《硬加拿大，软加拿大》或者《硬欧洲，软欧洲》的书来，究竟是为什么呢？这个问题早在二三十年前就已经有了答案。日本自"二战"结束以来就没有一个士兵在战场上牺牲。所有的日本士兵都把手里的军刀换成了唱卡拉OK的麦克风，口中高唱着反战名曲《给和平一个机会》（*Give Peace a Chance*）。这事儿听起来似乎甚是美好，但美好的表象之下却隐藏着最残酷的现实——日本遭受了比战时还要严重的人口危机。

"软实力"起源于"软文化"，其根本原因是"软文化"环境下的人们失去了维持自己"硬实力"的意愿。一个国家能够永久地维持软实力吗？不能，也许只能维持大约20到60年，因为软文化的本质决定了它不可能抵御持续性的外来武装侵略——就好像比利时安特卫普市公交车上的古惑青年，或者法国境内的穆斯林集体强奸犯一样，他们最热衷的成人礼便是以轮流猥亵的方式蹂躏受害者，或者冷漠地撇出一句"该你上了"。"9·11"事件发生的当晚，英国北部的穆斯林青年就在街头引发了骚乱，歌颂伊斯兰在与大撒旦美国的斗争中取得的伟大胜利。他们砸烂汽车的前盖——或者用更加优雅、更加英式的说法——砸烂汽车的引擎罩，他们还强迫路上的司机加入他们一起吟诵，高喊"奥萨马·本·拉登是一个伟人"。

你要是敢在美国德克萨斯试试，德州人肯定得从工具箱里掏出机枪爆了你的头。就算是在佛蒙特州，穆斯林也不敢这么放肆。但在英国，民众持有枪支是违法的，甚至面对袭击时连奋起反抗都不行（无论反抗的意图和目的是什么）。所以英格兰布拉德福德的市民只能可怜巴巴地躲在家里心惊胆战，而相比之下，看到此情此景的穆斯林犯罪团伙们却一个个都自信心爆棚，大摇大摆地扬长而去了。穆斯林移民在欧洲胆大包天、胡作非为，但到了美国就畏首畏尾了起来，一个最基本的原因就是美国公民的强硬态度让那些狂妄之徒绝不敢铤而走险。

具有花岗岩州之称的新罕布什尔州的犯罪率低，就是因为该州的持枪率极高。当然，你也不是非得揣着把枪。你没瞧见吗？好些手无缚鸡之力的伪娘们也都没有枪呢。不过，也多亏了他们的邻居中不乏五大三粗、凶神恶煞的壮汉，这些胆小鬼们才能平安无事地苟且偷生。还有，如果你打算在新罕布什尔州入室抢劫，最好再三确认一下，你要打劫的是人恰是全州人口中笃信"天下大同"的那1%，可千万别跑去那些剽悍的枪械迷家里，可能你刚把手放到他那用70美元买来的二手电视机上，他就一枪把你的头打爆了。在英格兰北部，坚持私人不应持枪的人可能早已被那些支持美国宪法第二修正案[①]（Second Amendment）的持枪疯子们吓坏了，他们极有可能干脆搬家，移居到一些人人都拒绝持枪的地方，比如美国华盛顿、英国伦敦等。不过到头来，这些人肯定会幡然顿悟，想要生活在一个完全解除了私人武装的社会里，他们就必须在家里装上报警器、铁栅窗和安全摄像头。

一个国家如果实行枪支管制，就好像那些超理性主义者对上帝实行了"管制"。超理性主义者完全可以把关于上帝的论述当作不

[①] 美国权利法案的一部份，于1791年12月15日被批准，赋予公民备有及佩带武器之权利。

经之谈，但没有了犹太-基督教文化的认同与支持，超理性主义在社会中也将四面楚歌，变得更加不堪一击。就像有些汽车保险杠上的贴纸写的：把持枪定义为非法，就只有亡命之徒才会佩枪。同理，把宗教边缘化（恰如欧洲现时所为），就只有落后地区才会保留宗教信仰。这就是为什么在法国，贫困的穆斯林聚居区比巴黎的富人区更加具有文化自信。

道高一等

"9·11"袭击终使软硬文化之间的长期争论成为了社会的焦点，而在这场你死我活的舆论斗争中，硬文化必将战胜软文化，成为最后的幸存者。然而，欧洲的软文化已经无处不在：政府养老金、劳动法、每年六周带薪休假制，如果你觉得每周工作35个小时实在太累，还可以选择去领取政府慷慨提供的失业保障金——享受着政府提供的麻醉剂，欧洲公民与毒品瘾君子相比，似乎已经有过之而无不及了。面对不断膨胀的养老金负债，加上几乎崩溃的生育率，就连欧洲的政客们也开始意识到应当给公民们戒戒毒瘾了。可是，公民们不买账啊，他们才不管20年甚至70年以后政府会不会破产呢，他们只会轻描淡写地说一句："跟我有啥关系啊？我得先去海滩度假啦，回见了您嘞。"

2006年，《经济学人》（*Economist*）作了一篇报道，大概内容是说政府正越来越倾向于运用权力引导公民养成良好的生活习惯——比如，禁止吸烟、健康饮食等，报道的结尾还写道："那些支持政府引导公民习惯的人们认为，温和式的家长管理模式将能够实现有百利而无一害的目标——宣扬一种理性、谨慎、克制的行为方式。"然而，如果个人的美德需要全权交由政府控制和引导才能苟且存在，那么这些美德在被鼓吹和宣扬的同时其实已经走向没落了。

《经济学人》说得没错，家长式管理的确应该用以引导人们实现"有百利而无一害"的生活目标，然而无情的事实却是，现在选择这种管理模式的政府正做着"有百害而无一利"的蠢事。多亏了政府帮忙，现在好些人才能把年迈的父母丢在家里，然后自己出去花天酒地。因此，让政府承担起赡养老人和监护孩子的责任，并不代表天下就太平了，相反，把公民从坚持"个人品德"的义务中解放出来，就等于彻底地把公民在社会中的身份与责任边缘化了。

现代的民主社会正是这样一点点地消磨着公民的意志，漫不经心地调动起人类的第二本能，并使之越到了第一本能之上。最后的结局就是，就算没有穆斯林的威胁，大多数西方国家还是无法安然无恙。所以有人说，欧洲根本就不需要敌人，它已经败给了自己的散漫无能——说这话的人也真是绝了。正如之前所说，一个大到足够满足你任何欲望的"大政府"，也能大到夺走你所拥有的一切；而这剥夺计划的第一步，就是断送你独立自主的第一本能。

不过，在西方世界"软实力化"的进程中，还有一个（或者半个）例外：一个仍在繁衍生息、坚持八小时工作制、维持着强大军队的国家——美国。面对这个例外，发达世界的其他成员（包括美国国内的民主党、主流媒体以及痴迷于"国际法"的最高法院法官）又作何反应呢？他们竟然要求美国别再闹了，赶紧加入欧洲的自杀联盟吧。《观察家》（Observer）的前总编辑、英国首相托尼·布莱尔的大军师、整日都在谈论"新欧洲"的超级话痨——威尔·赫顿（Will Hutton）就是其中的一份子。我搬出赫顿这个例子，倒不是想要对他进行人身攻击——或者，不仅仅是想要对他进行人身攻击——我这么做，首先是因为赫顿先生到今天依然在支持着早已过时了的中央集权主义，而这也正是现代欧洲人与大多数美国人的核心分歧。

赫顿在其2003年出版的《不再独立的宣言：为什么美国应该加入世界》（*A Declaration of Interdependence: Why America Should Join the World*）一书中写道："我很欣赏雪儿·克罗①（Sheryl Crow）和克林特·伊斯特伍德②（Clint Eastwood）这类的艺人，也一直很喜欢看伍迪·艾伦③（Woody Allen）的电影……"我敢打包票，这三个他所声称喜欢的艺人里至少有两个是瞎掰的，他怎么可能喜欢美国人呢？唯一一个可能的是伍迪·艾伦，作为美国知名导演，他却曾受法国政府委托，帮助法国在美国重塑国家形象。有了伍迪·艾伦的帮忙，就能提升法国在美国人心目中的好感度，这种蠢招儿也只有法国政府才想得出。回到赫顿先生的书，在对自己的文凭吹嘘了一番之后，他又絮絮叨叨地说他其实是"为了美国好，所以看到眼下美国越来越与其应有的样子背道而驰时"，也只能"恨铁不成钢"了。真是巧了，美国的左翼和右翼人士也都是这么想的，他们完全可以把这句话照搬过来写进自己的书里。不过，与他们不同的是，这位欧洲贤人并不是说美国与当初国父们所擘画的国家蓝图背道而驰了，而是说美国国父们打从建国一开始就已经大错特错了。从他对于美国独立战争和法国大革命的比较论述中就能清楚地看出，他认为法国大革命比美国独立战争更伟大，因为独立战争在十三个

---

① 20世纪90年代以来美国最受欢迎的摇滚乐女歌手之一。
② 美国电影演员、导演、制片人，以牛仔形象为人们所熟知。
③ 美国著名电影导演、编剧、演员、作家、音乐家、剧作家，代表作包括《安妮·霍尔》《汉娜姐妹》《午夜巴黎》等。

殖民地宣扬极端的个人主义（此处应有嘘声），而法国大革命却促成了"新的集体社会契约"（此处应有掌声）的诞生。

哼，谁知道呢，兴许正是因为国父们所犯的"错误"，美国才在科技创新、经济增长、军事力量以及生活水平等方面都远远"落后"于法国吧。赫顿先生坚称："所有的西方民主国家都认同一大套自由主义或者激进主义的理念。"但是，就拿新罕布什尔州来说吧，它实行民主制度的年头可是比德国还要早上200年，把奉行民主制度已久的美利坚与民主历史极其短暂的欧罗巴都说成是"认同自由主义"的民主国家，这话听起来好像有些站不住脚啊。所以，还不如说"所有欧洲国家都认同一大套中央集权主义理念"呢。或者换成赫顿自己的话可能更加贴切一些："更为科学谨慎的欧洲传统认为，人类是社会动物，个人自由仅仅是建立美好社会的众多价值标准之一。"而这种将个人自由屈尊于赫顿所谓的"社会首要因素"——中央集权制——的思想在欧洲盛行了100多年之久，要知道，这种中央集权制——或者"社会首要因素"——正是法西斯主义、纳粹主义、共产主义和欧洲联盟所拥有的共同之处。整个欧洲大陆的诅咒其实就是"大政府"思想，每逢灾难降临，欧洲人就指望着有个"大政府"来救世："二战"前夕，德国的中产阶级就寄望于希特勒能够抵抗布尔什维克在欧洲的扩张；同样地，战后的德国中产阶级又将欧洲共同体视作可靠的保护伞，希望能借此防止纳粹的东山再起。

诚然，跟法西斯和共产主义相比，欧盟看起来要面善得多——它所造成的混乱完全不是那种狂轰乱炸的大场面，有的只是些不疼不痒的小打小闹，一旦碰到问题，欧洲就会有一大堆官方声明想当然地告慰各国民众：我们的世界秩序就是——所有七零八碎的琐事都须经过政府批准、规范、合法化之后才能进行，一切都由政府保障。

欧洲人从来不会为他们对中央集权制的诡异理念作任何辩护，尽管他们声称自己是后基督教时代的理性主义者，但是到了中央集权制的问题上，他们却产生了一种毫无理性的盲目信仰。

如今，地球上只剩下为数不多的国家还在质疑"大政府"的效力，也正是因为这种对于"大政府"的盲目信仰，使得威尔·赫顿在身处其他国家时，甚至惶恐到觉得自己小命不保。他对美国的评价是："在一个完全崇尚私有的世界，我们便完全失去了方向，一切对公众的引导都被收回，我们所能做的也只有听任个人主义的主观价值以自求多福了。"赫尔还对美国第一修正案大加痛斥，说自己在身处美国的日子里无时无刻不在怀念着由政府管控媒体的欧洲大陆——根据欧盟规定，成员国的所有公共言论都必须在政府允许的范围内才能得以发表（比如，在一场标准的欧洲政治座谈会中，必须得有中左派、极左派和左到没边儿的左派们一齐参加）。他还说："欧洲会采取各种措施，以保证电视和广播媒体符合公众利益和价值观标准。"

"公众利益和价值观标准"：你要是想弄懂欧洲为啥一团糟，就把这句陈词滥调给牢牢记住吧。而且，要想毫不费力地理解"暴政"的概念，这句话也是一大关键。

"公众利益和价值观标准"根本不是指公众依据自己的利益所决定的标准，这些标准是少数精英——通过各种指定媒介——替公众作出的决定。就是因为这样，你才不可能从欧洲的广播里听到类似于美国知名保守派拉什·林堡①（Rush Limbaughs）或者詹姆斯·多

---

① 美国著名的极端保守派广播节目主持人。

布森^①（James Dobsons）发表的言论。不过你确实可以听到不少来自威尔·赫顿的长篇大论。

不管你愿不愿意听，眼下根本不是你喜不喜欢欧洲中央集权制的问题，真正的问题是欧洲中央集权制已成为明日黄花。欧洲赌上自己的身份认同，积极地开展反美活动，最终只能导致自我毁灭。有这么多欧洲国家愿意满足人类的第二本能，这当然是不少人喜闻乐见的——假如一个政府整日都在为争取儿童日托补贴、同性恋婚姻合法而忙碌不暇，把强制带薪休假的时间究竟定为六周还是八周视作当务之急，有谁不想生活在这样一个政府包办一切的社会中呢？但这样的国家顶多只能满足一两代人的第二本能。看看人口锐减、经济停滞的欧洲就知道了，不管怎样，第一本能才是重中之重。欧洲人一直坚信他们能够避免英美资本主义自身的弊端，生活在永久富裕的福利社会之中，殊不知正是这种错误的想法和对社会发展的错误评估使得欧洲正一发不可收拾地加速走向灭亡。如今，欧洲政府的社会福利事业已经不可逆转地构成了对于社会安全的威胁，因为福利体系直接削弱了国防力量——尚未被"大政府"剥夺独立意识的自由公民们已经寥寥无几了。

假如美国遵照赫顿先生的建议"加入世界"会怎样呢？"4000万没有医疗保险的美国民众"将能够享受到政府社保体系所带来的崭新福利，不过也像2.5亿欧洲邻居一样，他们很快就会发现在实行医保之后，自己想要看病时排在"等候名单"上的时间真是愈益地使人绝望——即便只是接受常规手术治疗，英国人和其他欧洲人可能也要在病痛的折磨中等上个一两年，甚至更久些；加拿大人为

---

① 美国保守派人士，曾创立保守派教会组织"爱家协会"。

了能做个核磁共振扫描可能要排队等候半年或者一年，有时候甚至要等一年半，因为全加拿大的核磁共振扫描仪加起来还没有区区一个费城的扫描仪多。现在，这些人又在发挥带头表率作用，给政府医保增添了又一道终极规定：产妇需要等候整整十个月，临近预产期才有资格住进产科病房。

2004 年，一位名叫德布拉·科恩斯维特（Debrah Cornthwaite）的准妈妈在埃德蒙顿市的皇家亚历山德拉医院（Royal Alexandra Hospital）生下一对双胞胎男孩儿，这所医院位于加拿大的亚伯达省。然而，当天早上，科恩斯维特女士本来是去的她家附近的兰里纪念医院（Langley Memorial Hospital）等待分娩，这家医院位于亚伯达省隔壁的不列颠哥伦比亚省。医生们告诉她：你现在的宫缩已经到了每四分钟一次的地步，情况是很紧急的；不过很抱歉，我们产科病房已经没有床位了。随后，待医生与该省的"医院床位查询热线"沟通核实之后，他们又告诉她一个更"好"的消息：全省的产科病房都无法接收她进行分娩了。接着就是总计长达 7 个小时的官方登记程序和一大堆文件填写工作。一直到了下午，这位女士才被车送往机场，坐着一架双螺旋桨直升机飞向了跨省的埃德蒙顿市。飞机行驶过程中，科恩斯维特的宫缩频率已经加剧到每 2 分半钟一次，专为孕妇开设的无痛分娩课程也没教过如何在落基山脉上空的颠簸气流中调整呼吸啊！试问有多少美国人想要在分娩日拥有这样的非凡体验呢？你收拾好了行李箱，好不容易到了加州奥克兰当地的一家医院准备分娩，却被医生们如此告知："别担心，我们已经帮你在科罗拉多州的丹佛市订好床位啦。"

实际上，欧洲和加拿大能有钱维持公费医疗，全都多亏了美国纳税人的一手扶持：自第二次世界大战以来，美国政府为其盟友承担了高额的防务费用，使得盟国得以在烧钱的社会福利上花掉大把大把的税收。假如美国也遵从赫顿的建议——"加入世界"，那么美国的国防开支就要降到跟欧洲和加拿大同一个水平。真到了那时，要是斯里兰卡或者印度尼西亚再发生一次海啸，哪个国家都没法调动航母舰队来转移和抢救难民，更多的百姓将死于非命，人们只能在绝望中等待救援，随着时光流逝，联合国那帮还没睡醒的胆小鬼才会最终姗姗来迟。一旦美国"加入世界"，为了增加社会福利的支出，它在联合国和其他国际组织中的投入就会下降至欧洲国家的水平。而且美国很可能得搞一次政府精简，此后就无法再继续承担原先不亚于国际组织的全球责任了。举个例子，在世界的另一端，某个贫困村的小孩儿被诊出患有一种前所未闻的罕见疾病，医生们想弄清这一病例，可以将带有病原体的试管快递至位于亚特兰大市的美国疾病防控中心[①]（Centers for Disease Control，简称CDC）。事实上，即便是威尔·赫顿之流们所倾慕的欧洲国家，也无法否认美国的疾病防控中心扮演着"世界最高卫生部"的角色。2003年，当非典型肺炎（SARS）从中国蔓延至加拿大多伦多的医院时，世界卫生组织（World Health Organization，简称WHO）最大的贡献就是对全球旅客发出旅游警告，告诫他们在旅途中避开加拿大的安大略省，然后便把烂摊子交给了美国疾控中心，拜托其对"非典"进行深入的实证研究。为了记清由英文缩写所代表的各类卫生机构，多伦多市长梅尔·拉斯特曼（Mel Lastman）简直心力交瘁。在一次新闻发布会上，市长大人认为美国疾控中心（CDC）发出旅游警告给

[①] 美国卫生部所属机构，总部设在乔治亚州亚特兰大市，工作职责在于疾病预防和控制、环境卫生、职业健康及相关教育活动等。

多伦多带来了负面的影响，由此便对CDC展开了猛烈的抨击。可是，实际上旅游警告明明是由世界卫生组织（WHO）发出的。

坐在拉斯特曼市长旁边的一名女医生想要纠正他，于是便提醒道："是世界卫生组织（WHO，与"谁"谐音）。"

市长重复道，"美国疾控中心（CDC）。"

女医生又说："WHO！"

"CDC啊！"市长又重复道。他实在搞不懂为啥她没听明白自己已经说了两遍的标准答案。两个人又重复了好一阵子同样的对话，就像在演《二傻双人秀》①（Abbott and Costello）中的一对神经病一样。后来这位女士终于开了窍，把字母一个一个地拼了出来："W-H-O，世界卫生组织。"

市长终于反应过来，马上说："哦，对，还有这个组织也一样。"

在这场滑稽又荒唐的笑话背后，隐藏着一个极为重要的事实：如果美国亚特兰大的医院里出现了感染病例，没有哪个美国医生会遵照加拿大政府机构的指示行事。但是，假如病例在加拿大多伦多的医院里出现，加拿大的医疗卫生系统就会把所有希望都押在位于亚特兰大的美国疾控中心里的一群聪明绝顶的医疗研究者身上，指望着他们能鞠躬尽瘁，加班加点地搞明白病人到底得的是什么疑难杂症。

其实,对于那个加拿大医生提出的搞笑问题——到底是"谁"——答案毫无疑问应是美国。每当事情脱离掌控，不管是在斯里兰卡的海滩景区还是在加拿大的医院病房，总是美国这个超级大国及时现身来力挽狂澜。美国人根本无须"加入世界"；它早就为世界贡献

---

① 美国喜剧电视节目，由喜剧演员巴德·艾博特（Bud Abott）和卢·考斯坦罗（Lou Costello）主演，1952年秋季初播，1954年5月停播。

了一大堆的基础设施。赫顿真正的意思是想让美国变得跟欧洲一样，不再成为一个世界的"例外"。那么，到底什么才叫"不例外"呢？直说吧，就是政府色彩应该更浓，宗教色彩应该更少，外加一个超低的人口出生率。

在考虑社会结构和生育率之间的关系时，我们必须慎之又慎。现在，全世界的生育率都在下跌，所有专家都不知道该怎么挽回局面。生育率下降是缺乏宗教信仰所造成的吗？先别急着这么说：在欧洲，在那些民众出席教堂活动频率最高的地中海国家，偏偏生育率却是最惨不忍睹的，而斯堪的纳维亚半岛的北欧国家虽没有那么多的宗教活动，却有着全欧洲最健康——或者至少不是最病态——的生育率：比如瑞典每对夫妇平均生育 1.64 胎，相比之下西班牙夫妇的生育率却仅为 1.15。

同样，在给整个世界带来灾祸的伊斯兰国家中，巴基斯坦和沙特阿拉伯的生育率分别达到了 5.08 和 4.53；在伊朗，由于深陷与伊拉克兵戈扰攘的漫长岁月，其生育率倒是下降到了 2.33。

那么生育率的高低跟经济自由度有关吗？就拿欧盟东扩前的 14 个经济体来说吧，在出生率最健康的五个国家中，前四个恰好也正是经济自由度最高的四个国家：爱尔兰、丹麦、芬兰与荷兰。生育率第五高的国家是法国（1.89），而法国的经济自由度却排在了倒数的位置。不过，法国倒是穆斯林人口最多的欧洲国家，有证据表明法国 1/3 的新生人口都是穆斯林，因此本土法国人的生育率其实并没有那么高。这么一来，如果大家从欧洲的角度来判断，经济自由度确实和生育率有着密切的联系。欧洲生育率最低的国家——希腊、意大利和西班牙——也确实在经济自由度排行榜中敬陪末座。

然而，无法解释的是，在世界的其他区域，实行高度自由经济的地方——香港、新加坡——人口的出生率却惨淡异常。

那么结婚率呢？它和生育率的高低有关吗？

	2002年15—64岁每千人结婚率	2005年合计出生率
美国	11.7	2.11
丹麦	10.4	1.77
荷兰	7.7	1.72
英国	7.3	1.60
法国	7.2	1.89
德国	7.1	1.35
意大利	6.9	1.23

这组数据足以很好地说明结婚率与生育率确成正比。但是，假如你们国家的税收和社会政策都诱使你选择一种非传统的家庭模式，其结果之一就是你大概不再想生那么多孩子。因此，数据表上显示的规律并不适用于日本。日本一直维持着比绝大多数欧洲国家都要高的结婚率，可是其生育率却一直在低位徘徊。

又或者，生育率可能与是否为英语国家有关？在西方世界的主要大国中，把以英语为母语的盎格鲁-凯尔特人[①]后裔的民主国家

[①] 盎格鲁人是来自丹麦（日德兰）半岛南部和邻近地区的日耳曼人，与撒克逊人共同构成了入侵不列颠的主体，因而今日英格兰的民族、语言和姓名很多均源自盎格鲁人。凯尔特人是公元前2000年左右生活于欧洲地区的原住民，后被罗马人征服，如今主要指生活在不列颠群岛、法国布列塔尼地区等在语言和文化上与古代凯尔特人存在共同点的少数族群。

同八国集团的其他国家作个比较，就不难看出端倪：

美国	2.11	法国	1.89
新西兰	2.01	欧盟（平均）	1.38
爱尔兰	1.9	德国	1.35
澳大利亚	1.7	日本	1.32
英国	1.6	意大利	1.23
加拿大	1.48	俄罗斯	1.14

再或者，欧洲的妇产医院还没关门大吉，其实全都是托了穆斯林人口的福。在文化多元政策的感召下，欧洲国家的穆斯林人口比例迅速攀升，而穆斯林人口最多的五个欧洲国家（饱受战争摧残的波斯尼亚除外）——阿尔巴尼亚、马其顿、法国、荷兰和丹麦——同样也成了生育率最高的五个欧洲国家。

然而，从某种程度上讲，以上对出生率下降的原因分析其实都是庸人自扰。

近些年来，所有人都在研究西方世界的内部差异——特别是美国和其他西方国家之间的差异。2004年，哈佛大学历史系的英籍教授尼尔·弗格森声称英美之间的"特殊纽带"关系已经崩断。他在文章中写道："现在，最典型的英国家庭看起来更像是标准的意大利家庭，与标准的美式家庭已经相去甚远了。如今的我们吃着意式美食，喜欢观看西班牙足球队的比赛，驾驶德国生产的汽车，按照比利时时区的时间上下班。最重要的是，我们做了只有真正的欧洲人才会做的事——臣服于一个中央集权的'大政府'。"

虽然弗格森的确说得很有道理,但表面的文化相似性并非问题的本质:加拿大人吃着美式食品,喜欢观看美国赛事,驾驶美国生产的汽车,按照美国时区的时间上下班,还在佛罗里达州购买度假别墅。但他们还是会做只有真正的欧洲人才会做的事——臣服于一个中央集权的"大政府"。

不过,眼下最紧要的还不是差异,而是差异所带来的后果:美国的人口增长率仍保持在健康水平,而欧洲的人口增长率正一发不可收拾地跌至谷底。要想挽救时局就必须抓住问题的主要原因,而出生率下降的真正原因恰在于"大政府"。不妨拿美国与"大政府"管理之下的加拿大作个比较:两个相邻国家(基本上)说着同样的语言,经济联系极为密切,不管是甜甜圈和咖啡专卖店唐恩都乐(Dunkin' Donuts)还是席琳·迪翁(Celine Dion)的圣诞节专辑在美、加两国都是一样地人气颇高。即便如此,美国每千人的结婚率是11.7,而到了加拿大却只有6.8。

在英国女王的光辉照耀下,这个北方雪国的异性恋和同性恋婚姻都受到法律的庇佑和保护。但结果却让人心寒:美国的生育率为2.11,而到了加拿大却只有1.48。

结婚率和生育率偏低的结局是什么呢?就是加拿大人比美国人要衰老得更快。2000年,美国的老年人口占总人口的比例为16.3%,而加拿大的老年人口比例为17%——两国比例相当接近。按照现在的结婚率和生育率预测,到了2040年,美国将会有26%的老年人口,而加拿大的老年人口比例则将攀升至33.3%。

那时候,养老体系的开支也将与日俱增,能够支撑起养老体系的年轻人却只会越来越少。这就涉及"老年抚养率"这个词了,也就是指非劳动年龄的中老年人口与劳动年龄的青年人口——也就是每天拼死拼活赚钱赡养老人的劳动人口——之比。2000年，在美国、澳大利亚和加拿大，平均每个劳动年龄人口需要抚养0.26个老人。到了2040年，美国老年抚养率将上升为0.47，澳大利亚将增长至0.56，加拿大最为夸张，平均每个劳动年龄人口需要抚养0.63个老人。

纵览所有发达国家的人口状况，似乎民主国家的末日即将到临，现在的一切不过仅仅是个开始。最为深陷于"人口死亡螺旋"的，是东欧的前共产主义国家：拉脱维亚、保加利亚、斯洛文尼亚、俄罗斯和乌克兰。这些国家的出生率已是全球最低。而下一批必死无疑的国家就在传统的欧洲：在出生率最低的20个国家里，前19个都是欧洲国家（第20个是日本）。然而，美国却与这些欧洲国家截然相反，是唯一一个维持着"替代生育率"——也即"人口增长率刚刚好"的发达国家。诚然，在美国，支持民主党的蓝州与支持共和党的红州之间，外来移民与本土公民之间，还有其他各种矛盾之间都存在着天壤之别：在犹他州，摩门教徒的生育率在全球范围中都是数一数二的，但光看旧金山的生育率，却简直可怜得都能让人误以为这是一座欧洲城市了。为了显示社会的公平与多元，旧金山恰如许多欧洲国家一样，接纳并适应了本地公民的同性恋婚姻以及由此而来的低生育率状况。

尽管如此，事实就是事实：欧洲已是风烛残年，美国却远未到衰亡之期。欧洲的社会体系毫无成效，美国却仍可大显身手。

因此，面对威尔·赫顿和欧洲人的言行，我陡然生出一个大胆的想法：与其呼吁美国"加入世界"，为什么不呼吁欧洲重新面对现实呢？如果还不醒悟，欧洲很可能将继续生活在一个"被蒙蔽的世界"之中。

或者,我还有一个更为大胆的想法:为什么"世界"不能试着加入美国呢?

嗐,我这话一出口,你大概已经听得到威尔·赫顿、雅克·希拉克以及比利时内阁成员们满地打滚儿的嘲笑之声了。

第二部分

伊斯兰世界:阿拉伯的夜幕

信徒,皈依者,臣民

第四章 飞越牢笼：
大穆罕默德 VS 大汉堡包

> 那时候，所有信徒都极度排斥来自沙特阿拉伯的内志人。在内志，多神论广为传播；人们对着屋顶、树木、岩石、洞穴或者任何可以称之为苏丹（圣人之尊）的人像顶礼膜拜。魔术和占卜也已深入人心。酋长发现，多神论已主导人们的思想，没人反对多神，更没人想要召唤人们回归对于安拉的信仰，于是他决定单枪匹马、按部就班地说服他们重新皈依。他知道，除非依靠圣战、拥有耐心并历经磨难，否则穆斯林将一事无成。
>
> ——酋长 阿卜杜勒·阿齐兹·伊本·阿卜杜拉·伊本·巴兹，
> 《阿訇穆罕默德·伊本·阿卜杜勒·瓦哈布——他的生活和使命》

2005年，我和一个朋友共进午餐时，他带来了刚刚买下的一组照片，上面的场景是亚伯拉罕·林肯第二次当选总统后的就职演说。"刺杀总统的叛国者都在这儿，你瞧瞧。"他一边说着，一边在人群中指出一张形容模糊却又似曾相识的脸庞，这个人离总统仅有几步之遥：他就是约翰·威尔克斯·布斯①（John Wilkes Booth）。他又用手指点了点照片的其他地方，一一指出林肯身边的其他叛国者，这些密谋绑架林肯的人竟然全部出现在了同一张照片之上。1865年3月4日，华盛顿特区的周六阴雨绵绵，国家元首正在发表演讲，却丝毫没有意识到自己的生命旅程只剩下六周，而想要刺杀他的凶手正站在他的周围，对着他虎视眈眈。

距离才是最致命的问题。如果他们无法接近你，也就无法杀掉你。大多数人都以为，令我们恐惧的事物都在无法触及的千里之外——就像一张老地图，一些未知的远方会被制图员信手涂写上一句："此处有恶龙。"正如林肯遇刺的教训一样，我们也从中幡然醒悟：有时候，敌人就在你的卧榻之旁。

看过这组照片之后几个星期，我出差途经伦敦，发现这里正经历着一场禽流感危机：英国的多佛白崖②（The White Cliffs of Dover）上空随时都可能飞过一只携带病毒的鹦鹉，而伦敦东区亦将经历一场由小鹦鹉引发的喷嚏大战。然而，还是有相当一部分不以为意的人坚信：关于禽流感的新闻都是危言耸听，把禽流感说得那么可怕着实夸张，那些紧张兮兮的人简直就和《飞越疯人院》③（One

---

① 美国戏剧演员，于1865年4月14日刺杀了美国时任总统林肯。他同情南部邦联，对南北战争的结局甚为不满。1865年4月26日在逃亡途中被警察击毙。
② 位于英国英吉利海峡比奇角，是一片长达5公里的白色悬崖，最高点达110米，由细粒石灰石组成，被认为是英格兰的象征。
③ 改编自美国作家肯·克西的同名小说。影片讲述了迈克·墨菲为了逃避监狱的强制劳动，佯装精神异常，被送进精神病院后，给死气沉沉的精神病人们带来了剧烈冲击。

Flew Over the Cuckoo's Nest）里的神经病一样。美国"9·11"事件之后好几年里,英国政府一直都在就城市地铁站可能遭遇化学恐怖攻击事件发出警告,甚至还曾就萨达姆企图以核武器攻击英国在塞浦路斯的军事基地发出过严重警告。好嘛,这一次又来警告禽流感?一样是托尼·布莱尔捏造出来唬人的诳语罢了。

在经济全球化突飞猛进之时,那些反对全球化的乌合之众与环保斗士们却一直逆潮而立,他们将目光投向第三世界,认为第三世界本是风景如画、生活淳朴的世外桃源,但第一世界国家却硬是将贪婪的资本主义强加给了这些亚非拉的落后地区。然而,全球化之于第一世界,何尝不也是一把双刃剑。落后地区的特有属性也能通过飞机运输传入先进的大都市之中。比如,非洲的蚊子就搭上了前往美国的飞机,凭着瘦弱之躯生生将西尼罗河病毒引入了北美。14世纪40年代,在一艘从东方返航的意大利航船上,一群被跳蚤寄生的老鼠兄弟们给意大利带来了黑死病。非洲的蚊子就好似那些老鼠的继承者,只不过这一次它们是通过高空飞行不远万里来到北美传播病毒的。这就是全球化的代价:欧洲人成功地打通了与东方的贸易往来,却同时也对东方的流行疾病敞开了自家大门。

这亦是"9·11"事件留给我们的教训:恶龙早已不再盘踞于地图的边缘。一旦从这个角度审视问题,我们便会发现,全球化最成功的案例并非麦当劳或微软,而恰是宗教激进主义:沙特的贝都因人常年居于沙漠之中,远离任何其他人类文明,可就在这个地处边缘的游牧部落里却诞生了极其严苛的伊斯兰文化,沙特人并成功地将这种文化出口至世界各地:雅加达、新加坡、阿拉木图、格罗兹尼①、萨拉热窝、里昂、卑尔根②、曼彻斯特、渥太华、迪尔伯恩③和佛尔斯彻奇④。作为一种意识形态，伊斯兰本是沙特独有的，然而最终却冲破了国界的限制。如今，原有的限于一地的恐怖主义运动被跨越国界的恐怖组织取而代之，我们见证了人类史上第一次全球范围的暴动。2006年，由于丹麦爆发了"漫画圣战"事件，丹麦商品遭到全球穆斯林的抵制。丹麦人何不也抵制伊斯兰的土特产？呵呵，能有穆斯林抵制丹麦商品的一半效力就不错了。

美国电影演员迪恩·马丁（Dean Martin）曾在大银幕上留下经典的一幕——他卖力演绎着困惑的神情，一开场便睡眼惺忪地问道："这些人都是怎么进入我房间的？"这话问得真好！今天我也想问，这些圣战分子都是怎么进入迈阿密、波特兰和蒙特利尔的？不仅是在中东的加沙，为什么连英国的约克郡也训练出了一批自杀式爆炸袭击者呢？"9·11"事件之前，在一个全球化的时代，我们西方人一般是以国籍来认知世界的——美国人、法国人、中国人——至于说一些跨国的族群，我们则倾向于以人种相区别——白种人、黑种人、拉美裔人。宗教其实一直不在考虑范畴之内。如此一来，潜伏在伊斯兰教之中的风暴便在我们不知不觉时形成了一个覆盖全球的网络。你根本无须伪装为"卧底"：你完全可以明目张胆地在大街上晃着

---

① 俄罗斯北高加索联邦区车臣共和国首府，其人口中信奉伊斯兰教的车臣族裔占95%。
② 挪威西南海岸港口城市，也是挪威第二大城市，极为重要的航运和商业中心。
③ 美国密歇根州东南部城市，位于鲁日河畔，是底特律西郊卫星城市之一。现为著名的汽车工业城，并有飞机零件、金属制品等工业企业。
④ 意译名为瀑布教堂市（Fall Church City），是美国维吉尼亚州北部的一个独立城市，面积5.2平方公里，城名来自1734年在波托马克河畔兴建的一家英国国教会教堂。

个宣扬伊斯兰宗教教义的告示牌,我们根本不会多看一眼。而当我们真正留意到你的时候——就如同当年留意到"9·11"事件那样——我们仍然没有采取任何行动,因为……谁让这是宗教呢?也不是什么坏事,毕竟眼下不少现代人除了利己之外,已经根本不愿追随任何信仰了呢。

然而,伊斯兰不只是一个宗教。西方的左派政客们一直都在哀叹美国究竟是如何激怒"伊斯兰世界"的,若是他们听到有任何西方政客提出也要建立一个"基督教世界",肯定要气疯了。敏感的左派人士愿意承认一国之中的政教合一,愿意承认有"伊斯兰世界",却偏偏不愿承认有"基督教世界",可见他们已然接受了伊斯兰拥有政治主权的事实。穆斯林组建了一个"伊斯兰会议组织",看起来与欧盟、英联邦和八国集团十分相似——在这些国际组织的框架内,民族国家的政府首脑定期举行协商会议。在联合国新一届人权理事会中,伊斯兰会议组织已成为规模最大的机构会员,我看这也是人权理事会这个可怜的笑柄为什么在人权问题上始终碌碌无为的原因。试想如果有人提出建立一个"基督教会议组织",还要定期召开最高领导人会议,各成员国的总统和总理都悉数出席,且其在联合国中还拥有作为实体的投票权,这种提议是否能被通过呢?伊斯兰教义还是一整套法典,而相比而言,却根本就不存在什么"基督教法":确实,英国普通法和法国拿破仑法典的哲学思想都与基督教义大相径庭。

所以,不仅仅是说伊斯兰教内部潜藏着全球化的圣战运动,伊斯兰教本身就是一项政治运动——事实上,它还是一种至高无上的政治运动——而现代社会中,基督教、犹太教、印度教和佛教的宗教活动却都算不上有任何政治意义。此外,回顾历史,伊斯兰这一特殊的宗教历来有着嗜血的信仰,信徒的暴力行为总能在教法中得到合法化。没错,基督教也曾经历腥风血雨的狂暴岁月,在以神权暴政著称的西班牙宗教法庭上,法官们的双手也曾沾满鲜血,可在其存在的150年间,西班牙宗教法庭所杀之人还比不上伊斯兰圣战在一年之内的杀人战果。

所以,如今遍布全球的恐怖主义运动实则隐藏于全球化的政治运动之下,这种政治运动又披上了极度愤世嫉俗的宗教外衣,而其宗教信徒又恰是发达国家中人口增长最快的族群。因此,通过分散于世界各国的全球网络,伊斯兰恐怖主义打出了号召力极强的政治广告,甚至比美国中情局(CIA)的号召能力更强。不过,在朗朗乾坤之下,圣战分子依然隐藏得颇深。正如英国《泰晤士报》(*The Times*)在2006年所报道:

> 穆罕默德·西迪基·可汗(Mohammad Sidique Khan)是基地组织安插在美国的一名间谍,同时也是2005年7月7日伦敦地铁爆炸案的主谋之一。此前,在纽约皇后区①(Queens),西迪基·可汗被一个由英国激进分子赞助的清真寺——法蒂玛伊斯兰中心(Masjid Fatima Islamic Centre)——招募加入了基地组织。英国激进分子通常都在该清真寺进行招募,再将这些美国志愿者送往巴基斯坦接受圣战训练。据报道,有调查者已经发现,在2005年那场致使52名无辜群众丧生的恐怖袭击发生前几个月,西迪基·可汗曾频繁致电法蒂玛清真寺进行联络和策划。

---

① 美国纽约市5个行政区中面积最大的一区。

穆罕默德·朱奈德·巴巴尔（Mohammad Junaid Babar）也是由法蒂玛清真寺招募的圣战士，据他向美国情报官员透露，他曾于2003年7月在巴基斯坦的圣战训练营中见到过西迪基·可汗。他说，在学习组装爆炸装置的过程中，他俩结为了好朋友。巴巴尔今年31岁，是一名电脑工程师，他坦言是法蒂玛清真寺将他变成了一名激进分子。

不难看出，清真寺已成了圣战分子的召集之地，在思想意识和组织纪律方面起着重要的领导作用。以全球化的视角观之，清真寺堪称一个完美的典范。苏维埃一直实行的是计划经济而非自由的私营经济，用实行严格的等级秩序以"控制"住那些"被深度催眠的人们"。然而，伊斯兰不一样，它根本就不需要借助这些工具。顺带一提，我此前也曾说过，"9·11"事件以后，新闻里只要一出现关于暴乱的报道，就一定会伴随出现"穆罕默德"的名字。我就是姑且一说，你要是想核实一下是否属实，每周的新闻里保准都能看得到。

是谁劫持飞机撞向了世贸中心的大楼？穆罕默德·阿塔[①]（Mohammed Atta）。

是谁在华盛顿特区的一家加油站枪杀了顾客？约翰·艾伦·穆罕默德（John Allen Muhammed）。

是谁刺杀了丹麦的电影导演？穆罕默德·布耶里（Mohammed Bouyeri）。

是谁在洛杉矶机场枪杀了以色列航空公司的地面柜员？希沙

---

① 2001年9月11日劫持客机撞向世贸大厦南塔的恐怖分子之一，也是这批劫机犯的主谋。

姆·穆罕默德·希达亚特（Hesham Mohamed Hedayet）。

是谁在印尼巴厘岛屠杀了数十名游客？努尔丁·穆罕默德（Noordin Mohamed）。

是谁在以色列特拉维夫的一间酒吧里实施了自爆袭击，尽管他拥有着英国国籍？阿西夫·穆罕默德·哈尼夫（Asif Mohammed Hanif）。

是谁在肯尼亚和坦桑尼亚炸了美国的大使馆？阿里·穆罕默德（Ali Mohamed）。

是谁参与了澳大利亚悉尼的强奸团伙案？穆罕默德·斯卡夫(Mohammed Skaf)。

是谁被控告在美国密歇根州的迪尔伯恩市为筹资支持黎巴嫩真主党而实施了经济诈骗？法迪·穆罕默德-穆斯巴赫·哈蒙德(Fadi Mohamad-Musbah Hammoud)、穆罕默德·法齐·扎伊丹(Mohammed Fawzi Zeidan)、伊玛德·穆罕默德－穆斯巴赫·哈蒙德(Imad Mohamad-Musbah Hammoud)。

是谁在加拿大因谋划渥太华爆炸案并企图将总理砍头杀害而遭到了逮捕？穆罕默德·迪里(Mohammed Dirie)、阿明·穆罕默德·杜拉尼(Amin Mohamed Durrani)、亚希姆·阿卜迪·穆罕默德(Yasim Abdi Mohamed)。

据加拿大皇家骑警的助理警监迈克·麦克唐诺（Mike McDonnell）所述，上述 3 名罪犯来自加拿大社会的"不同阶层"。哇塞，迈克警官在警校的反歧视课程中一定拿了最高分，不然怎么会轻易判断这仨人儿代表了"不同阶层"呢？！傻子都看得出来，这些罪犯明明都来自于同一个单一阶层：在安大略省法院的第一场出庭审理中，12 个被捕的嫌疑人全部要求，法庭必须为他们提供《古兰经》。

当我针对新闻中频频出现"穆罕默德"发表评论后,新加坡国立大学教授、16卷《伊斯兰百科全书》(Encyclopedia of Islam)的东南亚卷主编莫尔·里克莱福斯(Merle Ricklefs)语带讥讽地评论道:"的确是思想深奥。"哎呦,天呐,我觉着我的话还真没什么深奥的。我再强调一下,当有人在伊拉克将从事国际救援的女性志工残忍的砍头杀害,当有人在俄罗斯对劫为人质的幼龄学童大肆屠杀,什么深奥的话都只不过是满纸空言罢了。特别是一些专家总是对"伊斯兰"这一概念做出些故弄玄虚的解释:除非你看了他们编纂的16卷百科全书,或者最好自己能写出一套来,否则你大概永远都不会理解伊斯兰到底是个什么东东。得了吧,对于我们这些并不研究伊斯兰的专家而言,观察现实的最好方法就是回到原点,努力从基本的事实中发掘真相:发生了什么事?什么人干的?只要是个明理之人,都能从新闻中成千上万个"穆罕默德"的名字中找到答案:也就是说,只要你识字,只要你不是什么文化多元主义的拥护者,你就绝对能注意到——在《晚间新闻》中一个接一个连续不断出现的"穆罕默德"的大名。

有些自以为通情达理的人还是不同意,认为上述名单里出现的穆罕默德们,只有很少一部分是基地组织的正式代理人。但是那又如何呢?正是因为敌人中没有所谓"正式成员",他们才成为了更加严重的威胁。你根本不必去刻意栽培恐怖分子。"9·11"事件中的恐怖分子是基地组织的正式成员,"鞋子炸弹客"理查德·里德[①](Richard Reid)与基地组织有着松散联系,华盛顿特区狙击手和洛

---

① 2001年,一名同情"基地组织"的英国人理查德·里德在运动鞋中装上炸弹,企图在客机上引爆,幸亏被空乘人员及时发现并与乘客协力将其制服,避免了一场灾难。

杉矶机场杀人犯都只是恐怖主义意识形态的志愿者，是那种某天一觉醒来便决定尝试一下自由圣战的自我催眠者。如果你拥有充足的志愿者人力，无时无刻不在盘算着各种绝妙的犯罪计划——恰如西方世界的霓虹灯，日日夜夜都在黑暗的角落里动人闪烁——这便足以酿成无穷无尽的麻烦了。正如我此前所述，穆罕默德如今已成为布鲁塞尔、阿姆斯特丹等许多欧洲城市最流行的男孩名字，虽说表面上只有一小部分穆罕默德将来会肆意杀伐、制造爆炸或者开着飞机冲向大楼。然而，事实证明，穆罕默德的确是：

西方世界很多地方最流行的男孩名字；

恐怖分子最常用的名字；

当下在西方世界发展最快之宗教所尊崇的先知之名。

所有这些事实相互交叠——在宗教、人口、恐怖分子三者的共同影响下——黑暗的未来即将降临。

不仅如此，这帮"穆罕默德"们与伊斯兰世界中的大多数显赫人物以及位于西方世界中心的重要机构之间都存在着千丝万缕的联系。比如，2003年，阿卜杜勒·拉赫曼·阿穆迪（Abdurahman Alamoudi）因涉嫌将利比亚一个恐怖组织所获的"善款"经伦敦转汇入叙利亚而被捕入狱。阿卜杜勒·阿穆迪是谁？他是1998年美国军方指派的穆斯林士兵的专职随军牧师，隶属于由沙特资金支持的"美国穆斯林军官与退役军人事务委员会（American Muslim Armed Forces and Veterans Affairs Council）"。1993年，阿穆迪即出现在美国的一个军事基地，在出席美军首个随军阿訇的任命仪式时，他就已经身佩着崭新的伊斯兰新月形银质徽章了。

与此同时，阿穆迪还在加州的公立学校资助开设了为期三周的伊斯兰教课程。课程要求学生使用穆斯林名字、穿戴穆斯林服饰、在斋月不能看电视和吃糖果、背诵《古兰经》中的重要章节、了解"圣战"是"个人的内心斗争",直至公开宣称信仰穆斯林、每日祷告言必称"以安拉之名",等等。美国第九巡回上诉法庭——就是那个因一句"在上帝的庇护下"而裁决"效忠誓词"违宪的法庭——认为让初一学生扮演两个礼拜的穆斯林信徒是个很棒的主意,毕竟这种活动能够让学生接触妙趣横生的异域"文化",每一个孩子都能从中受益匪浅。政教分离?只适用于基督教吧,到了伊斯兰教这里,他们却对"政教分离"的原则只字不提。

哦,对了,那个叫阿穆迪的人除了对多元文化教育做出了积极贡献,同时还是希拉里·克林顿①(Hillary Clinton)的前伊斯兰事务顾问呢。

结果呢,他竟然是个协助恐怖分子汇款的作案中介。

无间道的大智慧,我只能说了不起啊。中央情报局(CIA)里那些把办公室坐穿了的大闲人们却一再强调:哦,绝对不会,我们CIA不可能将自己的人渗透进基地组织内部;而且他们也不可能反过来对我们如此。可是事实如何呢?恐怖分子轻而易举就能把自己人安插进美国军队、教育体系、政治机构甚至参议员兼前第一夫人的办公室内部。

"鞋子炸弹客"理查德·里德正是在监狱服刑时受到伊斯兰牧师的影响,进而转变成为极端的宗教激进主义者——而这个监狱牧师恰恰是经由英国开通的"伊斯兰阿訇移民快速通道"引进的,当时英国人认为本国急缺伊斯兰牧师,鉴于他们自己对这档业务一无

---

① 美国当代著名政治家。美国第 42 届、43 届总统比尔·克林顿的妻子,卸任第一夫人后历任联邦参议员(代表纽约州)和国务卿,同时也是 2016 年美国总统大选的热门候选人。

所知,也不知道要去哪儿才找得到阿訇,所以政府决定干脆在伦敦希思罗机场摆上个大大的指示箭头,上面写着"嗨,阿訇们,往这儿走",如此一来招聘阿訇的工作可不就简单多了嘛。一切看起来都那么顺利,直到"鞋子炸弹客"出现的那一刻,他们才赫然发现这帮阿訇早已成为一大堆古灵精怪的恐怖分子们的精神导师啦。

圣战的宣传专家往往会盯上北美、澳洲和西欧的囚犯,认为他们是最好的宣传目标。的确,许多宗教都试图拯救那些堕落之人,然而事实证明,基督教公理会之类软弱无能的宗教机构对囚犯们并无多大吸引力。宗教激进主义突出的特点就在于,如果你是一个恶棍,支持这个特殊的宗教并不需要你做一些令自己厌恶之事,比如帮助教会主持义卖或者对同性恋者友好相待。成为宗教激进主义者,你可以做许多你喜欢做的事,唯一的区别只在于你做这些事同时也是为了你所皈依的宗教:你可以撒谎、欺骗、偷盗、强奸甚至杀害妇女儿童,只要你是为了安拉,为了协助安拉征服异教徒。多酷啊,这下子我们不仅亲历了席卷全球的恐怖主义和政治运动,更见识了由西方世界中人口增长最快的穆斯林群体所独领风骚的全球黑帮文化。

假定你将成为下一个在地铁上遇袭的目标,而且你打从心眼儿里认定那些危险而狡猾的恐怖分子的形象大抵一致——穿着大长袍、留着大胡子,那么,若是遇到了穿着时髦的阿西姆·哈蒙德(Assem Hammoud)你该如何是好呢?因密谋炸毁纽约的荷兰隧道① (Holland Tunnel)而被逮捕的哈蒙德说,他正是按照拉登的吩咐,才一直"过着花花公子的日子……享受着骄奢淫逸的生活"。这种生活方式使

---

① 位于美国纽约市的地下隧道,穿越哈德逊河之下,连接曼哈顿与泽西市。

他更好地隐藏，避免被人发现。狡猾，对吧？从一张哈蒙德与三个没穿罩袍的美艳辣妹在加拿大执行"任务"时的合影照片便可以看出，他是多么地严肃认真啊，看起来就像是前一晚刚在三个女人身上挥金如土的富二代一样——多么厉害的伪装大师啊！哈蒙德曾说："能执行如此伟大的任务，我骄傲。"——即使他们要求哈蒙德每日嗜酒成性，要求他与美丽的异教徒频繁上床，他也在所不惜、甘之若饴。不过，这样的生活其实也没什么不好吧，反正都是为了真主安拉才无怨无悔、勇往直前的。于是，哈蒙德安心享受着公元 1999 年的纸醉金迷，可是作为一名虔诚的穆斯林，他似乎忘记了自己本该遵循的是公元 799 年的传统伊斯兰教法。

随着宗教狂热愈演愈烈，看起来伊斯兰恐怖主义不会成为一场乏人问津的政治运动。

作为一个具有全球化意义的术语，伊斯兰是一种具有多重精神诉求的单一意识形态。例如，对扎克·莫萨维（Zac Moussaoui）和理查德·里德来说，加入这一全球化犯罪集团简直就是他们人生的终极目标；在许多欧洲女性看来，伊斯兰是女权主义时代里免于堕落的精神避难所；在阿西姆·哈蒙德看来，执行圣战任务可以帮其勾搭上许多水性杨花的西方女性；在美籍塔利班成员约翰·沃克·林德[1]（John Walker Lindh）以及英国查尔斯王子[2]等各种易受域外文化影响的西方人看来，东方的异国情调比西方的沉闷信仰更具吸引

---

[1] 一名为阿富汗塔利班政权效力的美国人，2001 年 11 月在阿富汗战争中被捕。
[2] 全名查尔斯·菲利普·亚瑟·乔治·蒙巴顿－温莎 (Charles Philip Arthur George Mountbatten-Windsor)，现为英国王储。查尔斯王子一向推崇伊斯兰文化，身边有一个穆斯林专家小组，并将乡下的一个伊斯兰花园作为行宫。"9·11"事件发生后，查尔斯王子参观了伦敦的一所清真寺，还为穆斯林社团的重要成员举办了一次晚宴。

力；在传统而偏执的穆斯林保守派看来，眼下最紧要的任务就是以伊斯兰教攻破犹太人统治世界的阴谋；而在基地组织的第三号人物阿布·穆萨·扎卡维、屠杀别斯兰中学生①的刽子手、为哈马斯组织②（Hamas）牺牲性命的圣战信徒们看来，伊斯兰就是虚无主义堕落思想的最终归宿。前阵子，我带我的小女儿参观了佛蒙特州的科技展览，我们花了半个小时开心地玩了一种弹球游戏——把玻璃球弹进一个高低不平、设有各种跑道和升降机的大型机械装置中。无论你把球弹到哪个角落，最终它们都会落入一个存放于装置中心的小桶里。这显然也是当今伊斯兰意识形态的最大特征：从理查德·里德到约翰·沃克·林德再到塔利班，无论是谁最终都将落入处于中心的伊斯兰黑洞之中。

  对于这种意识形态，我们至今依然没有找到应对之方略。事实上，在反恐的最初几年，西方的领导人拒绝承认伊斯兰意识形态的存在。随着时间的推移，恐怖分子仍然能够在美国的军事基地、监狱和任何他们想要渗入的地方安插间谍与猎头。何以至此呢？究竟是什么让伊斯兰圣战覆盖全球？其实不难理解：瓦哈比是伊斯兰最激进的教派之一，也是"9·11"事件中的19名恐怖分子和奥萨马·本·拉登所追随的教派。瓦哈比教派还是沙特阿拉伯的国教，通过慷慨资助的学校和清真寺，沙特已将瓦哈比主义和相关的意识

---

① 2004年9月1日，车臣分离主义武装分子在俄罗斯联邦南部的北奥塞梯共和国别斯兰市第一中学劫持了1200多名学生、教师和家长作为人质，最终造成333人死亡、958人受伤、123人落下残疾、26名儿童父母双亡。

② "伊斯兰抵抗运动（Ḥarakat al-Muqāwamah al-ʾIslāmiyyah）的缩写，也被称为巴勒斯坦伊斯兰抵抗运动，成立于1987年，集宗教性与政治性于一体，拥有自己的武装力量，主要活动区域是巴勒斯坦地区（加沙地带）和卡塔尔等中东国家。

形态输送至了全球各地。结果,从巴尔干半岛到南亚地区的传统温和穆斯林,如今也都成了狂热的激进分子。

这种跨国输送必然耗资不小,那么,究竟是谁来买单的呢?

当然就是你本人了。"9·11"事件之后,小布什总统告诉全世界:"要么和我们站在一起,要么和恐怖分子站在一起。"事实上,世上的大多数人都不属于这两者,而剩下的那些人则两者兼顾。你美国自己都拒绝选边站,凭啥非要我们按照你的要求选边站呢:毕竟,美国确实同时包揽了"与我们一边"和"与恐怖分子一边"的双重殊荣。因此,美国纳税人的处境实在是尴尬至极,他们遵照义务纳税,在反恐战争中同时为交战双方集资。"9·11"事件后的5年里,油价从每桶12美元涨至70美元——所以,假如你是卖油的,你的收入生生涨了5倍。没有什么能像滚滚而来的石油横财,强力推动伊斯兰暴君走上更加疯狂的扩张道路了。弗兰克·盖夫尼(Frank Gaffney)在他的《战备状态》(*War Footing*)一书中曾经写到:"沙特阿拉伯现今出口1000万桶石油,平均每日的收入超过5亿美元。"那么,这5亿多美元都去了哪儿?都流向了世界各地由沙特捐资建立的清真寺和伊斯兰学校。明白了吧,沙特出口的主要产品不是石油,而是意识形态——石油只不过是用以给意识形态筹资的商品罢了。

可是,美国政府何以如此自信,竟然把美军基地的牧师职位转包给了沙特的瓦哈比教派团体呢?

好吧,因为他们压根儿没有注意到问题的严重性,注意到的时候却已然为时晚矣——恰如当年在多伦多医院中肆虐妄为的"非典"病毒一样。如果你眼中的全球化就是单纯的经济行为,就是麦当劳在塞尔维亚的贝尔格莱德建立门面,或者肯德基在巴基斯坦的拉合尔开设分店,那么,究竟是谁在英国和美国的监狱中负责招聘阿訇又有什么大不了的呢?沙特人四处捐助清真寺,进而使遥远地区——从印度尼西亚到美国俄勒冈州——的温和派穆斯林日益走向激进之路;沙特人还四处资助伊斯兰学校,为地表之上的各大洲培养并输出了源源不断的恐怖分子。他们还建立了伊斯兰游说团体,在我们的军事基地派送间谍,在我们的监狱里安插恐怖分子的招募者。他们以组建智库的方式收买和利诱了不同级别的退休外交官、助理国务卿甚至国家安全事务顾问,正如记者马特·韦尔奇(Matt Welch)所调侃的,如果你闭上眼睛聆听美国历任驻沙特大使的言谈主旨,你真的会以为这是沙特人自己在演讲呢。

哦,对了,沙特阿拉伯驻美国大使的夫人——海法公主①(Princess Haifa)还曾"偶然间"资助了一名"9·11"事件的恐怖分子呢:每个月,通过华盛顿特区的里格斯银行,海法公主都会开具一张几千美元的本票汇给马加达·易卜拉辛(Majeda Ibrahim)——据说这是一位公主素不相识的尼日利亚的贫苦女人。易卜拉辛每次都在公主寄来的一些支票上签名,然后再转汇给她在美国圣地亚哥的一位闺蜜,这位闺蜜的丈夫继而以此替哈立德·阿尔米达尔(Khalid Almidhar)和纳瓦夫·阿尔汉兹(Nawaf Alhamzi)交付租金——而这两个人正是驾驶着第77号航班撞向五角大楼的恐怖分子。巧舌如簧的沙特太子党们在美国脱口秀上信口胡诌:纯属巧合呀,这种事儿可能发生在任何一个古道热肠的沙特公主身上。老布什总统的夫人芭芭拉·布什(Barbara Bush)、鲍威尔国务卿的夫人阿尔玛·鲍威尔(Alma Powell)竟然还双双致电海法公主,希望她对那些诋毁

---

① 全名为海法·阿尔-费萨尔(Haifa al-Faisa),沙特阿拉伯前驻美国大使班达尔·本·苏丹(Bandar bin Sultan)之妻。

她的闲人和那些空穴来风的报道施以怜悯之心。

起源于散居沙漠腹地的贝都因大帐篷，沙特阿拉伯人竟然比加拿大人和北欧人更快掌握了建立全球关系网络的秘密诀窍。

全球化外卖

究竟是哪一种全球化正在塑造着我们的当下世界？好莱坞电影还是伊斯兰学校？美利坚汉堡王还是阿拉伯罩袍王？麦当劳的大汉堡还是穆斯林的穆罕默德？一位英国朋友曾告诉我，麦当劳在英国开设第一家分店后几个星期，一个伦敦人问他：美国的这家"快餐店"到底是个啥样子？朋友做了一番解释后，那个伦敦人惊叹道："你们就用塑料的饭盒吃汉堡包？天呐，我看他们要赔得连裤衩儿都不剩，这在英国永远都不会吃香的！"其实，美国人一直无意改变世界的饮食习惯和审美偏好，不过，确实想把更深层次的文化帝国主义向前推进一步，或者直说吧，就是把民主和自由的理念推向全球。然而，无论你能否"给予"人民自由，全世界的"中东宗教激进主义者"已经向亚洲、非洲、欧洲（没错，还有北美洲）的数百万人灌输了穆斯林的意识形态，而当地民众也发现那才是他们一直以来想要的文化。很难说有朝一日，美国是否也将被这种意识形态彻底侵袭。1871年，英国驻印度首席大法官约翰·诺曼（Jhon Norman）被伊斯兰瓦哈比教派[①]（Wahhabi）的一名信徒阿卜杜拉刺死。次年，英国驻印度总督玛优勋爵（Lord Mayo）也被瓦哈比教徒

[①] 兴起于18世纪中的伊斯兰教逊尼派支脉，在教义上极度保守，自称为唯一神教徒，信徒主要分布在沙特阿拉伯和卡塔尔。

谢尔·阿里（Shere Ali）刺死。阿里在审判时宣称，安拉就是他的"共犯"，直至行刑的那一刻，阿里仍在绞刑架上背诵着《古兰经》中的章节。

1857年，印度士兵叛变①（Sepoy Mutiny）之后，威廉·泰勒（William Tayler）写道：

> 逊尼派教徒和逊尼瓦哈比教徒们正在商讨达成相互容忍的协议。
> 即使教徒们在很多关键点上意见相左，但是他们正开始相互妥协。
> 而在什叶派看来，瓦哈比教派完全不同，
> 和所有宗教仇恨一样，他们的狂暴情绪令人痛苦不堪且无法忍受。
> 然而，瓦哈比教派的最显著特征，也是整个协议过程中的最关键之处恰在于：
> 瓦哈比教徒们对于教长或精神领袖是完全服从的。

威廉·泰勒是一位在孟加拉工作的英国殖民政府的小公务员，也是一个不折不扣的"文化多元主义者"。泰勒坚信英国文化是最优秀的，不过他还是会被其他文化所吸引，亟欲探寻本国文化与异域文化之间的差别之处。然而，与之不同，今日的文化多元主义者则认为，如果人们赖在本土文化的安乐窝中，那也就没什么必要再去了解其他文化了。毕竟，如果一个人已经主观地断定一种文化比

---

① 1857年由印度封建主领导、印度雇佣兵为骨干的一次反英运动，抵制殖民统治、争取民族独立。

另一种文化好，那么，还有什么必要研究两种文化之间的差别之处呢？因此，在对其他文化一无所知的情况下，文化多元主义者始终以盲目的态度"颂扬"着异域文化。在西方开启伊斯兰化进程之后，如果你恰好碰到了威廉·泰勒，然后你告诉他，沿着这条街走下去有一座清真寺，他一定会问：什么样的清真寺？那儿的阿訇是谁？属于伊斯兰教的哪个分支？瞧瞧，当遇到异域文化时，老派的帝国主义者是不会转身就走，而是一副"老子天下第一"的自负嘴脸。

泰勒还说过："起初，瓦哈比教派宣扬的教条极度强调宗教道德，被称为伊斯兰教的清教主义。这些教条为贝都因人的氏族部落所用，那里的酋长既是政治领袖又是宗教领袖。"

说得太对了。1946年，沙特阿拉伯的创始人、老国王伊本·沙特（Ibn Saud）在会见首位美国驻沙特公使威廉·艾迪上校（Colonel William Eddy）时就曾告诫他说："我们需要你们的武器，但是你们不能干涉我们的信仰。"

如果威廉·泰勒当时在场，他可能会对这笔买卖是否划算产生怀疑。美国的"武器"——注入石油产业的金钱和技术——彻底扭转了沙特阿拉伯的经济命运，但与此同时，我们却不能干涉沙特的信仰和其他事务。1974年，石油产业占沙特出口份额的91%，到了2000年仍然占到91.4%。20000亿美元涌入了沙特国库，他们是如何使用这笔钱的呢？促使经济发展多元化？开发其他新工业？抑或是开放旅游业？以上答案皆错。四分之一个世纪过去了，无论是表面上还是实际上，这个国家仍然是同一片一望无垠的沙漠。所以，钱都花到哪儿去了？自70年代始，沙特便开始用石油赚来的美元出口他们的信仰——出口的范围甚至比石油更广。他们从未考虑实现工业产品的多样化出口，反而自始至终都在输出一种单一的意识形态。他们资助伊斯兰中心和清真寺，大力扶持位于摩洛哥、乌兹别克斯坦、印度尼西亚、波斯尼亚、尼日利亚、英国和美国的伊斯兰学校。2005 年，一个名叫艾哈迈德·奥马尔·阿布·阿里（Ahmed Omar Abu Ali）的 23 岁美籍公民企图刺杀美国总统。正如本章开篇提到的老照片一样，林肯与谋杀者布斯之间仅是咫尺相隔，而阿布·阿里和我们总统之间的距离比你想象得还要更近：《纽约时报》引述美联社的报道称，他"出生于休斯顿，后迁至弗吉尼亚州的佛尔斯彻奇，并在那里读完了高中，毕业典礼上还曾作为学生代表发言"。

啊？北弗吉尼亚州的高中毕业生？那他是不是还出演过那一年当地的毕业音乐剧《欢乐今宵》①（*Bye Bye Birdie*)呀？我看那倒未必。《纽约时报》和美联社都只字未提的是，阿布·阿里就读的那个特殊的弗吉尼亚高中其实是一所伊斯兰学校，由沙特阿拉伯出资建立。虽然这所学校在美国开办，但它自称"归沙特阿拉伯政府管辖"，而且它的课程都是以"沙特教育部规定的教学大纲"为基础设计的。所以这个学校都教了些啥？美国历史课是绝对没有的，不过在如今的弗吉尼亚州，不开设美国历史课的学校倒也是稀松平常的。不过，这所学校还极度关注瓦哈比教派的历史、"伊斯兰价值观、阿拉伯语言和文化"以及"圣战的无上地位"。学校在为高二学生上课时专门讲解了"审判日"的到来，那时候穆斯林将奋战到底并杀光所有的犹太人，亟欲逃跑的犹太人会发现，曾经供他们躲藏的大树此

---

① 20 世纪 60 年代上映的美国歌舞喜剧。主人公康拉德·伯蒂（Conrad Birdie）是一名流行歌星，其生活原型是"猫王"艾尔维斯·普莱斯利（Elvis Presley）。剧中，康拉德即将参军时，为了安抚歌迷，举办了一场告别演唱会，并邀请了一名幸运的歌迷和他同台演出，但结果却变成了一场闹剧。

时也已反戈一击，大树对伊斯兰圣战者们喊道："噢，穆斯林！噢，真主的仆人啊！有个犹太人正躲在我的身后，快过来杀了他！"①除此之外，什么关心气候变化、支持同性恋者以及基督教会学校所组织的一切常规活动，在这里却全部付诸阙如。

沙特阿拉伯教育部有一套标准习题，在弗吉尼亚州的伊斯兰学校和其他由沙特资助的西方学校里，刚入学的新生都必须完成这套习题：

> 填空题：
> 除 ＿＿＿＿ 之外的其他宗教都是假的。
> 伊斯兰以外的人死后进入 ＿＿＿＿。

第一题的答案是"伊斯兰"，第二题的答案是"地狱之火"。

呵呵，反过来，美国的总统、国务卿、常务副国务卿和副国务卿们又是怎么看待沙特的呢？

> 沙特是我们的 ＿＿＿＿。

朋友？哎呀，不好意思，答案还真是"朋友"。无论他们杀了咱们多少人，沙特阿拉伯仍是美国的朋友。

---

① 选自《布哈里圣训实录》的第57篇——"吉哈德"。瓦哈比穆斯林被教导：犹太人被全部消灭后救赎才会到来，因此他们不会停止对犹太人的战争；犹太人将藏于石头和树木的后面，而石头和树木也会呼唤穆斯林杀死藏于它们背后的犹太人。

"二战"期间,德国和日本曾借助"哈哈勋爵"①(Lord Haw-Haw)和"东京玫瑰"②(Tokyo Rose)勉强发动了一些宣传攻势。然而,如果当时他们换一种方式,在从阿拉斯加到佛罗里达的美国城市捐助建立第三帝国学院和裕仁天皇高中,同时在世界各地的中小城镇推动建立希特勒地区教堂,也许他们早就胜利了。我们已经听过了太多故事,讲述文化多元主义的主流思想是如何神通广大,将极端分子从黑暗的边缘带回了西方世界的中心,其中,女学生沙碧娜·贝古姆(Shabina Begum)在2004年的胜诉案最具代表性。如若在即将开庭的上诉审理中未获改判,那么,今后所有英国学校都必须允许学生穿着"吉尔巴布"——穆斯林的一种遮盖全身、只露出眼睛和双手的传统服饰。这一规定能够通过,全赖托尼·布莱尔首相的爱妻切丽·布思(Cherie Booth)的特别照顾,以及伊斯兰解放党(Hitzb ut-Tahrir)的鼎力支持。据BBC报道,伊斯兰解放党是一个"鼓励穆斯林杀害犹太人"的恐怖组织,主张以暴力筹建全球性的哈里发政权。我真是纳了闷了,究竟这些"极端分子"要闹到哪样,才会让英国首相夫人觉出他们的"极端"呢?

布莱尔夫人在高度评价案件的初次胜诉时说道:"穆斯林不顾他人的偏见与执念,一直希望能坚持自身的身份认同与文化价值观,这场胜诉无疑是所有穆斯林的胜利。"为了保留小沙碧娜·贝古姆的穆斯林身份,却要以牺牲所有英国人的身份认同为代价,这种假

---

① 指威廉·乔伊斯,"二战"时期纳粹德国电台的英语广播明星,外号"哈哈勋爵",因效忠希特勒而臭名昭著。
② "二战"时期东京广播电台的女播音员,善于以宣传攻势瓦解美军士气,通过电波向太平洋战场上的美军士兵模拟以下场景:美军已经战败,而他们的娇妻正在家中红杏出墙。

仁慈的想法实在是迂腐不堪。人们在正常运转的现代社会中需要建构共同的文化，有人认为穆斯林长袍阻碍了共同文化的形成——这种纯属探讨的观点难道竟成了"执念"吗？在英国，穆斯林女性应该如巴林的女医生一样在穿着打扮上束缚自我——这种建议难道就不带"偏见"了吗？

顺带一提，女学生贝古姆其实并没有"保留"任何身份：她出生于孟加拉，她长大后身穿的"吉尔巴布"其实是南亚（也包括非洲、欧洲以及北美）"伊斯兰化"的象征，这也是当今很多问题的根源。看似是一种久享盛名的伊斯兰传统，其实"吉尔巴布"的渊源只能追溯到70年代——不是11世纪70年代，亦不是16世纪70年代，而是20世纪70年代。没有任何证据显示，穆斯林妇女在迪斯科流行的年代之前即开始身穿长袍，这一习俗实则是70年代由阿拉伯世界的穆斯林兄弟会和其他政治组织新创的。由此可见，穆斯林长袍并没有比已经过时了的松糕鞋、喇叭裤、棉衬衫等等资格更老。乍看起来，沙碧娜·贝古姆的长袍服饰与我家小儿子爱穿的科幻电影《星球大战》之中黑武士的那身儿行头没啥两样，根本不可能构成她必须继承的所谓身份认同。这完全是一种虚构的身份认同，是个人的下意识选择而非集体的历史传统。穆斯林长袍既不属于孟加拉的文化遗产，也不是英国服饰文化的组成部分。也就是说，在印度次大陆和不列颠群岛，这种服饰都与当地社会的风俗习惯格格不入。事实上，穆斯林长袍在两地所体现的含义更多是政治性的而非精神性的：这明显是一种与托尼·布莱尔所呼吁的"我们生活的方式"完全对立的政治运动。假如你觉得让沙碧娜·贝古姆接受英国的身份认同不太可能，那么，布莱尔夫妇是否能至少鼓励她保留对于孟加拉母国的身份认同呢？

在丹麦爆发"漫画圣战"后，多伦多的穆斯林示威者也上街怒吼道："我们绝不会停止反抗，直到全世界都遵守伊斯兰教法！"

或者，换一种平缓的语气复述，就是科菲·安南[①]（Kofi Annan）所言之意："近年来，欧洲国家出现了大量的穆斯林新增人口，这也正是为什么这些欧洲国家最先出现了讽刺先知穆罕默德的漫画。面对西方与穆斯林之间的矛盾，各个欧洲国家都束手无策，尚不知如何调节自己以适应当前的窘境。"

如果你也面临很多"新增"的穆斯林人口，也不知道如何"调节"自己以适应当前的窘境，好吧，我来告诉你吧，"调节"到最后无非就是一点不同：想当年，我的外祖父母从比利时移民加拿大之后，很快就都被移民东道国所同化。而如今，正如安南和其同侪所心知肚明的，东道国却正在被外来移民所同化。当然，事情还远不止这么简单——移民群体自身也正在调整，比起对其真正祖先的身份认同，他们甚至将自己的伊斯兰身份认同演变得更为激进了。纳达·法鲁克（Nada Farooq）就是其中一例，她是加拿大安大略省米西索加市（Mississauga）梅多韦尔中学（Meadowvale Secondary School）的一名学生。2004年，她作为版主开设了一个面向本地穆斯林孩子的网上论坛。有一位发帖人建议，大家是否能跟帖讨论一下"究竟是什么让加拿大独一无二的"。然而，纳达否决了这个提议："谁在乎呢？我们恨加拿大！"

那么，什么才会引起纳达的注意呢？在听到巴勒斯坦哈马斯领导人阿卜杜勒·阿齐兹·兰提西（Abdel Aziz al-Rantissi）被以色列的导弹炸死的消息之后，她毫无欣喜之情，甚至悲壮地说道："真

[①] 联合国第七任秘书长。加纳库马西人，1972年毕业于美国麻省理工学院，通晓英语、法语及非洲多种语言。2001年被授予诺贝尔和平奖。

希望安拉能彻底摧毁犹太人，让他们跪下，令他们蒙羞！安拉啊，让犹太女人都变成寡妇吧，让他们的孩子都变成孤儿！"除此之外，纳达和她的小伙伴们还特别喜欢观赏美国人质在伊拉克惨遭砍头杀害的血腥视频。

唉，好吧，青春期的孩子们总是要经历一段情绪反复的叛逆时光。然而，两年后，就是这位纳达的丈夫，协同其他16名男子因策划多起恐怖袭击而遭到逮捕——他们企图炸毁多伦多证券交易所，企图攻占位于首都的加拿大国会，还企图绑架首相并将其公开砍头杀害。

我经常被攻击为是"自我厌恶的加拿大人"，因为我反对加拿大政府的社会医保福利和文化多元主义等政策。然而，就算再怎么厌恶加拿大，我也没有变成纳达·法鲁克。她清清楚楚地说过"我们恨加拿大"这种话，但迄今却没有人攻击她是"自我厌恶的加拿大人"。或许因为她只不过是一个你不愿与之多费唇舌的小姑娘罢了；可是我告诉你，在纳达结婚时，她经过慎重考虑签下了婚前协议，称如果她的丈夫今后未能参加圣战，他们的婚姻关系即宣告解除。又或者原因是，在内心深处人们并没有期待她会将自己视为"加拿大人"，无论这个身份认同当下在法律意义上代表着什么。纳达的父亲是一位药剂师，在亚伯达省温赖特的一个军事基地负责配药，据说他非常支持加拿大派遣帕特丽夏公主轻步兵团①（Princess Patricia's Canadian Light Infantry）去阿富汗执行反恐任务。在女儿和女婿的恐怖阴谋败露后，穆罕默德·欧麦尔·法鲁克（Mohammed Umer Farooq）告诉记者，对于女儿的观点——比如憎恨加拿大，以及支持将同性恋者送往沙特执行死刑等——他真的闻所未闻，不过，

---

① 最早参加第一世界大战的加拿大军队，也是"9·11"事件后加拿大参与国际反恐、投入阿富汗战争的第一批特种部队。

女儿在宗教方面的确总是比他"更加虔诚"。据这位父亲估算，对于伊斯兰教，纳达可以算是"100%的虔诚"，而自己却只有"30%的虔诚"。

纳达·法鲁克属于青年穆斯林中典型的极少数派：生长在西方国家，被"现代的穆斯林"父母抚养长大，但却一点都不像父母，而是变成了残暴的激进穆斯林，一个宗教激进主义者，一名圣战主义分子。她父亲那一代人来自印度次大陆，将传统的温和伊斯兰思想带至西方。而现在呢？在巴基斯坦、英国和加拿大，温和的苏非主义①（Sufism）正在向强硬的"迪欧班地"②（Deobandi）伊斯兰教派低头——这本质上是瓦哈比主义的某种地区附属教派。纳达·法鲁克与她的父母截然不同，她实际上并不具有祖籍地巴基斯坦的身份认同，更拒绝接受加拿大浅薄的文化多元主义身份认同，最终，她选择了跨越国籍的泛伊斯兰意识形态：在车臣战争中的圣战分子指挥官哈塔卜③（Khattab）于2002年被杀之后，她甚至还打算给儿子取名为哈塔卜以资纪念。她在多伦多的郊区长大，却发现车臣的历史要比加拿大的历史更加荡气回肠——权当她学过加拿大历史吧。

在我们身边，到底还有多少个纳达·法鲁克呢？2005年7月7日——伦敦地铁爆炸袭击一周年纪念日，《泰晤士报》发起了一份面向英国穆斯林的民意调查，调查结果如下：

---

① 伊斯兰教中信奉出世主义和神秘主义的教派，主张面对现实苦难要忍辱负重、与世无争。
② 伊斯兰教中的激进主义教派，具有复国主义与反帝国主义的鲜明政治目标。
③ 阿拉伯人，出生于约旦。1988年至1993年间，参加了阿富汗各派之间的几乎所有内战。1992年还参与了塔吉克斯坦的内战。多次策划恐怖袭击案，并自称是拉登的同门师弟。

16%的英国穆斯林认为，即使爆炸袭击的行为可能是错误的，但是袭击的动机是正确的。

13%的英国穆斯林认为，运输炸弹的4个人应被视为"殉道者"。

7%的英国穆斯林认为，针对平民的恐怖袭击是正义的，而且如果是针对军事目标，认同比例更将上升为16%。

2%的英国穆斯林认为，他们为亲属加入基地组织而感到骄傲。另有16%认为此事无关紧要。

如果这是一场战争的话，那么这些人就是名副其实负责里应外合的"第五纵队"①。在伦敦，官方统计的穆斯林人口为100万人，他们中有一半的年龄在25岁以下。如果在这100万人中有7%认为"针对平民的自杀式袭击是正义的"，那么你算一算，在英国首都就足足有7万名恐怖活动的潜在支持者。他们之中的大多数人可能一辈子都不会去引爆巴士，或者向恐怖分子提供资金和避难所；然而，总还是会有一小撮人走上极端之路。以"9·11"事件为参照，你只须从7万候选人中挑选出19个视死如归的勇士也就万事俱备了，这其实并非什么难事。

与此同时，对于恐怖分子的几乎所有战略目标，大多数生活在西方的穆斯林都表示支持。根据民调显示，60%的英国穆斯林希

---

① 出自美国作家海明威的战地名作《第五纵队》。《第五纵队》以西班牙内战时期的马德里保卫战为故事背景，当时西班牙一叛军将领扬言有4个纵队围攻马德里,同时城内还有一批同情者将配合部队里应外合,他名之为"第五纵队"。因此，"第五纵队"常被用来比喻内奸和叛徒。

望在英国也能生活于伊斯兰教法的统治之下。另一个民调则显示，希望生活于"严苛"的伊斯兰教法下的穆斯林教徒的比例也达到40%。由此可以得出一个关于"温和派穆斯林"的定义：某人希望将石刑引入利物浦以惩罚通奸罪行，他的"温和"之处在于他懒得去劫持飞机撞向大楼以呼吁自己的目标。还有一个民调显示，20%的英国穆斯林对"7·7"伦敦地铁爆炸案袭击者们的"感受和动机"报以同情。或者更确切地说，20%的英国穆斯林对采访者公开坦白了他们对犯罪分子的深切同情——这就暗示着，倘若加上未坦白承认的英国穆斯林，实际的数字或许会比20%更高。也就是说，不少穆斯林——其中大部分都是在英国土生土长的——看见他们的英国同胞在火车、巴士上被炸成碎片时，仍然愿意为那些犯罪分子的罪恶行径辩解和开脱。

伊斯兰游说团体不断施压，要求西方政府对他们、而非对恐怖分子让步——尽管他们与恐怖分子的目标其实并无不同。事实上，与恐怖分子共享同样的目标，反而是伊斯兰游说团体在穆斯林中享有信誉的原因。假如面对一个"温和派穆斯林"团体——他们即便反对以色列，却认为自杀式爆炸袭击是错误的手段，再者他们还愿意听从伊拉克人民的心声而支持伊拉克的解放——西方政府却立马会疑窦丛生，怀疑这样的团体究竟是不是"正统的"穆斯林。反过来，如果你反对西方占领伊拉克，而且想方设法地替巴勒斯坦哈马斯的恶行辩解，那么恭喜你，你便立刻成了最正宗的伊斯兰游说团体。因此，面对反恐问题，西方国家的政府官员反倒会花费大量时间向那些支持恐怖主义目标的人们征求意见。随便抛出几则新闻就不难看出：在伦敦，一部关于"宗教仇恨罪"的法律，反而使得关于伊斯兰教的坦诚探讨更难开展；在渥太华，政府竟然发布报告，建议使"一夫多妻制"合法化；在西雅图，市区游泳馆引进了男女分区的穆斯林专用泳池……这些目标无一不是"9·11"恐怖分子所奋力支持的；唯一不同的地方只在于——用什么手段来实现这些目标。

前不久，我在佛蒙特州驾车出行时，发现前面一辆车的车尾贴着一张标语，上面写着一个饱含训诫意味的英文单词："共存"（CO-EXIST）。"共存"是西方进步人士最热衷的观点之一，也恰是为了迎合这帮人的道德优越感所创造的新词，更像是一篇渲染文化多元主义氛围的曼妙乐章，让左派人士好似搭乘着高速电梯一般直入云霄，在脱离现实的太虚幻境中聊以慰藉。不妨这么看，在"共存"（CO-EXIST）这个单词中，字母"C"代表伊斯兰新月（crescent），字母"O"代表嬉皮士崇尚的和平标志，字母 X 代表纳粹钟爱的图腾——大卫之星①（Star of David），字母"T"则代表着基督的十字架。妙不可言吧？简直难以反驳！然而，现实却是，这个单词的第一个字母却正是给"共存"造成困扰的罪魁祸首。一旦把代表伊斯兰教的"新月"从这个方程式中拿出，你就不需要再贴任何车尾标语了。事实上，"共存"正是伊斯兰的作战对象——或者，如果你愿意的话，也可以把"共存"这个词换成"多元主义"；"共存"就是指不同群体可以与来源广泛的街坊四邻和睦相处。不过，一些口口声声说尊重这一想法的人，你仔细观察他们的言行后就会发现，他们嘴上说的"多元主义"其实更准确的意思是让你"屈服"。就拿著名的"温和派穆斯林"阿訇——扎伊德·沙基尔（Zaid Shakir）举例吧，他在《纽约时报》撰写了一篇谄媚式的文章，标题为《美国穆斯林神职人员寻求现代社会的中间地带》。鼓掌！好棒的神职人员哎！

---

① 纳粹的标记之一，为两个三角形叠成的六角形。

不过，啥是"现代社会的中间地带"啊？沙基尔阿訇——原名里基·米切尔（Ricky Mitchell），在美国乔治亚州和康涅狄格州长大——认为："每个诚实的穆斯林都会说，我希望美国变成一个穆斯林国家。我认为那样会有助于世人，如果我不这么认为的话，我就不是个真正的穆斯林了。"

我相信，沙基尔阿訇说"诚实的穆斯林都希望美国变成穆斯林国家"，是所言不虚的。然而，这些穆斯林却并不认为同样的事情应该发生在基督徒身上，要是基督徒都认为美国应该是个基督教国家，那穆斯林是断断不能接受的。建立所谓的"穆斯林国家"，并不单单是指建立一个主要由穆斯林人口组成的国家，而主要是指建立一个由穆斯林政教机构统治的国家。

在美国、加拿大、英国、欧洲和澳大利亚的清真寺中，宗教激进主义者大肆煽动圣战，且至今依然逍遥法外。西方精英们却如条件反射似的立即退避三舍，只会躲在推特网上发一些讨好敌人的微博，比如胡诌我们缺乏对穆斯林的"尊重"啦、我们的"伊斯兰恐惧症"都是庸人自扰啦，等等。加拿大骑警、美国联邦调查局、英国警察厅以及其他西方机构都正为摧毁恐怖主义基地、粉碎恐怖主义阴谋而日夜忙碌，可是殊不知，基地与阴谋只是病征，却远非病根，我们真正需要切断的是恐怖主义意识形态的输送渠道。通过穆斯林学校和清真寺所构成的全球网络，沙特阿拉伯正打算把自身打造成为穆斯林版的梵蒂冈——如果这样说还不够准确的话，那么换言之就是，沙特阿拉伯必将成为伊斯兰世界中最具话语权的精神领袖。假若我们能够像威廉·泰勒一样，将逊尼派和什叶派、苏非派和萨拉菲派，以及其他形形色色的教派分支加以清晰鉴别，并且能够妥当地利用他们之间的差别与矛盾，我们也许早就能够应对瓦哈比教派发起的种种挑战了。然而，作为西方的文化多元主义者，我们一边颂扬着多样性，一边却又把各色教派堆叠在一起并笼统地称之为"伊斯兰"。

假如伊斯兰圣战确有其目标，或许我们也应该考虑一下自己的战争目标了。究竟什么样的胜利才算是胜利？恰如当年的法西斯主义与共产主义，宗教激进主义的意识形态也已成为当代愤青们的不二选择。这就意味着，我们必须摧毁这种意识形态，或者说摧毁它发展的内在潜力——并非伊斯兰本身，但至少要摧毁瓦哈比教派的毒瘤。这些年来，多亏了沙特阿拉伯的石油收入，瓦哈比教派才得以从与世隔绝的沙漠中结出狂热的思想之果，并一跃成为当今最具影响力的激进主义力量。西方政客经常声称"伊斯兰是和平的宗教"，假如针对任何一个斩首狂魔和自杀炸弹客而言，这句神乎其神的魔咒还能有那么一丁点儿劝导其回头是岸的战略价值，我得把丑话说在前头：很遗憾，瓦哈比主义绝对是个例外，它根本不具有崇尚和平的圣洁精神，它就是个崇拜毁灭的邪恶宗教。你瞧，大马路上那些由阿訇创办的伊斯兰学校究竟属于哪种教派呢？我们对此毫不关心，于是乎，泛伊斯兰教主义也就随之加速形成了，伊斯兰学校也由此成了比麦当劳更加经典的全球化范例。在孟加拉和波斯尼亚，本土的伊斯兰教早已走向崩溃，取而代之的是一些沙特人在位于利雅得的宗教组织总部里所精心编造出的一整套瓦哈比主义思想，由此，瓦哈比主义俨然变成了一种在大卖场中批发销售的标准化商品。在这种情况下，你若是想逆转瓦哈比教派的商业优势，看上去就带有点反垄断的意味了，由于沙特的"罩袍王"①（Burqa King）连锁

---

① 仿自美国大型连锁快餐店"汉堡王"（Burger King）之名。

店已在全球范围内开启了瓦哈比主义的同质化销售，一些温和派伊斯兰思想早已因此而销声匿迹了，唯有实施一种反垄断的商业战略，才能够使其重新找到上架销售的可能。

与宗教激进主义相反，受尽谩骂且多为虚构的"美帝国主义"如今却正在四处碰壁，被人们弃之如敝屣。《国家评论》（*National Review*）杂志的专栏作家约翰·德比夏尔（John Derbyshire）即厌倦了兜售自由的小布什主义信条[①]，认为那都是些骗人的理想主义，他于是提出一个更具实效的口号："残垣断壁，不生祸端。"可爱哟，希望他能靠这个口号多卖出几件文化衫。然而，在为对外国实施远程轰炸的"现实主义"外交政策唱赞歌时，他显然忽视了一个显而易见的关键事实——残垣断壁的确会滋生祸端：波斯尼亚的残垣断壁上孕育了一整代激进的欧洲穆斯林，包括将丹尼尔·珀尔[②]（Daniel Pearl）砍头处决的刽子手；阿富汗的残垣断壁使其变为了国际恐怖主义的训练营地，其中走出了"鞋子炸弹客"理查德·里德、"千禧年炸弹客"艾哈迈德·雷萨姆以及"9·11"事件的主要策划者；车臣共和国首都格罗兹尼的残垣断壁则将车臣的民族主义者催生成为泛伊斯兰的圣战主义者。一些朋友曾给我发来题为"核爆巴勒斯坦！"的电子邮件，他们真该好好思考一下，对巴勒斯坦实施核爆炸的举动，将对从印度尼西亚到英国约克郡的 10 亿穆斯林人口产生什么样的战略影响——他们远离事发地，不会因此在身体上致癌，但却必将在心理上受创。天长地久有时尽，此恨绵绵无绝期。创造

[①] 2005 年 1 月，小布什在就职演讲中宣称将在其第二个总统任期内"向全世界撒播自由"，并不厌其烦地近 30 次提及"自由"一词。

[②] 《华尔街日报》遇害记者，2002 年在巴基斯坦卡拉奇采访"基地组织"的新闻时遭伊斯兰恐怖分子绑架，后被"基地组织"砍头杀害。

残垣断壁,绝不是一步到位的解决方案,除非你继续关注伊斯兰世界的真正问题:深处其精神世界中的残垣断壁。

阿拉伯穆斯林在阿富汗殊死搏斗,英格兰穆斯林在波斯尼亚奋勇杀敌,巴基斯坦穆斯林在车臣死伤无数。当美国想要反抗一个全球化的伊斯兰意识形态,它首先要使自己的意识形态全球化,而不是退居美国堡垒,在孤立主义中畏首畏尾。

谁才是更大的威胁?是美国汉堡包的全球化?还是严苛残酷的穆斯林文化的全球化?今日,还是有太多的美国保守派人士认为,恶龙依然盘卧在地图的边缘——他们坚信,21世纪的美国依旧能与19世纪时一样,由于距离的遥远而免受外界各种病原体的感染和侵扰。然而,在一个全球化时代,我们已身处于现代西方的多元文化社会之中,恰如周六清晨站立于国会山台阶上的林肯总统一样:世界与我们近在咫尺。在21世纪的开端,马歇尔·麦克卢汉[①](Marshall McLuhan)关于"地球村"的梦想已经触手可及,只不过出了一点点偏差:中国人开餐馆,美国人开诊所,沙特人开教堂。站在美国人的立场上看,这绝非一个最佳的分工安排。

---

① 加拿大著名媒介理论家,主要著作有《机器新娘》(1951年)和《理解媒介》(1964年)。

第五章　心归何处：教会VS政府

　　伊斯兰教并不仅仅是一个宗教，它完全是一种生活方式，引导着穆斯林教徒的生生世世。《古兰经》、先知穆罕默德的训诫以及《古兰经》在生活中的运用方式不允许被轻易篡改。

　　伊斯兰将永远引导他的子民，直到审判之日的降临。伊斯兰教义规定，教徒们不可皈依其他任何宗教。一旦背叛，唯有一死，除此以外，别无他路。

　　一直以来都有异教徒皈依伊斯兰教的事例，但人们必须明白，他们对伊斯兰教能做的，唯有笃信之，而永不可灭之。这条准则也并非穆斯林教徒所定，而是由上帝的法则——美国最高宪法定下的。

　　还有，千万别试图要求穆斯林教徒只信守某些准则而抛弃另一些准则，他们生来本就该对全部的伊斯兰教义深信不疑。

　　　　　　　　　　　　　　——娜孜拉·库拉一什，幼儿园教师

"9·11"事件以来,在伊斯兰教徒、特别是西方世界穆斯林的内心深处,发动圣战的狂热意识到底有多么根深蒂固,我们依然无从知晓。伊斯兰恐怖主义者既曾在别斯兰人质事件中屠杀了那么多无辜的俄罗斯学生,也曾将美国记者丹尼尔·珀尔和其他人质一同残忍地砍头杀害,有多少人对这些穆斯林恨得咬牙切齿?又有多少人最终还是选择了以理智压抑愤怒?更为重要的是,面对以伊斯兰教之名逞性妄为的种种暴行,有几个穆斯林站出来为自己的宗教进行辩解?有几个西方的穆斯林走上纽约、马德里和伦敦的街头,举着"勿以我们之名"的旗号抗议发动恐怖袭击的伊斯兰同胞?有几个穆斯林加入了以"伊斯兰反对自杀式炸弹袭击"为口号的抗议活动,或者聚集起来把阿訇们赶出清真寺?又有几个身在美国或欧洲的穆斯林敢说他们从没打算把自己的孩子培养成一个身心灵皆忠诚于安拉的虔诚信徒?

有人回答吗?怎么这时候都不吱声儿了?

我们——误入迷途的异教徒——经常轻描淡写地谈论着要"改革"伊斯兰教。但假如改革业已发生,而改革的内容恰恰就是发动一场伊斯兰圣战呢?假如所谓的改革就是长期通过瓦哈比教派、穆斯林兄弟会和伊朗伊斯兰革命等向西方渗透伊斯兰教义,这算不算是某种令人口诛笔伐的"殖民主义"呢?

我们整日闲聊着关于"同化"西方穆斯林的问题。但是,看看伊拉克首都巴格达的穆斯林政治领导人和宗教领袖,再看看伦敦、底特律或者悉尼的同样一群人,你就会发现,比起在西方国家为穆斯林游说的宗教团体的荒谬话语与偏激言论,伊拉克的宗教领袖们相对而言要温和得多,所说的话也入情入理得多。你是否想过,可能真正的问题并非身处西方的穆斯林不了解西方世界的生活习惯,而恰是因为他们太过了解了呢？穆斯林太清楚他们应该如何对待异教徒了，其结果只能是他们对西方国家萌生出某种不可消退的敌意——更甚者，逊尼派和什叶派、阿拉伯穆斯林与非阿拉伯穆斯林之间的各种敌意，都可能因为要对抗西方异教徒而搁置消融，转而联合起来走向泛伊斯兰族群的身份认同。

穆斯林其实被同化得很好，至少在利用发达民主国家的主流话语方面——比如守法观念、权利文化等，他们已然驾轻就熟。拿两个不起眼的新闻消息举例：第一，《波士顿先驱报》曾报道称，马萨诸塞州最高法院通过决议，驳回州立监狱拒绝向被关押的穆斯林罪犯在斋日提供肉食——比如牛肉、骆驼肉——的辩诉。

连第三步兵师的将士们吃的都是即食快餐，可一个穆斯林囚犯却能因为监狱不为其准备骆驼肉就提起上诉。

还有个新闻，英国正在对国内各监狱的卫生间进行大改造，原因是穆斯林犯人抱怨马桶的位置朝向了麦加，导致他们上厕所时必须侧身坐在马桶上，而这样造成了很大的不方便。

你要是想探究滋生恐怖主义的"根源"，何不从欧洲和加拿大的福利体系着手呢？虽不能说在美国享受社会福利的外来移民都是伊斯兰恐怖分子，但却有相当一部分生活在欧洲的伊斯兰恐怖分子一边享受着纳税人提供的社会福利，一边围坐在一堆图纸旁密谋着他们的伟大圣战，剩下的时间就整日待在贫民窟里游手好闲。一个名叫穆罕默德·梅廷·卡普拉（Muhammed Metin Kapla）的穆斯林移民，一面享受着德国政府赋予的社会福利，一面又悄无声息地组建了一个伊斯兰政教组织，即哈里发国家；这个自称为"科隆的哈里发"的伊斯兰组织将一名成员偷渡至土耳其，企图让他驾驶一架飞机撞向土耳其开国总统——凯末尔·阿塔图尔克（Kemal

Ataturk）的陵墓。艾哈迈德·雷萨姆（Ahmed Ressam）在谋划炸毁洛杉矶国际机场的途中于华盛顿州被捕，此前他正享受着加拿大蒙特利尔的福利供养。阿卜杜勒·纳赛尔·本布利卡（Abdul Nacer Benbrika），澳大利亚一个伊斯兰组织的头目，在墨尔本待了整整十年却没有工作过一天；现在，本布利卡因涉嫌参与恐怖主义活动而锒铛入狱，而纳税人却要每年交出5万美元来供养他的妻子。阿布·哈姆扎（Abu Hamza）在伦敦接受福利救济时，已是个在英国声名远扬的激进派阿訇，在因被指控煽动谋杀而蹲了班房后，哈姆扎竟向政府提出上诉，认为其家人除每星期收到1000英镑的福利救助外，还应获得来自政府的额外补助。阿布·卡塔达（Abu Qatada），基地组织的头号人力资源主管，既是伊斯兰世界的风云人物，同时还享受着英国政府的各种福利，直到政府有一天发现他的银行账户上竟然有115万英镑的存款时，就业与退休保障部才关上了为他发放救济金的阀门。哦，对了，英国《泰晤士报》还曾登载过一条社会福利造就百万富翁的新闻："7月21日自杀式连环爆炸案的四名嫌疑人受到指控称，他们通过英国的福利救助制度积攒了高达50万英镑的资金，警方正对此介入调查。"

谁能想到，一个游手好闲的圣战分子，在20啷当岁时其个人账户上就已经有25万美元的福利金存款了。我不是说每个接受政府救济的人都是靠福利发家致富的恐怖分子，可是我们必须改变欧洲这种臃肿无效的福利体系，眼下欧洲自己已经无力回天，最好的办法只有让美国来宣布欧洲的福利制度已然构成了对西方世界国家安全的重大威胁。

周一清晨，一名恐怖分子在位于伊拉克首都巴格达的家中醒来，把还没有用完的弹药往肩上一绑，然后晃晃悠悠地走出家门，准备随机炸死几个从门前经过去往安全区①的异教徒，脑子里还不断幻想着午饭之前抓两个少女回家享用的龌龊场景。只可惜弹链卡住了，他被美国部队逮了个正着，直接被塞进一架飞机送到了关塔那摩监狱，48 小时后，他就开始一边对着从华盛顿请来的律师抱怨监狱里的法式烩鸡有多么难吃，一边共同起草之后在最高法院的滔滔辩词了。其实，只要伊斯兰教徒想要被西方同化，意图将西方的制度为己所用，那他们便会以迅雷不及掩耳之势接受同化。正因如此，激进的阿訇们才会从欧洲国家的政府身上不断榨取福利收入，擅长口舌之争的穆斯林院外游说集团也才能高薪聘请法律团队为自己维权。这些所作所为皆不属于传统的伊斯兰生活方式，相反，这些所作所为恰恰揭示了伊斯兰在西化进程中是如何选择了他们认为有价值的文化和制度来为己所用的。

且不管在"同性恋婚姻"问题上，支持者和反对者的观点具体如何，总之支持派的人数一直都不算太多。不过，声援同性婚姻的一整套辩词，如今已为一夫多妻制的倡导者们所盗用，而且确实为他们招来了一大批支持者。在法国全境、加拿大安大略省，还有西方国家的其他地区，一夫多妻制即便还没有合法化，在实际生活中却已经被默许接受了。还有很多政府机构（比如英国的退休保障部门）根据《继承法》的要义已经开始将一夫多妻制逐渐合法化了。很显然，无论是女权主义者还是同性恋者，怎么看都不像是伊斯兰的盟友，但伊斯兰的游说集团却在不遗余力地学习这两个群体在维权过程中扮猪吃老虎的演技和本领。

举个例子，伊克巴尔·萨克拉尼（Iqbal Sacranie）因被标榜为"现

---

① 伊拉克战争后，美、英等国家在伊拉克首都巴格达原总统府（共和国宫）附近建立了一个"安全区"，内驻有伊战后各国设立的临时使馆。

代"穆斯林的典范而被英国女王授予爵位。《断背山》①（*Brokeback Mountain*）刚上映那会儿，伊克巴尔伯爵作为英国穆斯林委员会的负责人接受了BBC的采访，在访谈中表示同性恋是一种既"邪恶"又"不可理喻"的行为，同性恋是一种"肆虐蔓延的传染病"，"破坏了整个社会的根基"。这一言论立即引起了某个同性恋组织的强烈不满，最终使得伦敦警察厅的"社区安全部门"将伊克巴尔伯爵带走调查，而这一部门是负责处理"仇恨犯罪"和"同性恋恐惧症"的专门机构。

无巧不成书，就在伊克巴尔被调查的同时，由"同性恋者人道主义协会"创办的一本杂志声言，伊斯兰教是一种"发酵的学说"，"像口腔溃疡一样"不断扩大影响，并指责伊斯兰教具有强烈的"反同性恋"心理。针对此事，"伦敦种族仇恨犯罪论坛"以该协会有"伊斯兰恐惧症"为由要求伦敦警察厅介入调查。

看明白了吗？假如一个穆斯林说伊斯兰教反对同性恋，他就会因为有"同性恋恐惧症"而卷入调查；反过来，假如一个同性恋者指责伊斯兰教反对同性恋，他也会因为"伊斯兰恐惧症"而卷入调查。

就像那些一周七天都被说成有"伊斯兰恐惧症"和"同性恋恐惧症"的人一样，我不禁对穆斯林团体学习、掌握并运用同性恋团体"受害人话语"的速度感到震惊。如果我是后者，我肯定会对这帮偷师的学生感到不爽。"同性恋恐惧症"这个词实在是很可笑：反感同性恋的人其实一点儿都不害怕同性恋。之所以要用"恐惧症"这种胡扯的词汇，是为了把反对同性恋的行为解释为一种心理疾病，相当于告诉你：别担心，你不是真的反对同性婚姻，你只不过是有

---

① 华人导演李安于2005年指导的一部美国同性恋剧情片，影片讲述了1963年至1981年在美国怀俄明州发生的两个男人之间的复杂情爱关系。

些怕怕而已,乖乖吃药就好了。

但另一方面,"伊斯兰恐惧症"这个词却不是胡扯的,甚至连心理疾病层面的含义都没有,它就只代表着字面上的意思——如果你是一位荷兰的国会议员、英国的小说家或者丹麦的漫画家,正在穆斯林激进分子的死亡威胁下躲躲藏藏,又或者你是个住在城郊的法国女学生,受尽穆斯林邻居的侮辱和嘲笑,被说成是异教徒妓女,那你的确具有很严重的伊斯兰恐惧症。不过伊斯兰在借鉴同性恋游说团体的辩论技巧方面的确颇具艺术天分。比如说,伊斯兰一直以来都用受害人的语气为自己辩护,声称自己受到了迫害,从政治方面看这确实也说得过去。你肯定能想起来,众多西方媒体已经拒绝刊登嘲讽先知穆罕默德的丹麦漫画了。因此,尽管大众媒体一直都在苦口婆心地警告外界:一种貌似"伊斯兰恐惧症"的蔓延势头正在明显上升——比如,人们面对伊斯兰恐怖主义所油然而生的担忧情绪,其实就是"伊斯兰恐惧症"的一种表现——然而,说到底,真正有"伊斯兰恐惧症"的其实恰恰就是大众媒体自己——比如,这些媒体人极度恐慌,一旦他们刊载了讽刺穆罕默德的漫画,一群愤怒的暴徒就会冲进大楼血洗他们的办公室。媒体人的这种行为和心理极好地说明了激进穆斯林分子制造威胁和恐惧的高超手段:他们造成了一种精神上的威吓,即便没有只言片语,也足以让人们嗅到迫在眉睫的恐怖气味。

不见踪影的少数派

我们常说,"绝大多数"穆斯林都是反对"极端主义"的。还有个专有名词用以指代反对"极端主义"的穆斯林,叫作"温和派穆斯林"。说到这词儿,有人曾改过一个老笑话:十字路口掉了一张面值 10 美元的钞票,北边来了个圣诞老人,西边来了个护牙仙子①,东边来了个激进派穆斯林,南边来了个温和派穆斯林,谁将第一个捡到这 10 美元呢?

答案是:激进派穆斯林。因为其他三个都是童话里才有的虚构人物。

当然,"温和派穆斯林"也不完全是虚构的,更确切地说,应该把他们称为"安静派穆斯林"。至于"温和"这个词,回想 20 世纪 30 年代,倒是有不少"温和的德国人"给全世界干了不少好事儿呢。② 今天,"温和派穆斯林"作为一个特殊群体,为文化多元性作出了独一无二的贡献:不像那些可见可闻的少数群体,"温和派穆斯林"是不见其人的——或者,至少可说是不闻其声的一帮人。但这并不影响一些政客打着他们的旗号说话。最近,欧盟的官员为了探讨……呃……最近发生的一些"不快之事",制定了新的话语"准则"。比如说,"伊斯兰恐怖主义"这个说法就已经禁用了,欧盟官员主张用"滥用伊斯兰教义的恐怖分子"替而代之。

乖乖,哪个比利时的中产白人能搞得清,圣战领导人约翰尼是否"滥用"了伊斯兰教义?若是真谈起这事儿,众多穆斯林学者和阿訇们必定认为他并没有"滥用"。那我们又凭什么坚称约翰尼"滥用"了伊斯兰教义呢?是因为西方政客和宗教领袖没完没了地强调

---

① 美国民间传说中专管儿童牙齿的仙女,反映了美国人重视牙齿健康的传统。
② "一战"后,德意志作为战败民族渴望实现"强国梦",希特勒的纳粹党敏感地把握住了国民的这种心态,提出了"修改《凡尔赛和约》,收回失去的领土,把相信国家主义和社会主义的人联合起来,团结整个德意志民族"的宗旨,并允诺尽快改变因战后军工企业停产而造成的大量工人失业以及恶性通货膨胀的局面。

"绝大多数"穆斯林不支持恐怖主义吗?那少数支持恐怖主义的人到底又有多少呢?1%?还是10%?有两个例子可资证明,所谓的"少数"远没有想象的那么少。加拿大的卡尔加里有一所皇家山学院(Mount Royal College),马赫福兹·坎瓦尔(Mahfooz Kanwar)博士是该学院的一位社会学教授,他在卡尔加里一座最大的清真寺参加朋友的葬礼时,被一位带领参礼的领祷人搞得心烦意乱,那人用乌尔都语①念叨着:"哦,真主啊,请保佑我们远离异教徒的迫害,他们以极其邪恶的方式玷污着我们的灵魂。"坎瓦尔博士对他说道:"你怎么敢这么侮辱我的国家!"接着他对人们阐明,他认识逝者已超过30年,逝者生前大部分时间都依靠政府提供的福利金度日,他餐桌上的食物全都来自异教徒辛劳工作后缴纳的税赋,正是异教徒给予的恩惠才使他得以免受饥饿之苦。

故事讲到这儿,问题却出来了,正如撰稿人利西亚·科尔贝拉(Licia Corbella)在《卡尔加里太阳报》(*Calgary Sun*)上随后为读者出的题目:"猜猜看在坎瓦尔博士和那个领祷人之中,哪一个从此不再受撒西特雷尔清真寺的待见了?"

最终结果是:坎瓦尔博士完败。

还有另一个故事:苏莱曼·加利(Souleiman Ghali)生于巴勒斯坦,在儿时的成长过程中,他一直被教育要憎恨"什叶派教徒、基督徒——特别要憎恨犹太人"。移民美国后,加利开始反思这些古老的偏见,1993年在他资助下,洛杉矶建成了一座新的清真寺。正如他在网上所言:"我们的愿景就是构建一种美国穆斯林的身份认同,这种新的身份认同建立在仁慈、尊重、尊严和爱之上。"这可

---

① 巴基斯坦的国家官方语言,也是印度宪法承认的地方语言之一,属印欧语系印度语族,主要分布于巴基斯坦和印度等国。

不是件易事，特别是涉及了招聘阿訇这类极具挑战性的工作。2002年，加利先生解雇了一名阿訇，原因是他曾要求加州的穆斯林仿效巴勒斯坦自杀式爆炸袭击中的恐怖分子。这位名叫萨夫瓦特·穆尔西（Safwat Morsy）的阿訇是个埃及人，几乎不会说英语，但他还是懂得以非法解雇为由将加利告上法庭，并因此获得了40万美元的赔偿金。

故事讲到这里，一切都看似顺理成章。但万万不可忽略的关键事实是：一个激进的阿訇竟拥有如此众多的追随者，而对他的解雇竟能成为压垮加利的最后一根稻草。加利先生最后落了个被驱逐出自己亲手创建的清真寺的下场，在管委会中任何角色都不能再扮演。而萨夫瓦特·穆尔西，一个坚信美国的穆斯林应该腰缠炸药在街头招摇过市的人，正如《华尔街日报》（*Wall Street Journal*）所称，现在的事业却如日中天："今日，在穆尔西主持的清真寺中，周五祷告日的信众日益增多，清真寺近期正计划购置一栋用以容纳更多祷告者的大楼。"

听完了这两个故事，你便可知两派受欢迎程度的比分是：激进派穆斯林得2分，温和派穆斯林得0分。

被定义为"极端主义"的清真寺到底有多少？又有多少"礼拜者"是圣战分子？20%？2%？还是0.2%？没有人知道——因为我们（包括大多数西方的法律体系）一直以来都把他们想当然地看成是类似于天主教堂或者公理会议事厅的平常之物，根本没人去计算到底有多少清真寺，又到底有多少穆斯林信徒。

那么，人们能够如此平常地看待清真寺和穆斯林信徒，究竟又是为什么呢？对于这个问题，又有一连串的"想当然"可以作解释，比如：当然了，绝大部分西方穆斯林都不是恐怖分子；当然了，他们也不想成为恐怖分子。有人据此推测,对于穆斯林的身份认同使他们不忍把那个言论激进的阿訇扫地出门,就像平头老百姓对待他们的孩子一样——在一些住在城郊的中产阶级白人家庭里,孩子一回家就骂骂咧咧地嚷着"贱货别挡道""我要干死那条子"或其他一些时下最流行的街头脏话,而当父母的也只能无可奈何地唉声叹气外加翻个白眼。不过,不得不说,除了像加利先生这样英勇无畏却又受尽打压的少数人以外,人们印象中更为典型的"温和派穆斯林"更像是倡导女权主义的加拿大同性恋者伊尔沙德·曼日(Irshad Manji)和美国加州的阿拉伯裔学者瓦法·苏尔丹[①](Wafa Sultan)一样,这些人似乎往往都被穆斯林视为变节者或叛教者。"温和派穆斯林"如此不受待见,可见绝大多数穆斯林的想法的确更接近于"9·11"事件中最先撞向世贸大楼的穆罕默德·阿塔的激进念头,而非伊尔莎德·曼日女士的女权主义理念。

一位使用假名的叛教者伊本·瓦拉克(Ibn Warraq)把穆斯林和伊斯兰教做了个重要的区分:只有温和的穆斯林,没有温和的伊斯兰教。有成千上万的穆斯林每天只求能安稳度日,在远离圣城麦加的某个偏远角落里正在努力——或者曾经努力——与当地的习俗融合。然而,所有教授伊斯兰教法的官方学校无一不歌颂赞扬着沙里亚法规和血腥暴力的圣战。也正是因为如此,"温和派穆斯林"主张温和教义的立场根本得不到官方支持,公开亮明"温和派穆斯林"的身份就意味着要面对所有穆斯林宗教领袖的舆论压力而孤军

[①] 著名的反伊斯兰人士,出生、成长于叙利亚,曾是虔诚的伊斯兰信徒。1979年,一帮恐怖分子冲进大马士革阿勒颇大学(Aleppo University),当场枪杀了苏尔丹的教授。自此,她转而开始质疑所有伊斯兰知识,并公开在阿拉伯半岛电视台和毛拉们针锋相对,痛斥伊斯兰文化,为犹太人和西方文明辩护。她也因此被穆斯林视为叛教者。

奋战。在这些穆斯林宗教领袖之中,就有美国最大清真寺之一的达尔·希吉拉清真寺(Dar al Hijrah)的负责人沙克尔·赛义德(Shaker Elsayed),这位宗教领袖曾对信众们斩钉截铁地说过:"那些改革伊斯兰教的论调净是无稽之谈。"

就算你真的是个"温和派穆斯林",瞧瞧如今西方媒体和政治人物在激进派穆斯林面前都得阿时趋俗,对于这样一个党坚势盛的宗教团体,你能奈它何?难道你也有给你撑腰的后台不成?萨尔曼·拉什迪(Salman Rushdie)就是一位敢于与激进派针锋相对的温和派穆斯林,对此,伊朗人却宣称要对他进行教法裁决,为了逃避本国和其他伊斯兰国家还未取消的死刑刑罚,拉什迪不得不展开了十年的逃亡生涯。荷兰电影制片人提奥·梵高因勇于发声而死于非命,就在他去世当年的奥斯卡颁奖台上,那些装腔作势反对激进派穆斯林的电影人声泪俱下,说了一大堆空洞无物的感谢词,只顾着为自己敢于和小布什政府作对的勇气叫好,却对他们刚刚逝去的可怜同事——梵高——的事迹只字不提。事实证明,于我们而言,处于所谓"自由世界"的中心,公开反对伊斯兰教者,就意味着要在危机四伏的生活中无处安身。

不仅如此,耶鲁大学还在其校区内为恐怖政权——塔利班——的一位前无任所大使提供了在美国的寓所。

在伊斯兰世界里,在那些距麦加圣城山遥路远的边缘地区中,相对温和的伊斯兰教文化已经传统悠长,当你审视这些地方——从巴尔干半岛到中亚地区再到印度尼西亚,你会发现这些文化的"温和"特质并非来自某个伊斯兰学校的宗教理念,而是被其所在地区的文化传统所塑造。苏联政权、中国商业文化、欧洲帝国主义都有效地消解了伊斯兰教的某些极端特质。无怪乎当西方的原有自信日渐减弱，自由世界的穆斯林人口便一代更比一代骄横跋扈、激进猖狂。

穆斯林人口的与日俱增，就是西方穆斯林人口的与日俱增；而西方穆斯林人口的与日俱增，也就是西方激进派穆斯林人口的与日俱增。当你深入所有穆斯林社会底层，就会发现伊斯兰教中存在着一个最不容触犯的规矩——宗教忠诚。这一点可以从阿卜杜勒·拉赫曼（Abdul Rahman）身上得到很好的体现，拉赫曼因改信基督教的罪名而被塔利班倒台后的阿富汗政府判以终身监禁。面对拉赫曼的罪名，阿富汗最重要的穆斯林机构——阿富汗乌力马理事会（Afghan Ulama Council）——的成员，阿卜杜勒·拉乌尔夫（Abdul Raoulf）说道："我们不能允许真主被玷污。那个人必须得死。应该砍了他的头！然后我们要召集大家把他撕成碎片，让他尸骨无存。"毋庸置疑，这位名叫拉乌尔夫的阿訇还是阿富汗最主要的"温和派"神职人员之一。喀布尔大学（Kabul University）的伊斯兰"教法"讲师毛拉维·恩雅图拉·巴莱（Maulavi Enayatullah Baligh）声称："就算政府没判拉乌尔夫死刑，阿富汗的人民也要杀了他。"这位讲师似乎很喜欢把工作带入生活，而且特别钟情于利用当地暴民施以私刑的方式践行他所理解的法治精神。

最终，美国国务卿康多莉扎·赖斯（Condi Rice）给阿富汗总统哈米德·卡尔扎伊（Hamid Karzai）吹了吹耳边风，再加上西方各国政商名流的私下建议，阿富汗政府最终通过秘密途径将可怜的拉赫曼从喀布尔绑上一架飞机并送往了意大利罗马。然而，不是每个如阿卜杜勒·拉赫曼一样的叛教者都有赖斯或者其他西方名流罩着，因此，伊斯兰叛教事件的核心问题依然亟待解决：倘若正如本章引言处娜孜拉·库拉一什所言，人们"对伊斯兰教能做的，唯有笃信之，而永不可灭之"，也就是说，伊斯兰作为一个宗教，只得皈依，而一旦皈依，便不可改信他教，那么从长远来看，伊斯兰教对于世界上所有的自由公民都有如洪水猛兽，暗藏杀机。它的存在直接威胁着多元文化国家的核心，更是威胁到了信仰本身的真正涵义。学者福阿德·阿加米[①]（Fouad Ajami）就曾说过，"伊斯兰激进分子已经与国籍和公民的身份认同极为接近了。"换个说法就是，一旦叛教，等同叛国。

然而，推广国家身份认同是不是特别难呢？如今，加拿大、英国、荷兰和瑞典都在大规模推广国家身份认同。加拿大前总理约瑟夫·克拉克（Joe Clark）就曾极力鼓吹加拿大是一个"文化多元的多民族国家"。像克拉克一样，所谓的"保守派人士"也在宣扬印度民族、因纽特民族、魁北克民族还有怪异的乌克兰-加拿大民族等身份认同，但他们却丝毫未曾考虑过，沐浴在这种文化多元主义的思想观念之下，西方的土地上还会滋生出其他哪些势力来。所谓圣战文化正是在文化多元主义者的多年努力下茁壮成长起来的。这边，左翼政治人物正高谈阔论着幼稚而可悲的世界大同主义；那边，泛宗教激进主义者正以他们独特的方式践行着世界大同主义——他们排山倒海，一意孤行，以摧枯拉朽之势横扫各国的疆土。

现年39岁的安杰姆·乔达瑞（Anjem Choudary）是一位英国籍的穆斯林宗教领袖，他曾赞颂"9·11"事件是一次"壮举"，并把参与袭击的恐怖分子称作"英雄"；他还公开嘲笑伦敦地铁爆炸案中丧生的受害者，号召穆斯林同胞拒绝配合英国警方的调查，同时支持将伊斯兰教法引入英国。乔达瑞和他的妻子都领着政府提供的

[①] 美国斯坦福大学胡佛研究所高级研究员、教授，专门研究中东问题，为麦克阿瑟奖学金获得者。

福利救济，然而同时他却是航空公司的贵宾会员，为了与意见相合的国外穆斯林同胞保持联络，乔达瑞积攒了不少飞行里程。在接受BBC采访时，他被问到为何不直接迁居一个已经拥有伊斯兰教法的国家，他回应道："究竟是谁告诉你可以独占英国呢？英国是安拉的，全世界都是真主安拉的。"为了进一步说明自己的观点，他还补充道："假如我来到了一个热带雨林，我才不会像动物一样生活，我要普及一种更为高级的生活方式。而伊斯兰教无疑就是一种更为高级的生活方式。"

不过，要说英国是热带雨林，这片热带雨林里一定都是些既无尖牙也无利爪的病狮。而那些呼吁穆斯林仿效基督教改革精神而大兴宗教变革的人们也似乎忽略了极其明显的一点——穆斯林（不像马丁·路德[①]和加尔文[②]）对于欧洲宗教改革的最终结果心知肚明，那就是：将真主遗弃至社会的边缘之地。

穆斯林绝不会轻而易举地被遗弃，相反，他们会尽一切可能抓住所有摆在眼前的机会以拓展空间。离伊斯兰教在西方世界再次崛起还有多长时间呢？如果你是当今欧洲大多数城市的普通青年之一，在两种相互排斥的身份认同之间面临着艰难的选择——一边是自信而又强悍的伊斯兰身份认同，另一边是畏敌如虎、带有后民族主义性质的欧洲身份认同，你会选择哪个？如果你敢断言，伊斯兰身份认同只对西亚和北非的年轻人具有吸引力，那你可就大错特错了。

---

① 16世纪欧洲宗教改革的倡导者，基督新教路德宗的创始人。
② 16世纪法国神学家和宗教改革家，基督新教加尔文教派（在法国称胡格诺派）的创始人。

后基督教时代的西方国家

前不久,恰逢大伙儿都在为圣诞节准备年货。我在佛蒙特州的一家商店里进行节前的最后一次疯狂大采购,偶遇了老板娘那芳龄20岁左右的大闺女,她翩然走进店里:"老妈,谢谢你的毛衣啦!"接着又说道:"凯文也超喜欢你送给他的礼物呢。"

"明天才是平安夜啊!"老板娘有些丈二和尚摸不着头脑。"妈……"闺女轻叹一口气,有气无力地说:"我还得跟您说几次呀?我们一直都是冬至日这天就拆礼物哒!"

又过了几个礼拜,我有一位老邻居,在新罕布什尔州新婚燕尔。他是一名摩托车手,也是一个纹身爱好者,除此之外,还特别笃信神灵。于是乎,这对新人的婚礼现场到处都充斥着祈祷之声,他们对主神奥丁(Odin)、雷神托尔(Thor)以及其他源自挪威神话的众神倾诉衷肠。摩托车手们一边颂着祷辞,一边翻着白眼,鬼才知道这样的行为到底是不是挪威人对神祇表达尊敬的传统方式。

事实上,一旦人们不再信仰上帝,阿猫阿狗都可能会来填补真空。至于人们会选择信仰什么新鲜事物,部分是由周围的环境所决定的。正因为存在这样那样的限制,才使得祭祀冬至日或敬拜挪威神等奇异信仰,看上去和美国新英格兰地区北部的地貌景观出乎意料地彼此契合。不过,在英国的格拉斯哥或荷兰的鹿特丹,稀奇古怪的新潮信仰却并无滋生的土壤。那么,在人口稠密的西欧地区,当上帝不再被人们敬畏,在人们的信仰世界中究竟谁主沉浮?那就是——伊斯兰教。知道了这个真相,你的脑海中是否像拉洋片一样浮现出一个接一个的末日惨景?我们还是应当首先看到,综观整个西方世界,伊斯兰教不仅仅通过穆斯林的移民和繁衍日益扩大着影响,还通过越来越多转信安拉的异教徒们不断提升着威望。

作为一名英国首相,赫伯特·阿斯奎斯(Herbert Asquith)在美国算不上家喻户晓,但他却带领自己的国家卷入了第一次世界大战,终结了奥斯曼帝国的哈里发统治,并将阿拉伯世界纳入了英国人的势力范围。世事无常,他的曾曾孙女——艾玛·克拉克①(Emma Clark),现在却成了一名穆斯林。克拉克是一个园林设计师,她曾亲手设计了查尔斯王子府邸的一座"伊斯兰式花园"。无独有偶,乔纳森·伯特阁下(The Honorable Jonathan Birt)——伯特勋爵(Lord Birt)的儿子,既是BBC的前总监,也是一名穆斯林,还有一个新的伊斯兰教名——叶海亚·伯特(Yahya Birt)。更离谱的是,传袭已久的亚伯勒伯爵竟也皈依了伊斯兰教,并给自己改名为阿卜杜勒·马丁(Abdul Mateen),不知道顶着这么个名号,这位当代爵爷还能不能继续在英国上议院的休息室里享受服务。

以上这些"转变信仰者"均被伊斯兰教徒称作皈依者。(在他们看来,我们每个人生来都是穆斯林,只是当中的某些人还不自知而已。)与皈依佛教的理查·基尔(Richard Gere)和笃信科学教②的汤姆·克鲁斯(Tom Cruise)等好莱坞大明星不同,这些皈依伊斯兰教的信徒已成了影响更为深远的宗教先驱。在英国、比利时和北欧诸国,当一座座城市日益伊斯兰化,当地居民将不可避免地面

---

① 英国著名女园林设计师,2001年进入园林设计行业,专注于设计伊斯兰风格的花园。
② 正式名称为山达基教(Scientology),又称科学神教和科学教派等,新兴宗教之一,由美国科幻小说作家罗恩·贺伯特(L. Ron Hubbard)于1952年创立。

临一道二选题：作为少数群体存在，还是加入多数群体。大部分人会选择后者。不过，伊斯兰教还有一重考验要应付，恰似没头没脑的冬至日祭祀者们在佛特蒙州所遭逢的考验一样：它必须看上去和周围的环境高度契合。对于许多年轻人来说，伊斯兰教为他们带来了只会和稀泥的文化多元主义者所无法提供的身份认同。在英国，一个坚信白人至上的新纳粹主义者发表了一篇表达个人观点的文章，从而在1999年引发了伦敦苏豪区的恐怖爆炸案，最终酿成了3人惨死——如今，这位新纳粹主义青年已经转信了伊斯兰教。大卫·米亚特（David Myatt）是英国国家社会主义运动的发起者，现在，他已改名为阿卜杜勒-阿齐兹·米亚特（Abdul-Aziz ibn Myatt）。米亚特先前还曾反对非白色人种移民英国，如今他却宣称："最为正统的伊斯兰教复兴运动将圣战视作一项使命，伊斯兰教的复兴运动是唯一能与西方世界的道德沦丧、狂妄自大、物欲横流作斗争并将其摧毁的力量……在伊斯兰教影响下，西方国家臭名昭彰的事物已屈指可数了，除了——犹太复国主义及其拥趸，恐吓'大屠杀'的战争狂人，以及西方世界及其追随者们真心或假意尊崇的一些谬论，比如说所谓的民主。"很难想象这个人有朝一日还能回心转意，他坚决支持处决那些不再信奉伊斯兰教的人，曾经与他并肩战斗的许多"白人至上主义"的拥护者们也迟早会发现，他们真正感兴趣的东西并非"白人"，而是"至上主义"。

伊斯兰教早已声名远播：奥玛尔·布鲁克斯（Omar Brooks）作为皈依者的一员，于伦敦地铁爆炸案一周年纪念日当天，在伯明翰的一家青年康乐与社区中心发表了一篇支持宗教激进主义的个人演说。正如伦敦《泰晤士报》的报道所称："他一度声情并茂地谈论'9·11'事件，认为炸毁世贸中心的'9·11'袭击'改变了很多人的生活'。停顿些许后,他补充道:'特别是那些身处世贸中心的人们。'这为他赢得了满堂喝彩,雷鸣般的掌声和欢呼声都快要把一栋楼震塌了。"

然而,他倒没有真的把楼给震塌。他把这项艰巨的任务留给了撞向世贸中心的劫机者,穆罕默德·阿塔。不过,即便"9·11"事件给人们带来了巨大创伤,如今,一部关于"伊斯兰休息室"的法案却正在发挥效力,规定为在押的圣战分子建造面积更大的游泳池以供他们运动娱乐。

2005年,一位亚洲的读者以电子邮件给我发了一个网页链接,网页上写道:"基地组织正在招募加拿大的伊斯兰教皈依者。"该网站来源于印度主要的新闻社——报业托拉斯(Press Trust)。如果它出现在加拿大的任何一家报纸上,我应该都会有所留意,可是我并没有看到任何报道。但意想不到的是,一年以后,真的发生了"加拿大人皈依伊斯兰教"的事件,其中17名多伦多人因预谋炸毁股票交易所而遭逮捕。他们也并非"9·11"事件后唯一出现在新闻里的伊斯兰教皈依者:

"迈阿密神秘电话案",预谋摧毁芝加哥西尔斯塔楼

理查德·里德(Richard Reid),鞋子炸弹事件

杰曼·林赛(Germaine Lindsay),"7·7"伦敦地铁爆炸事件

约翰·艾伦·穆罕默德(John Allen Muhammad),华盛顿狙击事件

比利时妇女穆雷尔·德高克(Muriel Degauque)在对驻巴格达美军的一次自杀式袭击中自爆身亡

澳大利亚工人杰克·罗奇（Jack Roach）预谋炸毁堪培拉的以色列大使馆而被判刑

一个菲律宾穆斯林团体——拉惹苏莱曼运动（Rajah Solaiman Movement）的创始人和主要成员声言为2004年发生的造成百余人死亡的渡轮爆炸事件负责

阿卜杜勒·瓦希德（Abdul Wahid），原名唐·斯图尔特-怀特（Don Stewart-Whyte），其父为一名英国保守党籍官员，其同父异母的兄长是一名世界名模，其前大舅子为法国网球明星亚尼克·诺亚（Yannick Noah），他于2006年8月因意图在从伦敦飞往纽约的一架航班上引发自杀式炸弹装置而被捕

同样的戏码不断重复上演。显然，利用伊斯兰教皈依者发动袭击，是一种惯用的策略。对于印度报业托拉斯刊登的新闻标题——"基地组织正在招募加拿大的伊斯兰教皈依者"，我唯一费解的就是：号召皈依穆斯林的进程竟开始得如此之早，且穆斯林的招募活动竟然与圣战的招募活动是分开进行的。更合理的解释是，这两个过程应是同时发生的——人们先进行宗教皈依，目的是为了随后成为圣战分子。这应是一种惯用的操作模式：以不要命著称的普什图族群固然是殉难的热门人选，但他们实在是太吸引眼球了，最好还是远离美国机场的安检线吧。能够顺利通过安检并办理登机手续的恐怖袭击人选，最好是个加拿大籍穆斯林的第三代子孙，他们长得根本不像阿拉伯人，名字也不可能上安检电脑中的黑名单——"史提芬·昌德""理查德·里德""杰克·罗什"等——根本不会暴露他们的身份。有统计表明，在加拿大，80%的清真寺阿訇们被称为"极端"分子，用脚趾头也能想明白，他们到底在寻觅什么样的

皈依者,又是什么样的皈依者才能践行他们的极端教义。

2002年,我在巴黎询问一名穆斯林:"为什么伊斯兰教成为整个西方发展势头最猛的宗教?"他答道:"在欧洲,4/5的信徒都是妇女。"由此我们可知,除了部分女性是随其配偶转换信仰,相当一部分西方女性的女权主义观念正在减弱,女权主义已不是往日的香饽饽。无论是否有道理,反正在随后的几周时间里,我接连从荷兰和英国的女性熟人那里听说,她们外出时已经开始"全副武装"了,这令我颇感震惊。住在荷兰阿姆斯特丹城郊的一位女士说,当你身着伊斯兰服饰站在大街上时,男性穆斯林会对你微笑以示尊敬,而不是当头呵斥你是一个"异教徒的婊子"。无独有偶,另一位住在伦敦富人区的英国老太太向我讲述的事实,与那位荷兰女士不谋而合。她们二人都觉得,身着穆斯林服饰能够同时带来身体上和心理上的安全感。他们不算"皈依者",但至少从宗教在公共空间的扩张影响上看,他们已成了穆斯林的支持者。随着越来越多的公共空间变得"伊斯兰化",异教徒遵从穆斯林的生活习惯也会越来越显得自然而然。

这一进程将有多快呢?2005年下半年,英国《观察家》报(Observer)刊登了一则文章,标题为:"奥运成本将翻一番:伦敦居民的课税将巨幅上涨。"

天呐,拜托了,只是翻一番而已吗?伦敦人,相信自己,你们一定能翻得更高、更快、更强。瞧着吧,翻它个好几番也未可知呢,这不过只是2012年奥运会财政赤字的开胃菜,自命不凡的英国人早就胸有成竹了,等到女王宣布奥运会开幕的时候,税单上的数字保准会加上好几个零。与此同时,就在《观察家》报刊登这则文章的同一个礼拜,塔布里·扎马特(Tablighi Jamaat),一个伊斯兰传教组织，宣布计划在伦敦东区修建一座清真寺，它将紧邻新的奥运场馆，成为英国最大的礼拜场所：可容纳70000人——仅比奥运场馆的容量少了10000人，同时还将比英国最大的基督教建筑（利物浦圣公会大教堂）多容纳67000人。塔布里·扎马特通过来自英国和"海外"的捐款已经筹集了高达1亿欧元的筹建基金。

我敢肯定他们一定能实现这个计划。塔布里·扎马特是一个具有全球影响力的伊斯兰传教组织，此外，据美国联邦调查局称，该组织还在为基地组织的恐怖分子招募前线作战人员。作为旁观者，在奥运场馆和清真寺两个建设项目中，远在美国新罕布什尔州的我一眼就能看出到底哪个项目出现了严重的财务亏空。手捧着一笔接一笔的大额税单，伦敦人恨不得盼着干脆把整个奥运会项目都转包给塔布里·扎马特算了。

毫无疑问，如果英国的坎特伯雷大主教也能宣布，为了纪念2012年伦敦奥运会，将计划修建一座能容纳70000名信众的世界级的圣公会大教堂，这将是何等振奋人心之事。即便真的如此，要让偌大的教堂里坐满信众，可得举行些什么活动呢？莫非要同台举行两场大型全明星真人秀活动吗？一边是向萨达姆·侯赛因（Saddam Hussein）的联合致歉活动，另一边是任命多位同性恋主教的宗教仪式（正式演出或预告演出皆可），可即便如此，似乎还是不太可能填满大教堂的数万座位啊。不管你愿不愿意，2012年之后，与隔壁由皇家骑兵驻守的英国国家体育馆相比，伦敦的这座世界级清真寺终将成为一个更能代表英国形象的著名地标。

有名无实的教堂

顺便说一句,对萨达姆的道歉活动并不是开玩笑。2005年,一个由英国圣公会主教组成的"工作小组"颁发了一份共计101页的文件,名为《打击恐怖主义》(不带任何讽刺意味)。文件的中心议题就是,西方基督徒应该为伊拉克战争的爆发表达"对自身制度的悔悟",基督教的大主教和红衣主教们应该为其在"以穆斯林为主体"的宗教领袖集会中的不当言行发表正式道歉。除了道歉活动的喜剧效果,这种毫无意义的屈服本身足以令穆斯林更加确信某种流传已久的猜测,即基督教开启了新一轮的十字军东征:假如这些主教并没有发起伊拉克战争,他们又为何要为此而道歉呢?

假如再来一次十字军东征,穆斯林大可不必担忧圣公会主教们会紧随军队而来。英国利奇菲尔德教区的主教在伦敦地铁爆炸案当晚发表了祷告,极力向信众保证:"正如爱尔兰共和军与基督教无关一样,这一恐怖行为也和世界上任何一种宗教信仰无关。"圣潘克拉斯教区的教堂离案发现场仅数百码,教堂的保罗·霍金斯神父(Father Paul Hawkins)在爆炸发生后的周日祈祷中告诉信众:"世上并无什么穆斯林恐怖分子,只有恐怖分子。"

显然,最荒谬的不是神父和主教的言论,而是其传递的深层含义:我们是懦弱无能的胆小鬼,尽管轰炸我们吧,炸完之后我们还会给你道歉!即便在我家,在美国的新罕布什尔州内,当地的兼职牧师也在2001年9月16日的周日清晨发出了重要警告,提醒民众不要攻击穆斯林,即便在这个不太支持文化多元主义的保守地区,你就是驱车三个小时也未准能碰得上一位穆斯林。由此可见,英国国教会、美国新教圣公会和公理教会、加拿大基督教联合会以及其他诸多教会正被其内部的文化多元主义者们弄得束手束脚，而在那边厢，伊斯兰教则已然成为在西方世界发展最为迅猛的宗教。如果一种宗教信仰根本就不自信，那它何来招募信徒的可能呢？

发达国家之所以很难应付伊斯兰教的威胁，其中一个原因就是它拒绝正视宗教危机，而且还摆出一副高高在上的姿态。对于欧洲这样一个已然完全世俗化的社会来说，美国一直以来因其对宗教的狂热信仰而显得极其原始且怪诞不经。因此，美国经常被欧洲视为人类学价值极高但却食古不化的蛮荒之地，与非洲的偏远部落或太平洋上以运输船货为生的小岛列入同一个范畴。英国小说家马丁·艾米斯在伊拉克战争前夕就曾这样写道：

> 在巴格达市中心，有座乌阿玛瑞清真寺（Umm Al-Maarik Mosque）陈列着一件复制的展览品：用萨达姆·侯赛因的血写成的《古兰经》（过去的三年里，他总共捐献了24升血液）。然而，这本《古兰经》充其量只是萨达姆对毛拉定期献礼的面子工程。事实上，他是一位终生的世俗主义者，本·拉登将他称为"无宗教信仰者"。美国则不同，虽然美国国会没有一部《圣经》是用乔治·布什的血写成的，但我们不得不承认，布什在宗教信仰上比萨达姆更加虔诚。从这一点来看，在两位领导人中，布什才是精神和思想更加纯粹的人。我们听闻共和党内部最近成功地完成了"德克萨斯化"。德克萨斯州不正像沙特阿拉伯这样的国家吗？它们都拥有炎热难耐的气候、石油带来的巨大财富、不计其数的宗教场所，还有每周仍在执行的注射死刑。

欧洲人真是太棒了！美苏冷战结束后，经历了国际社会中"道德对等"关系的长期缺失，欧洲终于找到了一对新的"道德对等"关系。巴黎国际研究中心的皮埃尔·哈斯涅（Pierre Hassner）评论称："'我们是善的力量'，这种话毫无意义。如今，我们正经历着信仰的重生：布什是重生的基督教徒，而本·拉登是重生的穆斯林。"

在战火纷飞的20世纪，人类文明暗无天日。1944年也不例外，那一年，法国的红衣主教亨利·路巴克（Henri de Lubac）写下了《人文主义无神论》（*Le drame de l'humanisme athée*）的名作，提出了对欧洲文明危机的尖锐批评。通过提出"美学人文主义"，路巴克宣扬有组织地反对上帝。这倒不是"个人怀疑主义"下的独立无神论，而是具有意识形态和政治目标的有组织的无神论。路巴克在书中写道："人们常说，没有了上帝，人们就无法治理世界，这个观点其实并不正确。事实上，没有了上帝，人们想要治理世界，就必须与他人为敌。"观看《纳尼亚传奇：狮子、女巫和魔衣橱》[①]（*The Lion, the Witch, and the Wardrobe*）这部电影之后，英国虔诚的进步主义先驱波利·汤恩比（Polly Toynbee）提出高论，认为狮子阿斯兰（Aslan）"象征着无神论者所反对的一切。正是它的神圣存在，让人类不必为现世的一切负责，没有人静观事变，没有人统领大局，没有人能谋善断，所有人除了神明所指的方向，无处可往。倘若没有了阿斯兰，人类就只能自己承担罪孽，就只能自我救赎，到那时，人们别无他法，只有独自解决争端，只有全力以赴"。

[①] 英国作家克利弗·S·刘易斯所著的《纳尼亚传奇》系列奇幻小说的第二部。小说中，四个孩子发现了一个神奇的衣橱，能够通向另外一个世界——"纳尼亚"，那里由于受到白女巫的诅咒，"一年四季都是冬天，却永远都不过圣诞节"，而纳尼亚的真正主人——一头名为阿斯兰的狮子将誓死一战，将这片土地从魔咒中解救出来。

说得倒好听。可是事实上，即便对神圣的存在缺乏信仰，人类也一样会习惯性地拒绝承担责任：如果能够掩盖现世的一切矛盾，保证再无其它新的纷争，那么还有什么必要去解决争端呢？你需要做的就是将这些争端延迟到自己去世之后就行了——欧洲的选民正是以此为指导，而使他们无法承受的社会争端持续存在的。信奉神明的人们一直都在期待着主动继承世界，然而，在后基督教时代，这种想法早已消失得无影无踪：人们很可能会被其他更具蛊惑性的宗教所钳制。看着吧，我的这个预言无须多久便会一语成谶的。

在欧洲，有些人对伊斯兰教的本质研究得十分通透，但最终却仍然坚持对欧洲崇尚世俗的现时状态感到沾沾自喜。奥利弗·罗伊（Olivier Roy）是法国最负盛名的伊斯兰问题专家，但他本人却强调"世俗主义才是未来"。从定义上看，世俗主义根本无法成为未来：这是一种现时的文化，它将当代社会与跨越代际的历史使命相分离。因此，所谓无神论文明根本就是不可持续的。在法西斯统治时期，"无神论人文主义"被视为非人道主义，也就是说毫无人性可言；现如今在欧盟时代，这种世俗文化的罪孽被看得稍微轻些，不过是以某种消解人道主义的形式存在，让公民沉溺其中，自得其乐，直至自我灭绝。由此一来，后基督教时代的欧洲文化，说到底就是没有文化，而迅速增长的穆斯林群体则很快就会转变为后基督教时代的欧洲公民主体。

假若真的存在一个时代，能让基督教自内而外地发出最强音，那恐怕也就是当今这个时代了。然而，今日主流的新教教会就像最碌碌无为的政客一样，整日只顾念叨着那些陈芝麻烂谷子。近些年，如果不是因为同性恋的争议话题，这些所谓的"主流"基督教会甚至根本就不会出现在新闻报刊上。2005 年，有关基督教会的大新闻就净和同性恋扯上了关系：美国圣公会新教派出现了第一位宣布出柜的同性恋主教；英国提名了一位奉行独身主义的同性恋主教；加拿大的新威斯敏斯特市成为首个为同性婚礼举行仪式的圣公会教区。与此同时，周日参加教堂祷告的尼日利亚人已经比美国人、英国人、加拿大人的总和都要多了。大主教们也都很心塞，从上级那里得到的指令全是些与同性恋事宜相关的教规变更。当半个国家都已处于伊斯兰教法的掌控，当本土的伊斯兰信众巴不得将基督教堂付之一炬，落了个"西方高级别同性恋者和拜物主义随从"臭名声的基督教主教们，对于解决当前的问题也是无能为力了吧。

不管人们怎么看待同性恋，它在很大程度上仍处于边缘。而鉴于新教的目标群体也在不断地走向边缘化，特殊性取向群体亟待解决的正名问题也成了新教团体的当务之急。这像极了"罗杰斯（Rodgers）和哈默斯坦（Hammerstein）的百老汇"与"史蒂芬·桑坦（Stephen Sondheim）的百老汇"之间的差别。前者是美国流行文化最为重要的窗口，后者的粉丝则孤芳自赏，认为桑坦技高一筹却不为世俗所容。与之相似，马里兰州的新教大主教也正在费尽心思地推动同性恋的认同进程，希望通过描述圣公会第一位同性恋大主教吉恩·罗宾森（Gene Robinson）丰富多彩的性生活，以修正《圣经》中关于同性恋的狭隘观点。他声称，上帝真的不反对同性性行为本身，反对的只是异性恋者进行同性性行为而已。

"我们也可以看看《圣经》中关于罪恶之地索多玛城的篇章。"马里兰州的大主教解释道，"那段文字并不是描述一群男同性恋者的行为不端，而是一群异性恋者行同性之欢的粗鄙行径。"同样，在《圣经·新约》的《罗马书》①（Romans）一卷中，使徒保罗（Paul）也并非反对同性恋者相互之间发生性行为，而是反对异性恋者之间进行同性性行为。"

谁以前听说过这等乱七八糟的新鲜事儿呢？这么说来，上帝对异性恋者是宽容的，对同性恋者也是宽容的，就是容不下双性恋者？还是说我误解了大主教的观点？

那还有没有和同性恋无关的议题呢？好吧，英国坎特伯雷教堂的大主教罗恩·威廉姆斯博士（Dr. Rowan Williams）提出了新的话题。他宣称，在阿富汗战争中，美国空军飞行员和自杀性爆炸袭击者在道德上并无不同——两者都距离我们太远，以致我们无法看清他们的长相，也无法与他进行眼神交汇，更无法知道他们是谁，甚至想象他们的爱恨情仇。这两种暴力行为都是因为隔开了一段距离才得以施展完成的。

即便伶牙俐齿的政治左派能把上面这话给我说出花儿来，也还是于理不通的。自杀式炸弹携带者的与众不同之处在于，他们并非站在遥远的地方冷眼旁观。他们完全可以看清你的面容，与你四目相接，但最终还是会引爆炸药，送你驾鹤西归，因为就算恐怖分子与你面对面，他也根本不在乎你是何人、你爱何物。除了认识到你和他绝非同类，他看不到你身上的其他任何特点。因此，恰如"别斯兰人质事件"中的刽子手以及杀害美国记者丹尼尔·珀尔的基地组织头目一样，这些杀手先是直勾勾地盯着你，随后便大开杀戒。美国空军飞行员使用着先进的全球定位技术，可以精确定位每一座清真寺的坐标，同时也能准确观测到每一个幼儿园的位置，如此一

---

① 《圣经》新约的一卷书，共16章，记载了使徒保罗写给罗马教会的书信内容，包含他对基督信仰、原罪及救赎等问题的见解。

来，相比于地面观察，从数百英里、数千英尺的高空俯瞰，人类活动在美国空军飞行员的眼中甚至更加一览无遗。不过，令人匪夷所思的是，距离让美国空军的视野更加清晰，而坎特伯雷大主教却被其自造的胡言乱语蒙蔽了双眼。

从某种程度上说，绝大多数主流的新教教派都应被归为"后基督教派"。假如新教教派不再费尽心思地胡言乱语，企图让异教徒皈依基督教，至少还可以让非基督徒们深陷于温和左派所提倡的多元主义的陈词滥调之中，新教教会还可能借助这一机会展开更为有效的说服工作：如若耶稣他老人家还在世，他很可能是位圣公会大主教，而且是个同性恋者也说不定，他肯定会坚定地支持环保型汽车，还会给自己的环保车贴上政治标语，上面写着"坚硬的武装是为了温柔的拥抱"，他也一定希望能和不同信仰的人进行心灵对话，比如江湖术士和瓦哈比教派的阿訇。

如果说宗教在现代社会的意义在于成为引领时代的政治先驱，伊斯兰教则明显表现得更加出色。去英格兰北部看看吧，看看那些镶着金牙的旁遮普族小混混，或是在法国教区穿得跟说唱歌手一样的柏柏尔人，他们对于穆斯林的文化认同看似已经所剩无几了。然而，穿戴如何其实只是由西方的信仰习惯而引发的认知假象。咱们大多有过与一些很优秀或者还不错的人共处一室的经历：当一些英俊潇洒的年轻基督徒登上飞机，坐在你的座位旁边，他们的优雅考究必定会让你感到自惭形秽。但清真寺不只是一个纯粹的宗教场所，它是一个政治会堂，在整个西方世界，人们在会堂里讨论的即便不完全是圣战主义，至少也是些和政治相关的事情。清真寺和宗教学校并不是追求精神内省的场所，而是进行政治动员的地方。就法国的社会暴徒和英国的地痞流氓而言，他们的穆斯林身份或许在精神上已有所退化，但在政治上却是不断增强。也正因如此，前现代的伊斯兰反而战胜了后现代的基督教。

2006年，一些知识分子发布了一份反对宗教激进主义的宣言，意图捍卫"所有人的世俗观念"，这群知识分子包括荷兰国会议员阿亚安·希尔西·阿里①（Ayaan Hirsi Ali）、加拿大作家伊尔沙德·曼日、英国小说家萨尔曼·拉什迪。这三位都是有胆有识之士，同样也是这场反伊斯兰浪潮运动中彼此支持的重要盟友。但他们犯了一个错误：世俗的人文主义作为一个战斗口号是远远不够的。有位名叫凯西·沙代尔（Kathy Shaidle）的加拿大人这样回应道："世俗主义本身就是问题的一部分，而不是抑制伊斯兰浪潮的方法，因为恰恰是世俗主义导致了欧洲的精神真空与道德真空，伊斯兰教才得以在欧洲有机可乘，而后长驱直入，最终直捣黄龙。"

这并不是一个前后不接的弧线运动，一切都是因果相连的。希特勒紧随着魏玛（Weimar）共和国所提倡的古典主义②而来——喜爱穿着圆角下摆衣服的异装癖以及大兴集中营的诡异行为，都像是对卡巴莱③（Cabaret）滑稽短剧的某种致敬。在"肆意违法"和信仰真空之间，的确存在着极为清晰的界限，可是，盲信世俗主义的西方精英却坚持认为，他们的信众在马力强劲的宗教宣传面前能够不为所动，并坚持不越过违法的边界——这真真是极傻的了。另一边，伊斯兰教正在欧洲和北美赢得越来越多信众的青睐，这一切皆有起

---

① 索马里裔荷兰人，作家、政治人物、女权主义者，以批评伊斯兰教、反对伊斯兰割礼而闻名。
② 魏玛（Weimar）为德国一城市，曾是德国文化中心，18世纪末19世纪初，歌德和席勒在此创作出许多不朽的文学作品，使德国文学达到顶峰，史称"魏玛古典主义时期"。
③ 流行于德国餐馆和夜总会的一种现场歌舞和喜剧的表演形式。

因。《天佑杀手》(*Prayers for the Assassin*)描绘了2040年美利坚伊斯兰共和国的面貌,这本小说提出了具有创造性的"如果……怎么办"的经典问题,发问者罗伯特·费里吉奥①(Robert Ferrigno)是个极其高产的作家,特别擅长以加州的经典案件为原型,写一些暴力犯罪小说,里面充斥着各路色情明星、瘾君子以及颓废的社会精英,而书中形形色色的人物与情节正是这个黄金之州的生动写照。在这本新书中,菲瑞吉奥凭借超凡的想象力阐述了一种当代的伊斯兰文化,而他所描绘的这番图景对于现实社会的确具有几分警示作用:

> 吉尔·斯坦顿(Jill Stanton)在第二次荣获奥斯卡金像奖时,在领奖台上曾宣告了自己的信仰,那一刻已足以引起美国数千万伊斯兰信众的广泛关注。但就在同一时刻,在全世界的目光聚焦下,她还宣布与洛杉矶湖人队的最佳前锋及最有价值球员阿桑·拉赫曼(Assan Rachman)订婚。自那个奥斯卡之夜以后,短短数周已有不少名人相继皈依了伊斯兰教。

在美国,确有像艾玛·克拉克和英国的穆斯林足球运动员一样的名人。但美国并未出现菲瑞吉奥小说中那种变革性的大浩劫。近几年,美国福音派新教的发展呈现突飞猛进之势。相比之下,比较不幸的是,该教在欧洲的发展势头却并不强劲。为了寻求上帝的指引,一些欧洲人选择回归本笃教皇(Pope Benedict)的天主教派,有的甚至皈依了伊斯兰教,但没有人会接受英国坎特伯雷大主教所

---

① 美国作家,1947年出生于佛罗里达州,擅长犯罪与推理小说。2004年自创了侦探与惊悚文体,并以此创作了一本关于美国被伊斯兰统治的虚构小说。

代表的思想上偏左、陈腐过时又软弱无力的痴人呓语。英国诗人、评论家马修·阿诺德（Matthew Arnold）在《多佛海滩》（*Dover Beach*）中曾这样写道：

> 信仰之海啊，
> 曾几何时，大潮涨满，涌向世界的海岸，
> 银带飞舞，光环耀闪。
> 而现在，我却只能听到
> 悲伤悠长的哀鸣，潮声退落成晚风的呜咽，
> 直至世界飞沙走石，广漠的边际一片昏暗。

那"悲伤悠长的哀鸣"之声越来越小，以至于欧洲人甚至不知道他们此刻所听到的其实是另一种嘶鸣，这新的声音非但没有减弱，反而在不断增强，最终鸣放出一片新的信仰之海，它很快将会像那条"飞舞"的"银带"一样，彻底占领欧洲的一切海岸线。

2012年，伦敦奥运会开幕当日，奥运场馆隔壁的豪华清真寺也将敞开大门欣迎八方信众。那时，看到它如此应景地矗立于此，想必你能做的也就只有望"寺"兴叹了吧。

第六章 《〈圣经〉启示录》中的四骑士：乌托邦化的欧洲 VS 伊斯兰化的欧洲

法国君主制的衰落招致了一众伊斯兰狂热之徒的侵袭。克洛维一世①的后代早已失去了自祖先那里继承的精湛武艺，勇猛剽悍的尚武精神亦荡然无存。客观的厄运与主观的缺陷使墨洛温王朝（Merovingian）的末代国王们被贴上了"懒惰"的标签。最终，墨洛温的国王们头顶着无权的王冠，又葬入了无名的窟冢……法国加斯科尼的葡萄园和著名的波尔多市都被来自大马士革和撒马尔罕的阿拉伯统治者们所侵占。在法国南部，从加伦河口到罗纳河口，人们假意皈依了阿拉伯的宗教和礼仪。然而，对于这些假意皈依之人，外号"外来统治者"的阿卜杜勒·拉

---

① 克洛维一世（Clovis I，466—511），法兰克王国创立者。系图尔内的法兰克军事首领希尔德里克一世之子。486年，克洛维一世在南征北战之后，在臣民的拥护之下，正式建立了法兰克王国，并以自己祖先的名字将王国命名为墨洛温王朝，克洛维也成为法兰克王国的第一任国王。

赫曼一世① 蔑视之极，作为哈里发王室哈希姆家族的后人，他已经统治着被伊斯兰化了的西班牙，以唤醒当地士兵和百姓对真主的信仰为己任。现在，这位身经百战的老兵、骁勇无畏的将军又将目光投向法国甚或整个欧洲，命令那里的人们服从伊斯兰先知的预言，并做好执行圣战的准备，即便前方困难重重，也须充满信心，与天斗、与人斗，且斗争到底。

——爱德华·吉本，《罗马帝国衰亡史》

2006年7月4日，《洛杉矶时报》刊登了一篇文章，作者马克·科兰斯基（Mark Kurlansky）曾写过一本畅销书——《大生蚝：贝壳上的历史》②（*The Big Oyster: History on the Half Shell*）。在文章的开头，克兰斯基写道：

我实在是受够了美国国父们不可告人的背后企图——如今，必须得有人站出来，大胆地说出心声，否则我们必将永远自欺欺人地苟活下去。我们时代的"美国难题"其实是，究竟这个

---

① 阿卜杜勒·拉赫曼一世（Abderramán I，731或734—788），后倭马亚王朝的创立者。系7世纪阿拉伯帝国倭马亚王室的直系后代，建立了伊斯兰政权对西班牙的长期统治。在位期间，他对习惯于散漫生活的阿拉伯部落和柏柏尔部落的臣民进行严酷镇压，以防止统治阿拉伯帝国本土的阿拔斯王朝遭到颠覆。与此同时，他对西班牙以北的欧洲各基督教王国也发动了若干次战争。

② 作者认为，历史上纽约的一大地标正是无处不在的生蚝养殖。几百年来，德拉瓦人、荷兰人、英国人以及各国移民都喜爱吃生蚝；可是后来，随着工业化的发展，哈德逊河附近的环境受到化学废料的污染；到了1927年，最后一片生蚝养殖区被迫关闭。从此，纽约作为"大生蚝"的历史时期一去不复返。

国家是如何在建国仅200多年后，便从人类的一大希望沦为西方最落后的民主国家？美国拥有着世界上最糟糕的医保制度、最混乱的公立教育，以及最差劲的公民福利。在欧洲的贫富差距缩小之时，美国的贫富差距却越拉越大。在众多民主国家之中，我们对军事力量的使用最欠谨慎，对国际法律的权威最失尊重，此外，我们还成了国际环保合作的最大绊脚石。世上的有识之士们也不再像从前那样，依赖美国以寻求进步之思想。

我们急需作出改变。遗憾的是，我们并未如此，却整日操心着一群戴着假发、穿着马裤、崇尚男权还拥护18世纪奴隶制的白人奇葩们的异想天开。

科兰斯基这篇文章的背后假定被广泛认可，且不仅仅受到左翼人士的支持。比如，他认为北欧人的眼窝和脑容积是西方民主国家公民进化的最佳范例；相较于荷兰人和加拿大人，美国人还需要更长的时间才能够进化为这一标准。这大概就是"最落后的民主国家"的含义吧：最不像欧洲人的西方人。然而，我们现在应该看清的是，所谓"欧洲领先于美国"，其实主要是因为它比美国做得更差劲。美国或许确有不足之处，但在与欧洲的比较中，只有那些对近20年以来的世界发展知之甚少的愚民才会选择赞美欧洲。美国的公民福利最差？也许吧。但是它的失业率也是最低的，大约是法国与德国的一半，常年维持在10%左右。至于"成为国际环保合作的最大绊脚石"，一些欧洲国家确实签署了《京都议定书》，但迄今也未能达到减排目标；美国虽未签订协议，却通过其长期积累的创新能力实现了真正的减排。那些自暴自弃、妄自菲薄的美国人很可能是一群将希望寄托于"乌托邦"的老顽固，而"乌托邦"这词儿大概也已经过时了有将近四分之一世纪啦。

如今,两股势力正在欧洲大陆展开激烈对抗:一边是现代民主社会,即美国左翼人士眼中我们应该学习的榜样;另一边是复苏的伊斯兰社会,左翼人士声称它不过是卡尔·罗夫①(Karl Rove)炮制的一个骗局。这场对抗恰好让我们遇到一个绝佳的机会以验证左翼人士的上述两种说法。欧洲接下来的局面会是如何?要多糟,有多糟!比如社会崩溃、法西斯复兴,然后是欧洲伊斯兰化的漫漫长夜——伊斯兰即便还未蔓延至整个欧洲,至少也已覆盖其最核心的部分。而想方设法逃离黑暗的某些欧洲国家其实也是瞎折腾,终将在国内动乱之后被伊斯兰世界所活活吞噬。

假如欧洲领导人积极应对,我们或可避免一些残忍的杀戮。然而,他们却花费了大把的时间来兜售乌托邦的幻影,至于其他芸芸政客看来也将誓死追随他们同下地狱。不过,若想建立一个横跨欧洲的乌托邦社会,就必须确保欧洲不再屈服于好勇斗狠的激进民族主义。事与愿违,欧盟的执政者现在恰恰成为了招人讨厌的"后民族主义者"——与过去的民族主义者其实没有本质的差别——所谓"后民族主义",其实就是好战的民族主义的最新变种,而且是最激进的变种。除此之外,在"后民族主义"的思潮影响下,美国这个传统意义上最模范的民族国家,竟然成为了欧洲怒火的抨击目标。

事实上,大多数欧洲人并非真的希望步入"欧洲伊斯兰化"的漫漫长夜。然而,真是哀其不幸,眼下的欧洲政治似乎已完全对百姓的内心诉求充耳不闻了。不妨用计算机语言打比方,这并非一个

---

① 被称为"布什的大脑",曾协助小布什策划总统竞选并辅佐其执政。小布什执政期间,从议会到州长的选举,卡尔·罗夫都亲手挑选候选人、部署选举策略、筹集和调动资金,成为共和党的选举指挥中枢。

系统故障，而恰是一种系统功能：欧盟的成立，好比是用20世纪70年代的方法去解决20世纪40年代的问题——诸如希特勒、墨索里尼之流正深受群众的狂热追捧。恰如沙特的王室成员、埃及的军事强人穆巴拉克以及其他阿拉伯独裁者在西方努力营造的形象一样，他们俨然成了群众生活中不可或缺的航行舵手，而欧洲的领导人其实正以相同的手段蛊惑人心：天啊，如若没有欧盟，我们就得回到奥斯维辛集中营了。正如2005年年初，当荷兰对《欧洲宪法》进行全民公投之时，总理扬·彼得·巴尔克恩德（Jan Peter Balkenende）警告国民，如果他们过分激进而投票否决，后果将不堪设想。他说："我去过奥斯维辛集中营，也曾到过以色列犹太大屠杀纪念馆，那些血腥屠戮的画面至今依然历历在目。我们必须避免类似的悲剧在欧洲重演，这对我们所有人的生活都将至关重要。"

天啊，听他这么一忽悠，欧洲选民该如何选择倒是显而易见了：要么赞成欧洲立宪，要么遭逢新一轮大屠杀。要是有态度中立的选民呢？欧盟的领导人大概会对他们视而不见吧。欧洲人总不能都是一群祈盼大屠杀的疯子吧，要是有人觉得欧洲人都是支持种族灭绝的变态，连我都会毫不留情地予以当反驳。然而，在选举中，似乎一直都有种屡试不爽的古怪定律——烂选项有着一种魔力，不停在对选民说：选我、选我、选我，我肯定不是最烂的选项。然而这一次，法国和荷兰的选民却对新宪法投了反对票。这不禁使人回想起美国女权运动盛行时，一些女士T恤衫上所流行的一句口号："我就是爱说'不'，你哪儿不理解？"就欧洲的领导人而言，我看他们应该是哪儿都不太理解。宪法公投时，正值卢森堡担任欧盟轮值主席国——这个国家可能比你家别墅的棋牌室大不了多少。时任卢森堡首相、欧盟委员会轮值主席让－克洛德·容克（Jean-Claude

Juncker）巧舌如簧——就像是一个在约会之日强暴了女友的学生犯，在被告席上油嘴滑舌地为自己辩护——他坚称所有通情达理的人都会理解，"反对"其实就意味着"赞成"。正如他在全民公投之前所说："如果公投结果是赞成，我们会说'历史前进了'；如果公投结果是反对，我们会说'继续推动吧'。"

这下你明白了吧，假如最终结果是弃权，他肯定会说："还是有进步呀。"面对人们的种种质疑，容克主席视而不见、充耳不闻："啦啦啦啦啦，俺就是听不见！"

恐怕只有在独裁者的极权统治下才会出现某种预设标准答案的公民投票。这位欧盟的容克"主席"实则将《欧盟宪法》核心理念中的巨大瑕疵彰显得一览无余，毫不掩饰地表现出了其对人民意志的极大蔑视。在他面前，这部宪法的设计者——法国前总统瓦勒里·季斯卡·德斯坦——在选前不停地夸夸其谈：别慌，法国人和荷兰人都是乡巴佬，就算他们想对宪法投反对票，最后也肯定投不下去，咱爷们儿设计的这套东西远不是他们的小脑瓜儿能理解得了的。德斯坦确曾声言："没有人能真正看懂这部宪法。"德斯坦在起草宪法时，还曾大言不惭地对容克说，他已然视自己为"欧洲的杰斐逊[①]"。是不是杰斐逊很难说，公投前夜，这老家伙儿倒是俨然变成了欧洲的"杰斐逊飞机"（Jefferson Airplane）——一支在美国家喻户晓的迷幻乐队，满口吹嘘着一些不知所云的陈词滥调。这些陈词滥调的主旨无非是，对于这部宪法，人民只须记住第一句话就足够了："我们同意把制定宪法之事交由比我们更加博学的智者全权处置。"

[①] 美国第三任总统（1801—1809），也是美国开国元勋和《独立宣言》主要起草人。

有了这句话，剩下的话也就都无关紧要了：反正你也不可能参与到国家建设中来。这便是家长制福利国家的一个重要特征——所谓家长制，就是统治者把人民都当成三岁小孩儿，允许旁观，却不准插嘴。由此，一边是欧洲不接地气的政治体制，另一边是老百姓日益增长却又投诉无门的民生关切，两者之间出现了一道日渐加深的鸿沟。如果你继续支持容克和德斯坦的《欧盟宪法》，你不光是在自我了断，而且是拉上尽可能多的陪葬者与你一起跳楼。

欧洲与美国跨越大西洋的分裂之势，既与伊拉克问题上的分歧无关，也无法因美国选出个更加亲欧的总统而得以修补：假如对岸已被河水吞噬，谈何"搭建沟通的桥梁"？2004年，西班牙在恐怖爆炸之后却选出一个准备从伊拉克撤军的新首相，如果美国人觉得这次大选结果[①]是个奇耻大辱的话，那就等着瞧瞧法国、比利时、荷兰和其他欧洲国家的下一轮选举大戏吧。试想在美国，独立参选人拉尔夫·纳德[②]（Ralph Nader）在摇摆州[③]仅获得2%—3%的支持率，选举学家们已然觉得不可思议，开始对这一结果的影响力进行评估。试想，在未来的某次选举中，倘若20%的选民都是离群索居的穆斯林人口，情况又将如何波诡云谲？2001年阿富汗战争和2003年伊拉克战争期间，美国从欧洲获得的支持微乎其微。当年尚且如此，

---

① 2004年，西班牙工人社会党赢得议会大选，其党首萨帕特罗于2004年4月出任西班牙首相，执政期间开始将西班牙在伊拉克的军队撤回。

② 美国著名政治人物、律师、作家、公民活动家，曾五次以独立候选人身份参加美国总统竞选。同时也是美国"现代消费者权益之父"，曾催生"汽车召回制度"。

③ 美国竞选文化中特有之现象，指那些政治色彩不鲜明的州，在历届大选中主流民意频频摇摆，时而倒向民主党，时而倒向共和党。这些"摇摆州"的选票一般都是竞选双方的争夺重点，尤其是"关键摇摆州"的选票，最终往往能够决定大选结果。

你自己琢磨10年或15年之后，欧洲还能对美国有多大帮助吧。

哦，对了，10年或15年之后，还不一定有没有欧盟了呢。美国国家情报委员会预测，欧盟将在2020年以前宣告解散。我个人觉得这个预测结果还算是保守的呢。"9·11"事件之后，我一直对欧洲形势持悲观态度，预言欧洲的"穆斯林火药桶"马上就要引燃，也预言与前几轮选举一样，在接下来的几轮选举中，欧洲的这种内部矛盾将愈加展露无遗。假如你恰是国际媒体口中借以讽刺美国的"坚持基督教原教旨主义的乡巴佬"中的一员，你或许会觉得欧洲像极了《〈圣经〉启示录》中的四骑士①——只不过因为欧洲的任性乖戾，四位骑士的出场顺序与《〈圣经〉启示录》恰好相反：死亡——因太过自私而不克繁衍的欧洲种族的灭绝；饥荒——中央集权保障下的穷奢极欲的福利制度的终结；战争——由经济和人口因素导致的血腥内战和实力衰竭；征服——欧洲重新沦为伊斯兰的殖民地。

幸好，大多数欧洲人都堪称"理智""开明"，也告别了唯"基督教"马首是瞻的阶段，才不会相信诸如启示录之流的过时观念。不过，一目了然地是，他们之中的很多人其实都心知肚明，其所身处的欧洲大陆正在日益衰竭，唯一的疑问只是——究竟是以风平浪静的方式寿终正寝，抑或是在兵荒马乱的暴戾中溘然长逝。

无论如何，我敢打赌欧洲一定命不久长矣。

---

① 《〈圣经〉启示录》中曾提及"末日四骑士"（Four Horsemen of the Apocalypse），暗喻人类的四大祸端——征服、战争、饥荒、死亡。

一部曲：死亡

老欧洲有很多地方令人心驰神往，比如一些古建筑、美食，还有那些花枝招展、炫耀身材的性感女人。相较于美国泽西岛的大卖场，欧洲大陆是"浮华造作"的。不过，这种造作专属于那些生活在"一战"之前的巴黎、油头粉面的花花公子。表面上，他们穿着考究整洁，行事圆滑世故，谁知其体内却遭受着梅毒和淋病的蚕食与折磨？一个享乐主义者的人生前途必然是死路一条，现在的问题只是，在他倒下之前，还有多少个已然染病的享乐主义者即将油尽灯枯。眼下，17个国家的生育率已经跌破了"史上最低"，平均每位妇女只生育1.3胎，而这些国家迄今仍在前所未有的自我灭绝之路上奋力前行。我衷心希望还未染病的某些国家能够鼓起勇气改变时局：我不相信波兰人和匈牙利人当初能够拼上性命赶走苏联人，仅仅二三十年过后就被来自大陆西端的另一场浩劫蚕食殆尽。然而，欧盟的逻辑却是让目前染病程度最低的国家——美国——介入到其核心成员国——德国和法国——的问题中来，而这些国家的严重问题可不是其他任何国家所愿意牵扯的。

到了2050年，美国人口将增加一亿，欧洲人口却将减少一亿。1970年，意大利5岁以下的儿童共计460万人；2004年，这个数字减少到了260万。倘若今天我们身边的儿童数量越来越少，20年后我们身边能够生儿育女的成年人也自然会相应地越来越少。如此算来，你觉得2020年意大利的人口数字会是什么鬼样子？假如你认为一个国家只不过是个人来人往的"大酒店"（加拿大小说家扬·马特尔曾这样赞许地称呼自己的国家），每当你想广纳房客以填满闲置的房间，你大可降低房费以吸引外来的潜在顾客。然而，如果你把国家视作一个集体，由无数拥有着共同历史体悟的智慧之躯会聚而成，那么单单依赖外来移民进行人口补充，最终只会使你陷入一片茫然，一旦面临困境将会完全不知所措。

"一切为了孩子的未来"，欧洲议会选举中所乱扯的口号，在美国人眼里是多么地空洞虚伪。2005年德国大选时，选民们的投票对象竟只有——一个无儿无女的男人（施罗德先生）和一个无儿无女的女人（默克尔夫人）——这在美国被视作一个统计学上几乎不可能发生的稀有现象。看来中央集权下的欧洲大陆，打定主意要将希拉里·罗德姆·克林顿（Hillary Rodham Clinton）在演讲中曾提到的一句非洲谚语作为座右铭："全村尽力才能养育好一个孩子"，不过，末了他们会发现事与愿违：在欧洲，儿童数量的骤减终将导致"全村"都走向人口灭绝。大多数欧洲"村民"至今仍对一对儿显而易见的矛盾视若无睹：你不可能一边拒绝繁衍后代，一边又对土耳其加入欧盟满腹怨言——其实从人口统计学的角度看，那些土耳其人正好就是欧洲人嫌麻烦而不想生养的孩子。

其实，人口灾难恰是在你静享美好岁月之时而悄然降临的：你在大学里待到38岁，你45岁就提前退休，你每年都有两个月泡在蔚蓝海岸美滋滋地度假，你品味着葡萄美酒的甘醇和鹅肝松露的美味，你每周只须工作28小时因而有大把的时间在街上闲逛……这一切都是如此其乐无穷，以至于你根本找不着时间生孩子。当你去郊外别墅欢度周末时，你以为在你经过的下一条街、下一个镇，或者沿途的田园村庄中，一对小夫妻正在努力"造人"？他们真的没那时间。

然而，奇怪的是，欧洲人还是不快乐。由于德国人太过忧郁颓废，德国政府不得不于2005年发起了一个"日耳曼乐在其中"的宣传活动。在该活动中，老人们出面抗议年轻人的安逸生活，同性恋们在大屠杀纪念碑周围集会，著名运动员卡特琳娜·维特[①]（Katarina Witt）和一群漂亮的小孩儿一齐把手指指向镜头并高声喊出"你就是德国！"——所有这些都是为了激励那些整日宅在家里看电视的萎靡不振的德国青年。不过在我看来，这招儿也不怎么管用。欧盟自以为已经摆脱了通往幸福终点的各种阻碍——战争、政治、工作、寥寥可数的闲暇时间、惹人烦厌的三姑六婆，特别是还摆脱了基督教的精神压迫——然而，这些欧洲的公民却还是觉得郁郁寡欢。正如利物浦的约翰·列侬国际机场（John Lennon International Airport）打出的广告语所言："举头三尺，唯有蓝天。"[②] 在欧洲，人们执迷不悟地陷入了多愁善感与虚无缥缈的"想象"之中：

"想象世上本没有天堂。"没问题。大多数北欧人以及荷兰人和比利时人都是如此，他们是历史上最早一批无法相信天堂可能存在的人类：此前还未曾有过如此自甘堕落的上帝子民。

"想象所有人都只是活在当下。"可不吗，眼下欧洲不就是这般世俗的鬼样子？

"想象这世上再无国与国的界限"。可不吗，眼下欧盟不就是一个"后民族主义"的伪国家？

"没有杀戮或死亡／也没有宗教信仰。"你说对了。

然而，不知何故，"世人皆生活在和平之中"的想象，似乎并

[①] 德国著名花样滑冰运动员。
[②] 英国著名摇滚乐队"披头士"的名曲《想象》（Imagine），下文的引言也出自其歌词。

未成真。

不难发现,自从欧洲放弃了虚无缥缈的宗教信仰,它似乎也日渐对实际可见的未来生活失去了信心。2002年9月11日,"9·11"事件一周年,有一组民调结果显示:61%的美国人对未来感到乐观,相较而言,加拿大为43%,英国为42%,法国为29%,俄罗斯为23%,而德国仅为15%。我估计欧洲的这组数字近几年不可能再增长。

过去十年,在美国各大报纸上刊登的文章中,哪一篇最可笑?最有希望夺魁的是2005年8月发表在《纽约时报》上的一篇题为《法国的家庭观念》的专栏文章,作者是普林斯顿大学的权威经济学家保罗·克鲁格曼(Paul Krugman)。他的主要观点是:当狭隘的美国保守派们针对"家庭观念"而嘴上絮叨个没完之时,欧洲人早已开始在行动中实践"家庭观念"了,他们甚至还制定了更加有利于"家庭和睦"的政策措施。克鲁格曼教授声称,在欧洲大陆,"政府的政策创新实际上使得公民能够实现一种于公于私两得其便的公平交易——人们能够以降低收入为代价,换取更多与朋友和家人的共处时间"。

一个本应敬终慎始的经济学家是如何妄下此种谬论的呢?他难道没有注意到,这些所谓的"家庭友好型"政策,其结果反而使得没有人再拥有家人吗?检验政策效果的首要标准,难道不是其对家庭生活产生的实际影响吗?

既然公民有了这么多闲暇时间,欧洲是否因此而取得了什么瞩目的成就?欧洲人的工作时间少于美国人,他们也不需要支付自己的医疗花销,他们不用去教堂做礼拜,他们不参加任何民间社团活动,他们不结婚,他们也不生孩子,当然也就没有可能送孩子上学、看孩子打篮球，或者带孩子去乡村集市参加四健运动会①。

那么，这帮欧洲人到底整天在忙些什么呢？

咱们暂且不提欧洲缺乏世界一流企业这档子事儿：毕竟欧洲人把世界一流企业都视作美国物质主义所催生的洪水猛兽，大多数欧洲人都瞧不起美国的自由资本主义。不过话说回来，欧洲的一些准国有企业其实还是很不错的：比起美国联合航空或大陆航空公司，我更钟情于乘坐法国航空公司的航班。然而，欧洲人原本重视的其他成就怎么样了呢？既然有这么多闲暇，曾经伟大的欧洲艺术眼下去了哪里？诚然，美国作曲家格什温（Gershwin）和伯恩斯坦（Bernstein）比不上欧洲的巴赫（Bach）和莫扎特（Mozart），如今，在欧洲大陆上又孕育了哪些当代文化巨匠？我看到的情况是，欧洲的流行文化反倒比以往任何时候都更加美国化了。50年前，当欧洲的福利主义还没有钳制住人们的灵气，法国还有比美国更好听的流行歌曲，意大利还拍得出比美国更好看的艺术电影。如今，欧洲的科学精英又身在何处？告诉你吧，他们都待在美国的高校里苦心钻研呢。与此同时，欧洲政府将大量财富注入了一些华而不实的面子工程，恰如空客380和QE2飞机一样，号称一次可承载500至800甚至1000名乘客——只不过要是真有人想订购这种飞机，他们首先必须考虑在所有的机场重修跑道以兜住这个庞然大物。不过千万别误会我，我觉得这种飞机终有一天还是能派上用场的。到了大约2015年，它在灾后的大规模疏散行动中肯定有用武之地。

美国作家查尔斯·默里（Charles Murray）曾在《以我们之手》

---

① 美国政府面向农村青少年的一种教育形式，其目标是使农民具有聪明的头脑（Head）、健全的心智（Heart）、健康的身体（Health）以及较强的动手能力（Hand）。

(In Our Hands)一书中写道："当生活变成一场没完没了的野餐聚会，人们百无聊赖、无所事事，伟大的思想文化将成为一剂救命的强心针。而这恰是欧洲综合症的病根儿之所在。" 欧洲大陆早在人口消亡之前就已经进入了漫长的精神死亡期。17个欧洲国家的生育率已经跌破了"史上最低"，孩子们都去哪儿了啊？其实从某种角度看，他们就在你的身边：你瞧，那个正在路边小店里呷着咖啡、听着音乐的人就是其中之一——也真是怪了，一个意图掌控大局的家长制国家，最终却要一些永远都长不大的孩子为其承担责任。政府制度了针对成人的福利决策，而成人们却把省下的零花钱花在了唱片收藏上。无巧不成书，英国作家西莱尔·贝洛克[①]（Hilaire Belloc）在《奴性的国家》（*The Servile State*）一书中极富先见之明地预见了欧洲大陆的此情此景——该书出版于1912年，那时候，唱片都还没有发明，成年人也并不像今天这般积弱寡能。贝洛克认为，福利政策的长期成本便是人口的幼龄化。在富裕的民主国家中，民众普遍期望对于收看哪些卫星电视频道拥有完全的自主选择权，可是，到了医疗健保的问题上，他们竟愿意把自主选择权全部交由国家统一处理。希望自主掌控无关紧要的休闲活动，却又愿意将足以改变生活的核心事务"外包"给政府，欧洲公民这种本末倒置的做法简直令人匪夷所思。然而，眼下的欧洲社会就是如此，它专注于一种"生活就是昏睡"的执念，你又如何去叫醒一个装睡的人呢？

[①] 英国作家、诗人，作品想象力丰富，语气轻松幽默，经常为罗马天主教辩护。

二部曲：饥荒

2005 年，在英国及世界各国遭受伊斯兰恐怖主义袭击后，据报道德国将考虑设立一个专属于穆斯林的公共假日。德国斯普林格出版集团（Axel Springer）的首席执行官马塞亚斯·多夫纳（Mathias Döpfner）评论说："（如果民意调查是可信的话）有相当一部分的德国政府成员和德国民众均认为，设立官方的穆斯林国立节日将在某种程度上把我们从狂热伊斯兰分子的怒火中解救出来。"

好极了，20 世纪 30 年代的绥靖主义者就是这么想的。以带薪休假的方式重蹈绥靖主义的覆辙，德国人的方案把欧洲的新旧劣根巧妙地合二为一了。如果你想概括眼下的欧洲情势，请参考 2005 年发生于法国南部的一则新闻：在马赛市，一位男子被控犯有欺诈罪，为了继续领取已经辞世的母亲每月 700 欧元的退休金，他竟和亡母的尸体同住了五年。这位马赛男子的母亲咽气之时已 94 岁高龄，截至去世她已领取了 30 年左右的政府退休金，但她贪得无厌的儿子并不满足，期许可以让这笔不劳而获的钱财继续滚滚而来，或许一直延续到其母百岁冥诞之日。于是，他将母亲的尸体埋在卧室的一堆垃圾之下。此外，他还录制了一段女声录音，每逢社保办公室来电便为其播放，足以令人以为其母尚存于世。路透社将这则新闻的标题定为："法国男子为续领退休金与亡母同居一室。"

这个标题真是对欧洲问题的完美概括：人口枯竭，福利成瘾。

我们不妨打个比方，欧盟就是马赛市的那栋公寓，欧洲的乌托邦政治理想就是那具死尸，奢侈的政府福利就是那位母亲的退休养老金。就拿德国这个欧洲的经济发动机举例，我们随便挑一个发达工业化民主国家的发展指标来衡量一下它是否健康吧。失业率——

自20世纪30年代以来的最高值。房价———路下跌。新车购置率——2005年不到15%，比1999年还低。哈，社会疯狂程度呢？在30岁以下的德国人中，有1/3认为该为"9·11"恐怖袭击事件负责的是美国政府。

失业率、房地产和汽车销量，这些都是可以逆转的经济指标；然而，最后一个数据表明，德国选民不太可能成为理性的辩论对手，尤其是事关当务之急的重大问题，比如是应放弃无以为继的福利制度，还是应创造更多的人口去维系它——假如要创造人口，究竟是应通过吸纳外来移民，还是研究制造一批机器人，抑或是以传统的方式赠送巧克力、调暗灯光、用高清音响播放约翰尼·马西斯①（Johnny Mathis）的销魂金曲以勾引成年男女闭门"造人"。不过，统计数据显示：30%的德国成年女性至今仍未生育。在德国大学毕业生中，这一比例已经超过了40%。看来，鼓励国民生育以增加人口的法子收效甚微。

即便如此，2005年德国大选之前，民意调查显示70%的民众不希望继续削减福利，只希望提高对富人的税收（不管这富人是谁），同时，只有45%的德国人认为竞争对经济成长和增加就业有益。似乎总要等到一切都覆水难收，欧洲选民才会认真考虑"必要的革新"和"痛苦的改变"。实际上，欧洲国家越是拖延"痛苦的"变革，他们的未来就会越发痛苦。

事实上，欧盟面临的几乎每一个问题，从过高的移民率到刺眼的养老金赤字，背后都有一个关键原因：新生儿的极度匮乏。每天你都能听到越来越多对于欧洲未来的尖锐评论，不过也仅是限于说

---

① 流行于20世纪50至80年代的美国著名黑人流行歌手。

说而已。你可以信口开河,说自己被历史的抽水马桶冲走了,并且淹没于污秽的过往之中;不过按现在的形势看,真被抽水马桶冲走也是不大可能。德国东部的村镇社区已经黯然凋敝,其结果之一就是,村镇的污水处理系统由于极少使用已难以运转。由于人口急剧下降,马桶的冲水量也跟着迅速减少,最终导致废物难以正常流动。一般来说,政府的基建开支皆源于需求的增加。可现如今倒好,由于居民排水的需求量急剧下降,政府还得花高价去收窄下水道。

从未有过类似欧洲这样的先例,好端端的一个发达社会竟会出现治理能力的严重衰退,且早期的迹象已经表明这将会带来高昂的代价。有识之士一再点明,环保主义者对此开出的药方完全是本末倒置:现代社会面临的核心问题不是什么"可持续增长",而是持续缺位的增长本身。直到最近,才有些发达国家开始意识到这一问题的严重性。不妨比较以下这组数据:到 2050 年,美国公共养老金的支出总额预计将占其国内生产总值的 6.5%,德国是 16.9%,西班牙是 17.3%,希腊则高达 24.8%。在欧洲,与其讨论不得不削减福利的暗淡前景,不如平静地等待末日的降临,恰如电影《音乐之声》中的著名插曲《珍重,再见》[①](*So Long, Farewell*)所言:"别了,晚安,所有的人儿啊,珍重,再见。"美国的改革者们喜欢拆穿真相,直言社会福利其实就是一个庞氏骗局[②](Ponzi scheme)。而欧盟面临的问题则更加复杂:整个现代欧洲的政治大厦都是一个庞氏骗局。而巴黎、柏林、布鲁塞尔等政治地标迄今都没有任何迹象能造就出

---

① 好莱坞经典歌舞片《音乐之声》中的插曲。
② 金融领域投资诈骗的一种术语,该骗术由一个名为查尔斯·庞兹的投机商人"发明",即利用新投资人的钱来向老投资人支付利息和短期回报,以制造赚钱的假象进而骗取更多的投资。

什么像样的领导人,以坚强的意志去解决迫切严重的社会问题。

德国的经济正在萎缩,德国的人口趋势更糟,不仅正在萎缩而且日益衰老,福利债务导致的灾难性问题即将来一次大爆发。这也不稀奇,德国人每年的工作时间平均比美国人少了22%,原因是没有哪个想获得选票支持的政客会提议增加德国人的工作时长。与之相比,荷兰人和挪威人则更是出奇地好吃懒做。

上述现状并非源于东半球与西半球之间根深蒂固的文化差异。它应该一路追溯到……哦对了,20世纪70年代。欧洲的福利社会其实应归功于美国在欧洲的军事存在,正是由于美国的军事援助,欧洲国家便不必在枪支弹药上砸钱了。由此一来,政府减轻了军事预算负担,转而将更多的财政支出集中于经济民生,当然还有巴结选民。可是,即便降低了军事开支、减轻了国防压力,欧洲国家要想维持社会福利的发展,归根结底依然要依赖于自身的经济发展和人口增长。遗憾的是,欧洲的经济增长早已不见踪影,其人口总量也呈一路下跌之势。

当全民公投否决了《欧盟宪法》,法国总统雅克·希拉克对国内这些鲁莽的选民做出了回击。他任命多米尼克·德维尔潘(Dominique de Villepin)——一个与民意隔绝的精英统治集团的代表——为法国总理。这位老兄曾担任法国外交部长,在伊拉克战争的备战阶段,他顶着个大背头极力阻挠参战议案的通过。德维尔潘先生在家里喜欢用拜伦式风格①的门锁,此外还热衷于以最最蹩脚的方式创作拜伦式的打油诗。不过,无论何时他上CNN频道的新闻节目,支持美国民主党的那帮幼稚观众们都会给主播沃尔夫·布

---

① 一种带有19世纪初英国浪漫主义色彩的复古艺术风格。

利策（Wolf Blitzer）和杰克·卡弗蒂（Jack Cafferty）发去追星邮件，质问为什么粗鄙的美国出不了一个如德维尔潘一样谈吐儒雅、博学多识的政治领导人呢——如果说小布什总统是电影《第一滴血》中的莽汉兰博（Rambo），德维尔潘简直就是法国诗人兰波（Rimbaud）再世——名字倒是相似，差距咋就这么大呢？于是，面对着鲜花和掌声，在就任法国总理后的首场演讲中，这位老于世故的法国绅士便忍痛向选民再三保证：尽管过度管制的福利社会已经暮气沉沉，这一内部矛盾完全可以交由"法国精英"顺利解决。德维尔潘说："在现代民主社会中，主要矛盾并非存在于自由主义者与社会主义者之间，而是存在于墨守成规者与革故鼎新者之间。众志成城、未雨绸缪、济弱扶倾、勇往直前——这就是我等法国精英的本色！"

哎哟我的天啊！说得太好听了！简直酷毙啦，不是吗？那一套一套的优雅词句正是"文章本天成"，时刻等待着一个头顶时髦大背头的法国妙手恰到好处地信手拈来。在似是而非的文字游戏中，德维尔潘对于繁复措辞的拿捏分寸真可谓驾轻就熟，游刃有余，什么众志成城和未雨绸缪，什么济弱扶倾和勇往直前，什么墨守成规和革故鼎新，什么怠惰不前和恐慌失措，更不用说他那冷酷的神情和无谓的手势，以及各种专业术语和街头俚语的任意混搭……法国选民的内心忧虑是实实在在的东西：社会治安、就业情况、移民问题。然而，对于舞文弄墨的德维尔潘来说，这些话题都太过于沉闷无奇，还是讨论些云山雾罩的东西吧，围绕着众志成城和未雨绸缪的法国精神，他可以慢条斯理地一直讲到下个世纪。

近半个多世纪以来，欧洲国家的政治情势已经堕落至此，任何真正值得商榷的关键问题从来不会被政客们谈起。在这一点上，奥地利是个典型：年复一年，不管你把选票投给中左派还是中右派，最后的结果都是两党联合执政，且谁是略占多数的执政党都无甚差别——这么看来，奥地利表面上是两党制，其实就是个一党制国家。在法国，希拉克总统也不是大家印象中的"中左派"政客，简直是"似左似右又似中"——而只有当他与"似左似右似中又似中左且似中右"的前总理利昂内尔·若斯潘（Lionel Jospin）站在一起时，才能显出一丁点儿政治立场的微妙差别。然而，即便是本该针锋相对的竞选对手，在2002年的总统大选中，两人关注的热点依然如出一辙，无非都是高税收、高失业率、高犯罪率的"三高"问题。

美国人也常用这种方式嘲讽本国的政治体制——比方说，他们把美国的政党统称为"共和民主党"。不过，相较于西欧的任何一个国家，美国的政策措施依然更加迎合民意，意识形态也更加丰富多彩。在欧洲，装聋作哑的各大政治派系都已趋于一致，不再具有明显的政策差异。人们早已厌倦了战后以来的社会现象——比如永远保持在两位数的失业率，比如自己所居城市的日益伊斯兰化——尽管如此，他们仍未打算放弃优渥的福利、短暂的工作日、漫长的带薪假期和终身无忧的工作铁饭碗。正因如此，要想解决欧洲的结构性难题，首先要在民众心中开启剧烈的文化变革。欧洲能否真的将人民动员起来，大干一场"壮士断腕的经济改革"呢？其实，经济改革永远都只是披着经济外衣的政治运动，统治阶层推动改革时无不掺杂着特殊的政治情感和意识形态。针对布莱尔首相亲欧盟的农业改革政策，英国《卫报》就曾予以严词揭露：

> 布莱尔先生对于欧盟共同农业政策的反复鼓吹，其实反倒一再证明了其改革政策的不合理之处。将40%的税赋收入毫不含糊地投入到全欧洲区区4%的劳动力（农场主）身上，怎么看

都是件不靠谱的事情。对于欧洲大陆的其他芸芸众生而言，农村地区不论是在社会、心理或者审美层面，也都具有不可剥夺的重要性。

我估计"审美层面的重要性"是说，"乡村本来风景如画，真的都划给了农场主，我们以后得驱车绕过好几个法国农场，才能到达度假别墅，看到如画的田园风光。"在法国文化中，田园生活是最重要的一部分，可是那又怎样呢？天主教堂本来也是如此啊，如今还不是门可罗雀，凄凄惨惨戚戚。天主教传统的大家族也是如此啊，如今不也退化成了人丁冷落的独生子家庭。那些古老的村落也早已容颜逝去，如今都挂上了法国遗址公园的牌子，英国的纳税人为何要出血去维护法国的这么一个破落之地呢？这与投资给迪士尼拍摄动画片《巴黎圣母院》（*Hunchback of Notre Dame*）一样毫无意义。既然法国人离得了大教堂和大家族，少了几个大农场又算得了什么？

其实，这个问题对于法国而言困扰不了多一会儿，按照现有的经济共同体规划，欧盟迟早还是得掏钱为那些大农场买单的。

三部曲：战争

据法国埃夫勒市旅游局发布，2005年11月的第一个周末，一场盛大的奶酪文化节在市政厅广场隆重举行。这一天，小伙伴们本应愉快地玩耍，尽情品尝清甜的苹果、甘美的果酒、香郁的奶酪。然而就在这一天，作为诺曼底大区厄尔省的首府，这座遍布教堂与钟楼的秀美小城却经历了一场浩劫，城中心的商店、邮局、两所学校和50多辆汽车，哦对了——还有警察局——都在短短一天之内被毁得满目疮痍！谁干的？——"青年"！

在市政厅广场前，正在接受次访的市长让-路易·德布雷（Jean-Louis Debré）义愤填膺，对于本该兴冲冲地品尝奶酪的平民百姓们所遭遇的这场无妄之灾，他似乎感同身受。德布雷对记者说道："当时大约有100人肆虐横行、残民害物，最后只留下一片残垣断壁。不过别担心，他们的势力微不足道，丝毫撼动不了我们的社会秩序，这帮人根本算不上我们这个社会的一员。"

呵呵，他们可能的确算不上社会的一员，但是市长先生，我看您应该算是他们的一员吧。

德布雷市长——希拉克总统的政治亲信——在对记者说明情况时，似乎说错了暴民的人数。据估计，当天约有200名"青年"参与了暴动事件。他们挥舞着棒球棍，肆意袭击无辜平民，受伤者中甚至还包括十几名消防员。对此，德布雷市长还在接受法国信息电台采访时说道："那些为此次暴行负责的罪犯，可别当我在开玩笑！你们若是还想生活在一个更加公平友好的社会，就不能再这么猖狂下去了。"

哎哟喂！谁敢当您在"开玩笑"啊？看来在诺曼底，可不是只有奶酪才软趴趴的，软弱可欺的人也多了去啦。就算高度集权的法国体制已经严格限制了穆斯林移民的跨区流动，德布烂先生——呀，说错啦——德布雷先生也不至于这么天真烂漫地自以为天下太平，以至于一点儿都没想想这些暴徒是否真是为了"生活在一个更加公平友好的社会"才实施了暴动。也可能他确实想过，只是政治人物和大众媒体似乎都已习惯了为"天下大同"的过气幻想涂脂抹粉，而将真实的想法深深掩埋于心。

2002年12月，我受邀参加一个有关欧洲问题的研讨会，轮到我发言时，我便开门见山说道："我发现，对伊拉克和巴基斯坦的未来抱持乐观情绪，要比对荷兰和丹麦的未来心存天真幻想容易得多。"话音刚落，左派人士就认定我神志不清了，他们坚信：欧洲仍然是西方世界发展与进步的桥头堡。到了2006年，右派人士也对这一论点提出了毫不客气的质疑，批评如我一样的小布什主义者荒谬绝伦、鬼话连篇：当穆斯林已对欧洲自由构成威胁，自由又如何拯救伊斯兰世界？

不过，穆斯林和欧洲也并非完全站在彼此的对立面。在中东，情况可能确实如此，正如旅行团的导游常对游客念叨的那句词儿：从这儿到那儿不通。但我还是觉得存在输赢参半的机会，能让咱们从此时此地的欧洲在去往伊斯兰世界时至少也能走到旅途的中点。不管现时有多少问题，大多数伊斯兰国家还是会进化为与其他理性的和谐社会一样的自由国家。欧洲国家则面临着更加艰巨的任务——在社会动乱与日俱增的同时继续坚守自由价值：他们正在去往伊斯兰世界的单行快速路上勇往直前，直到抵达一个无法令人欣喜的终点站为止。"9·11"事件后半年，我在欧洲经历了一次难忘的旅程——那里竟和穆斯林的贫民窟一样。接着我又飞往了中东地区。说句实话，比起阿拉伯半岛，我在欧洲遇到的穆斯林要古怪暴躁得多。倘若我说的话不足为信，瞧瞧欧洲穆斯林们说的话吧："9·11"袭击是由一个名为"汉堡支部"（Hamburg cell）的德国恐怖组织发起的；鞋子炸弹案的主犯是个英国人；将美国记者丹尼尔·珀尔残忍处决的是一名伦敦经济学院的毕业生……

没错，在西方世界中，美国和澳大利亚的民主制度更为完善，成功带领着相对同质的人群走进了"多元文化"社会。相较而言，欧洲社会似乎更接近二元文化，而非多元文化。如今，北欧国家也逐渐同质化，短短二三十年间，40%的公民都成了穆斯林。不妨想象一下，我们重返了殖民时期的北美新英格兰，那时，乘坐五月花号跋涉而来的英国清教徒已在这片古老的土地上扎根繁衍。一天清晨，当这些清教徒们醒来，却赫然发现名叫奥尔登（Alden）、斯坦迪什（Standish）、库克（Cooke）和温斯洛（Winslow）的老伙伴们都已经年逾半百，而那些朝气蓬勃的小青年的名字里却都带着艾哈迈德（Ahmed）和穆罕默德（Mohammed），这真是何其悲催，令人不胜唏嘘啊！今时今日，这一幕其实就在荷兰的鹿特丹与瑞典的马尔默活生生地上演着。人老力衰的本土公民和年富力强的穆斯林移民泾渭分明，恰如加拿大魁北克的英国后裔和法国后裔一样隔膜。倘若你所生活的社会中有三四种甚或更多的异质文化，你们大可一起手拉手高唱一曲《天下一家》。可是，假如一个社会里只有两种文化——你们自己一种，其他人一种——那情况可就棘手了。二元文化社会是世界上最为动荡不安的一种社会形态，特别是当两种文化势均力敌时，就更是祸乱交兴了——今日的欧洲正朝着此种社会形态加速前行。如你所见，法国、奥地利、比利时与荷兰的妇产医院里，成群的穆斯林产妇早已印证了一切。

拿斐济来说吧——斐济当然不能与法国同日而语，不过直到20世纪80年代末，斐济已经荣享了一个世纪的和平、稳定与法治进步，这份长久的安宁，法国也望尘莫及。斐济的人口基本上是由斐济原住民和作为英国雇工迁居而来的印度人所构成。假如我没记错的话，斐济原住民占总人口的46.2%，印裔斐济人占48.6%。不考虑近亲通婚的情况，两种人口比例基本上是一半一半。1987年，斐济诞生了第一个由印度裔占多数席位的政府。然而，内阁成立一个月后，曾获不列颠帝国勋章的斐济族军官西蒂韦尼·兰布卡（Sitiveni

Rabuka）上校就发动了一场军事政变——若干年后，他还将发动另外一场。

除了斐济，有没有一个与今日法国更相似的例子？当然有。在那些相对和平安宁的二元文化社会里，政治阶层也是各自为营的：在北爱尔兰，共和派与保皇派针锋相对；在加拿大魁北克，分离派和联邦派旗鼓相当。不妨想象一下，到了2020年左右，伊斯兰共和党联盟在法国大选中将赢得国会的多数席位。支持希拉克总统的政治派别只能耸肩认命，而为了迎合民意，德维尔潘先生也不得不开始在诗朗诵一般的演讲词中加入《古兰经》里的精彩章节了。但作为政治极右翼，让-马利·勒庞先生或者（那时已继承大任的）他的女儿也会轻易接受这个事实吗？还是说不接受也无可奈何？毕竟要想在法国成为发动兵变的兰布卡上校，实在不是一件容易的事情。

其实斐济的情况还算好的——起码一系列政变都是以不流血的形式发生的——与充斥暴力的二元文化社会如卢旺达相比，斐济的暴力程度确实较低。但不流血的政变背后，更多是源于斐济原住民与印度裔居民之间并非格格不入的思想差异。相比之下，法国原住民和穆斯林移民之间的意识形态差异简直就是天差地别了。反对小布什总统外交政策的人一直声称，伊拉克如今只是个法律意义上的实体，根本不可能再成为正常国家了——他们真该先看看荷兰的情况。你是不是觉得在伊拉克，库尔德人和阿拉伯人、逊尼派和什叶派一直以来都是势不两立？那么，在后基督教时代的荷兰，世俗化的同性恋吸毒者与反嫖娼、反淫乱、反一切的宗教激进主义者之间，其关系简直可谓不共戴天。在伊拉克成立一个名为"库尔德斯坦"的国家，绝非伊拉克人所能容忍之事；与之相似，你若敢在"荷兰伊斯兰共和国"成立一个名为"淫秽斯坦"的国家，穆斯林还不把你给吃咯？欧洲当下的问题非但没有击倒小布什主义，反倒成了小布什主义可以大展身手的重点战略地区。

说到"法籍"的"青年"，一位住在法国昂蒂布的先生曾告诫我，不要把那些不受待见的小青年说成"宗教激进主义者"，建议我再好好端详一下这群人。他说："这些年轻人看起来就像洛杉矶的街头黑帮，一点儿也不像那些未经开化的蒙着头巾、假扮先知的猴子。"

且不谈大街小巷里呼喊而出的"真主万岁"，我这位法国朋友说得一点儿都没错。造成这一问题的关键因素是什么呢？理论上说，"文化多元主义"的价值在于将各自美好的异质文化进行交互传播：取其精华，去其糟粕。然而就现实来看，"文化多元主义"却总是把异质文化中的糟粕广为传播：穆斯林文化中最糟糕的一点——蔑视女权——与西方文化中最差劲的部分——妄自尊大——完美地熔于一炉。君不见，在英格兰北部的大街上，那些理着光头、露着纹身、打着穿孔的巴基斯坦黑帮青年们正旁若无人地招摇过市，与加拿大皇家卫队里戴着头巾的锡克教骑警一样引人注目——所有这些，都是文化多元主义的产物。伊斯兰法西斯主义者也曾这样自我描述：我们把伊斯兰的身份认同与过去的欧洲极权主义合而为一了。由此一来，无论是蒙着头巾还是扮成黑帮，伊斯兰教都成了当今世界最不受待见的一个身份认同，恰如当年的共产主义一样。

2001年，巴黎选出了首位明确"出柜"的同性恋市长——贝特朗·德拉诺埃（Bertrand Delanoë），同往常一样，这再次证明了巴黎市民对同性恋话题是多么地开放宽容。为了给优雅的巴黎增添几分同性恋的气息，这位新科市长可谓煞费苦心——比如，他不惜成本，命人沿着塞纳河摆放了数也数不清的盆栽棕榈树和五彩大阳伞。此外，该市长最伟大的功绩之一要数发起了于2002年10月5日举行的"不眠之夜"——巴黎的各大地标建筑灯火通明,全城的百姓共襄盛举,彻夜不归。你可以夜游卢浮宫,可以一览夜色中壮观的凯旋门,也可以整晚盯着光彩四射的埃菲尔铁塔,若是在黎明来临之前你已遍赏美景,还有免费的咖啡和牛角面包供你品尝充饥。那一夜,巴黎市政厅也装扮得像个时髦夜总会——而且门口连一个拿着金属探测器的安检人员都没有——咳,一个播放着爵士乐的夜总会要啥金属探测器啊?

然而,就是在这个"不眠之夜",德拉诺埃市长在喜庆热闹的节日氛围里,差一点在熙熙攘攘的人群中遇刺身亡,刀口与他的主动脉仅仅差了一英寸而已。不过,在受伤之后,勇敢坚毅的市长先生坚持让庆典继续,而他本人则被送往萨勃特慈善医院(Pitié-Salpêtrière hospital),经过3小时的紧急抢救才得以保住性命。

那位差点置他于死地的杀手是个穆斯林移民,名叫阿瑟丁·贝尔卡内(Azedine Berkane)。然而,当权派却煞费苦心地强调,市长先生虽然险些遇刺,但好消息是这个杀手不是恐怖分子,他不过只是个仇恨同性恋的普通穆斯林而已。

我倒是纳闷了,这条消息究竟是怎么个"好"法?

据称,贝尔卡内生活在一个随时暴动的贫民窟里,法国《世界报》(Le Monde)曾经采访了他的邻居,其中一人说,"他跟我们很像,我们都憎恨同性恋,因为这种行为实在是太有违天理了。"

"同性恋是反伊斯兰的,"另一个邻居说,"穆斯林是不允许出现同性恋者的。"

在大多数案例中,一般恐怖分子的行动诉求都是和外部压力直接相关的:当你的军队入侵了他的国家,他能安之若素吗?好吧,我们确实也可以考虑把军队撤走。

然而，如果一个穆斯林仇恨你，你以为仅仅是因为这一点吗？不，他们的憎恨完全不受外部压力的影响。

有人把英属巴勒斯坦戏称为与上帝二次立约的应许之地：一个西方民主社会与一帮穆斯林的不逞之徒共存于同一片土地（的大部分地区）。瞧瞧，这话说的难道不也正是欧洲吗？圣战分子深知，欧洲是唾手可得的地盘，美国则太过遥远。随着穆斯林移民不断壮大，中东地区老谋深算的伊斯兰领导人开始充分利用现代的人权观念说事儿，动员欧洲的穆斯林移民争取权利，就像当年号召巴勒斯坦人众志成城、斗争到底一样。比如，当法国考虑在学校实行"面纱禁令"时，政府不得不同时派出了好几个内阁部长去征询埃及裔伊斯兰阿訇的意见，我看他们甚至还默认了伊斯兰学者关于法兰西第五共和国是伊斯兰共同体中一个偏远省份的离奇观点。正如犹太复国组织所证明，伊斯兰共同体可不是一个你随便签约就进得来的健身俱乐部（不过伊斯兰学者的离奇观点，确实解释了为什么法国外交部能够容忍伊朗成为第二个拥有核武器的伊斯兰国家。照这样下去，法国必将成为第三个拥核的伊斯兰国家无疑了）。

假如伊朗开始在法国或荷兰稍稍撒些钱支持恐怖袭击，恰如其什叶派领袖阿亚图拉在黎巴嫩和加沙已经开始的所作所为，事态会如何发展呢？现在你应该明白了吧？你以为究竟是什么动力能让一个欧洲穆斯林心甘情愿地在阿姆斯特丹的同性恋酒吧里引爆自己呢？

然而，真正明白该出何对策的欧盟领导人却是凤毛麟角。从法国施行"面纱禁令"和英国实施"惩治煽动种族仇恨法案"的曲折过程就不难看出，欧洲国家正在英国首相托尼·布莱尔口中的"我们的生活方式"与穆斯林的价值观之间游离徘徊，而如何在两种意

173

识形态之间斡旋妥协，也已成为欧洲政治文化的核心活动——对于一个少数族群而言，这是何等可观的成就！对此情势，"9·11"事件之前鲜有几个欧洲人先知先觉。与此同时，跨越国界来到欧洲的，也不都是自杀式炸弹袭击者或者提着核武器手提箱的恐怖分子——他们终有一天也会来的——然而，即便手无寸铁，他们依然带来了血腥暴力、蛊惑人心、激进狂躁的意识形态。最后说个有趣的讽喻，可能会触碰到欧洲反犹太主义者的脆弱神经：现如今，欧洲的老牌反犹者们竟然在新的历史情境下化身成了穆斯林所意欲赶尽杀绝的犹太人，这岂不是人类历史上最好笑的笑话之一吗？

四部曲：征服

2005年，英国《卫报》报道称："昨晚，一群法国青年朝警方开枪，并烧毁了逾300辆汽车，自暴动发生一周以来，巴黎附近各市镇都经历了最恐怖的一夜。"

咦，这些"法国青年"是谁？是那些名叫皮埃尔（Pierre）、雅克（Jacques）、马塞尔（Marcel）和阿方斯（Alphonse）的小青年吗？就算这些"青年"大部分都是法律意义上的法国公民，你只须在巴黎市郊观察一阵儿就不难发现，这些暴徒从来都没把自己的身份认同视作"法国人"，以后可能也永远不会。事实证明，"9·11"事件四年后，法国"街头无赖"的人数在与日俱增，且大部分集中于巴黎的北郊小镇——克利希苏布瓦（Clichy-sous-Bois）。自21世纪初以来，法国的穆斯林一直在策动着反犹太教堂、反犹太屠夫、反犹太学校的起义运动。对此，政治人物关心的却是，只要袭击目标未向犹太人以外的族群扩散，就不如睁一只眼闭一只眼吧。他们这样做的结果,其实是在一点点地败下阵来。与美国的亲欧派相比,法国的穆斯林混混们对于希拉克总统为何反对伊拉克战争可能看得更加透彻:这无非是一种软弱无能的表征。

历史上,法国也有类似的经历。732——不是指代穆斯林在晚上7点32分于巴黎郊区策动的焚毁雪铁龙汽车的暴力事件——而是指公元732年,也就是距今1300多年前。彼时,穆斯林军队所向披靡,一直将阵线推进至直布罗陀海峡以北的1000多英里,控制了整个西班牙以及法国南部直至卢瓦尔河畔的大片区域。732年10月,摩尔将军阿卜杜勒·拉赫曼(Abd al-Rahman)及其率领的穆斯林军队并未兵临巴黎城下,但他们已然行至位于图尔城①的圣马丁法兰克神殿(Frankish shrine of St. Martin)以南,距巴黎不到两百英里。然而,在从普瓦捷市行军至图尔市途中,他们与一支法兰克军队狭路相逢。不像欧洲的其他基督教军队,这支法兰克军队的气势"如一堵围墙……如坚固的冰川",《伊西多尔纪事》(*The Chronicle of Isidore*)这样记载道。一周之后,阿卜杜勒·拉赫曼战死,穆斯林向南溃逃。这位法国将军——查理(Charles),自此赢得了属于自己的名号——"马特尔"(Martel)——古语意为"战锤"。

法国普瓦捷市曾是西欧穆斯林的弄潮之地。对于穆斯林摩尔人来说,引发骚动固然只是偶然,可一旦他们遇到机会,就绝不会停下脚步,而一定会挺进巴黎,一路迈向莱茵河,甚至愈行愈远。爱德华·吉本在其名著《罗马帝国衰亡史》中曾这样写道:"到那时,也许牛津大学的老师都在讲解《古兰经》,受过割礼的人们也正在聆听布道,学习穆罕默德那些来自天启的真谛。"果有此事,欧洲

---

① 法国中西部城市。

已不再是信奉基督教的欧洲。若非不少盎格鲁-凯尔特人已经移居北美，他们也得变成穆斯林。正如吉本在书中所言："普瓦捷只是世界历史开始被颠覆的起点罢了。"

战争就是这么胜负分明：一方获胜，另一方即失败。但欧洲的情况却远非那么简单。今时今日，如狼似虎的穆斯林对欧洲的渗透远比阿卜杜勒·拉赫曼时期要深入得多。在布鲁塞尔，比利时警察被告诫不得于斋月期间在公共场所喝咖啡；在马尔默，瑞典的救护车司机拒绝在没有警察护送的情况下接送病人。什么，你想再打一场普瓦捷战役？为时已晚矣。法国前总理及欧盟要员雅克·德洛尔（Jacques Delors）的女儿——也是现任的里尔市市长以及希拉克卸任后下届总统的热门人选——玛蒂娜·奥布里（Martine Aubry）——在法国北部的鲁贝市与一位穆斯林阿訇举行了会谈，这位阿訇明确要求会议必须在法国的边界城市举行，以表示他的地盘是穆斯林领地，而法国人不得随意进入。对于这一提议，奥布里夫人竟欣然妥协，想必未来几年，更多政客也都将萧规曹随。

欧洲人绝不愿像往日的统治者一样走上绥靖之路，但欧洲的政治社会是一个自上而下的结构，往往要待执政者走了相当长的一段弯路之后，人民才有机会把他们拉回来。但我们会发现，那些对执政者的愚行有所察觉的英勇公民，不分男女，无论是荷兰导演提奥·梵高、埃及裔英国女作家百特·耶沃①（Bat Ye'or）还是意大利女记者奥莉娅娜·法拉奇，最终或是被残忍杀害，或是被严加看守，或是被迫流亡海外，抑或是以莫须有的罪名遭到起诉。于是乎，受尽欧洲权力部门的打压，他们被渐渐驱逐至社会的最边缘。阿亚

---

① 埃及裔英国女作家吉赛尔·利特曼（Gisèle Littman）的笔名，其作品主要关切伊斯兰世界的宗教少数群体以及现代欧洲的文化与政治现象。

安·希尔西·阿里是一名索马里出生的荷兰国会议员,受其亲身经历影响,她公开反对虐待穆斯林妇女,却竟因此收到了死亡威胁。祸不单行,街坊邻里、司法部门与荷兰政府联合将她告上了法庭,勒令将她驱逐出境,并宣称要撤销其荷兰国籍。一个兼收并蓄的欧洲,此前对于是否驱逐一个煽动圣战的叛国阿訇都举棋不定,此刻面对这个女性穆斯林倒是毫不犹豫地必欲将之驱逐而后快。

与此同时,不可一世的执政者一边对欧洲的大学和智库严加管控,一边向我们保证现世一切安好、无须多虑。蒂莫西·加顿·阿什(Timothy Garton Ash)是牛津大学的一名教授、也是欧洲研究中心的主任,每当国家公共广播电台需要咨询欧盟问题时,便会以"专家"的身份请他出山。一直以来,他都是个老成持重的理性之人,2003年,他甚至理性到在每一份欧洲大报上都对鄙人的拙作横加指责,称我在美国煽动"反欧言论"。然而,吊诡的是,就在对我的"反欧言论"嗤之以鼻多年之后,加顿·阿什最近却好像接受了我的观点。只不过,我们之间唯一的区别就是,他认为欧洲的伊斯兰化并非坏事:

> 欧洲人口老龄化的速度极为迅猛,因而急需更多的移民迁入以填补退休人员的岗位,而这些移民绝大部分都是穆斯林。因此,如果一个日益伊斯兰化的欧洲反对伊斯兰教,那就等同于自杀,简直荒谬绝伦……我们不妨想象一下2025年时欧洲最好的境况。作为一个大约由40个自由国家和6.5亿人口组成的政治、经济和安全共同体,它既是两次世界大战的策源地,也是当今世界财富的重要生产者。可是,就在这同一个世上,另有6.5亿人口出生于21世纪早期最动荡不安的地区,别忘了现在他们与欧盟

情同手足，同处于一片宏阔的苍穹之下，这情谊从摩洛哥的马拉喀什开始，穿过埃及的开罗、以色列的耶路撒冷、伊拉克的巴格达和格鲁吉亚的第比利斯，一路延伸至俄罗斯的海参崴。这必将成为世所瞩目的历史新章。

哈，到了那时候，当然为世所瞩目了，不过人们瞩目的似乎并不会是加顿·阿什所幻想的景象。如你所闻，他所预见的欧洲大陆"最好的境况"就是——欧洲人与穆斯林"情同手足，同处于一片宏阔的苍穹之下"。欧洲正在大踏步地"伊斯兰化"，是螳臂挡车还是推波助澜，显然加顿·阿什下意识地选择了后者。而他断不会是作此抉择的最后之人。

欧洲的人口趋势将继续加速恶化，罗马帝国在衰落时期也曾出现同样的境况，那时，帝国首都的人口曾一度锐减至区区 500 人。一些法国人不愿奔赴战场送死，便选择逃往别处安享天年。那些不愿屈服的人们势必将走向"新民族主义"的老路，以强悍的姿态誓死冲破当前的困境。这也是为何我把这场战争称为"欧洲伊斯兰化内战"的原因。支持法国总理德维尔潘和总统希拉克的人更偏向于包容和投降，但冥顽不灵的少数派绝不会归于沉寂，他们必将采取报复行动。与此同时，只要穆斯林尚未完全渗入法国、比利时和丹麦，他们就只得迅速与各国的党派建立联系，穆斯林游说集团也会努力提升自己的政治影响力，如此一来，真正建构起"泛欧身份认同"的人将会是穆斯林。如今的欧洲联盟已然成了没有生命的行尸走肉，不过，一个伊斯兰化了的欧洲联盟却极有可能成为主宰欧洲的下一个共同体。

若说希拉克、德维尔潘之流的领导人完全不像公元 732 年的法国将军查理·马特尔那般勇猛剽悍,那么今日伊斯兰暴乱者的行为方式也已完全不像1300多年以前的穆斯林军队那般简单粗暴。如今,他们伺机而动、洞若观火,试探敌人的一切弱点。假如焚烧邻居的住宅能使其获得更多"尊重",他们定会一直这么干下去。如今的移民模式也与往日不同,比之他们的祖父母,新一代穆斯林青年被欧洲同化的程度更低。这究竟是何原因呢?其实,按照目前的人口变化趋势来看,巨幅缩减的欧洲本土人口反倒成了被同化的目标。正如英国作家西奥多·达林普尔(Theodore Dalrymple)在纽约的《城市杂志》(*City Journal*)中就英国的自杀式炸弹袭击所作的刺骨锥心的总结:"文化兼容的春秋大梦已然被永久冲突的百年梦魇所取代。"

这听上去仿佛可以称得上是一个新的"黑暗时代",或者可以借用红衣主教拉青格(Ratzinger)担任教皇时所自封的名号隐喻:本尼迪克特十六世(Benedict XVI)。圣本尼迪克特出生于公元480年的翁布里亚,在兵荒马乱的黑暗时代里,他使得古罗马和古希腊文明的关键元素得以保存完好并融入基督教文化,最终呈现出一种焕然一新、愈益强盛的文化形态,亦由此构成了欧洲和西方文明的奠基石。谈到命名之由,教皇本尼迪克特十六世引述了圣本尼迪克特的一句座右铭:"凤凰涅槃,浴火重生。"

对基督教来说可能确实如此:它在非洲和中国的信众不断增长,且很可能在没落于欧洲之后再实现新一轮的复兴。到那时,改信异教的西班牙人和意大利人会否重新皈依,还有待进一步研究。与此同时,在21世纪的发展历程中,德国人口的下降幅度将超过50%,最终减少至不到3800万人——这些人口的消失并非因为疾病或战争,皆归因于德国人臆想之中的一个乌托邦世界。每当要对一个问题进行表决，德国人就坚信他们大可像那些法国人一样，只要国家福利滚滚而来，他们便能在散发着死亡恶臭的世界中继续苟且安生。正因如此，一旦政府揽下太多事情，就再也没有人愿意有所作为了，这也是迄今为止民主国家的最大烦恼。

"9·11"事件发生后，我在撰写一篇专栏文章时提出一个略带夸张意味的问题：西方人将为何而死？一位法国教授给我发来一封内容离奇的电子邮件，指出至少欧洲人不准备为任何东西而死，而这也正是欧洲优越性的最佳证明：他们正在建立一个创造历史的新乌托邦——一个人们无须为之赴死的新欧洲。

话虽如此，稍不留神你还是保不齐会一命呜呼的。

第三部分

美国：新黑暗时代……
如何重启光明

第七章　最时髦的原始人：
已知的未知 VS 故意的无知

> 帕莱·埃比尼泽（Pale Ebenezer）认为战争是错误的，但"咆哮的比尔"（Roaring Bill）（正是他杀了埃比尼泽）坚信战争是正确的。
>
> ——西莱尔·贝洛克，《和平主义者》

正如里根总统以前常说的：英文中的"现状"（status quo）一词，在拉丁语中的词源却为——"我们所处的混乱状态"。所以，当阿拉伯国家联盟秘书长阿穆尔·穆萨（Amr Moussa）警告说美国正在威胁中东的全面稳定时（伊拉克战争爆发前他也曾如此大鸣大放），我们要切记阿拉伯人所谓的"稳定"其实不过就是"人间的乱世"。

然而，正如环保人士坚信全球气候正在急剧变化，外交决策者则坚信地缘政治永远不会变化。同样地，正如尚无证据能证实所谓剧烈的"气候变化"，也无任何证据能证实所谓现世的"地缘安稳"。

实际上，地缘政治无法亘古不变，迄今一直处于变动之中。2005年，即便西方国家自以为有能力遏制丧心病狂的伊斯兰极端主义领导人，双方的优势对比实际上不可能永远保持不变。伊斯兰世界的出生率高于西方国家，因此，在长达40年的"稳定"状态之后，伊斯兰人口将会越来越多，西方人口却会越来越少。而且，伊斯兰世界拥有丰富的石油储备，迄今已用石油收益在本来较为温和的穆斯林地区资助了很多激进派的宗教学堂和清真寺。此外，大量穆斯林已移民到欧洲，迫使投机的政客们不得不在边缘选区寻求他们的选票支持。更不必说在全球化时代，飞行如此廉价、通信如此便利、取款机随处可见、核技术唾手可得，这些都使得伊斯兰世界的不稳定因素不再仅仅局限在其内部；只须花上几百美元，飞上八九个小时，恐怖分子就可以站在纽约帝国大厦的门外。

"稳定"仅仅是种表面的幻象，就好像冰冻的河水，冰面之下其实川流不息，而对一个妄下判断的观察者而言，不管冰面的厚度是一英尺还是仅有两英寸，这冰面看上去都是同样地"稳固结实"。事实上，国际局势永无"稳固结实"可言。"稳定"是臆想出的辞藻，用以粉饰自己的好逸恶劳和自鸣得意，甚至将其诡辩为洞悉人情、饱谙世故。如若美国及其盟国在外交决策中倾向于所谓"稳定状态"，继续盲信联合国这类充满理想主义的国际组织，那么从长远来看，我们终会再也找不到一寸自由之地。

"遏制"是另一个被寄予厚望的外交策略。这是一个用以收拾独裁者的代价高昂的解决方案，在其指导下，美、英两国空军在第一次海湾战争后对伊拉克实行了长达12年的空袭行动。12年来，伊拉克每隔一周便会遭受一次空袭，但事实证明，这种策略不仅收效甚微，还导致美国和英国因主导实施了联合国制裁并因此饿死了近一两百万的伊拉克儿童（这一数据是根据一些所谓的"人道主义"机构统计得出的）而备受各方谴责。当然，直至2003年伊拉克战争打响，这种大屠杀式的制裁行动也便宣告结束了。一些左派人士认为，即便产生了一定的负面影响，联合国主导的此次"遏制"行动依然是成果卓著、令人欣慰的。然而，即便是"遏制"策略的典型案例——西方对于华约（Warsaw Pact）的制裁——实际上也并非如他们所预想的那般功绩卓然，至少对于被遏制的一方而言并非如此。听任华约国家在共产主义下生活50年，现在说起来好似云淡风轻，可是对于它们自身而言却真的是度日如年。在"人口增长最慢排行榜"上，前五名都是曾经实行共产主义的苏东国家——拉脱维亚、保加利亚、斯洛文尼亚、俄罗斯和乌克兰；前10名中，有九个国家都曾实行共产主义制度（剩下的一个是西班牙）；在前20名中，曾经实行共产主义的国家占了16个。

"稳定"与"遏制"策略在伊斯兰世界遇到了与以往截然不同的强大挑战。这些国家处于出生率排行榜的前列，不论他们如何憎恶本国的政治制度，他们并不憎恶伊斯兰教：在多数情况下，清真寺还恰恰为他们提供了唯一的论政空间。因而，当我们年复一年地执着于"稳定"策略时，穆斯林正借此时机满怀热情地生儿育女，由此一来，"稳定"策略实际上助长了宗教激进主义者的首要优势：不仅助其壮大了实现政治目标的宗教载体，而且使其原始动力——人口力量——也更为强大。

因此，再过一二十年的"安稳"日子，全世界将会步入一个新的黑暗时代。今朝恰同往日，仍有不少无为而治的国王们统治着欧洲，只不过如今我们称其为欧盟委员会主席、总理或首相。今朝恰同往日，大规模的"白人迁徙"已然在荷兰发生，四面楚歌的荷兰人无奈之下只得背井离乡，迁往加拿大、澳大利亚和新西兰。今朝恰同往日，我们必须服从包容异教徒的"宽恕法令"，法律和习俗也都在不断修订以自降其威严地位，所有规定都在一味追求着毫无底线的文化宽容。

然而，新黑暗时代的核心问题在于：在未来世界中，美国霸权衰落之后将不再有新的大国取而代之，所有人都将活在一个群龙无首的世界。今天，许多专家断言，将中国视作21世纪势不可当的崛起力量。然而，这个对手其实并无威胁我们的资本，人口增长并非其长处——而恰是其缺陷。中国的人口问题及其他结构性缺陷已经成为其实现远大抱负的绊脚石。俄罗斯也是一个羸弱的强权，是一个集世界上一切病征——人口疾病、核武器扩散、伊斯兰恐怖主义——于一身的大集锦。欧洲依然是一个羸弱的强权，一个传说中"更大版图的法兰西"正在日复一日、毫无休止地向着一个"更大版图的波斯尼亚"进化。

伊斯兰世界更是羸弱的强权。伊斯兰世界最优秀的领导人之一、马来西亚前总理马哈蒂尔（Dr. Mahathir bin Mohammed）曾这样说过："实际上，我们靠自己什么也生产不了，我们能够为自己做的事情也寥寥无几，我们甚至连自己的财富都管理不了。"不过，伊朗确是正在为研制核武器而开足马力，以便能将打击范围覆盖所有欧洲城市。

朝鲜是世界上最羸弱的强权。2006年7月4日，朝鲜的独裁者却勇敢地献上了一场壮美的烟花表演。真是令人叹为观止啊：导弹闪耀着红光直插云霄，接着轰然之间绚烂爆炸——虽然看上去已和价格不菲的高级烟花效果相仿，不过持续时间似乎还是比预想的短些。别忘了，金正日（Kim Jong-il）还有"大屌"①（No Dong）呢。拜托先别笑，我是认真的。这可不是朝鲜生产的山寨壮阳药的副作用所致（我是认真的）。"大屌"是朝鲜导弹系统的音译。"屌"的原意为"打击"，而"大"的原意为"大摇大摆"——就是金正日观看核试爆时的那种姿势。不管怎么说，在这个充满光荣与梦想的美国国庆日，金正日决定测试一下他最新版本的"大屌"导弹到底有多大威力。这听起来就好像我拿着把猎枪朝你家厨房的玻璃射击，来测试能否射到你家卧室里一样。果不其然，金正日的导弹升上天空，40秒后就掉头落地。从坠落轨迹来看，专家起先估计是朝着夏威夷去了，可是最终导弹只是掉入了日本海。

于是大家都笑了。太失败了，好一个笨蛋啊。这位核武先生和美国周旋了半天，却最终没能搞定自己的核武器。哈哈，真是讽刺。

等会儿，其实一点也不好笑，这恰恰就是重点，这恰恰就是危险之所在。朝鲜不是美国，不是苏联，也不是印度，连法国也不是。他连半点儿能耐都没有，但却可以拥有核武器。2006年，金正日瞄准了夏威夷却最终不小心清理了自家的篱笆墙。下次他若再瞄准夏威夷搞不好就击中了美国的圣地亚哥、奥克兰或者加拿大的卡尔加里，也有可能命中缅因州的普雷斯克艾尔、中国的北京、埃塞俄比亚的亚的斯亚贝巴、奥地利的萨尔斯堡或者爱尔兰的都柏林。他可是一个自学成才、不通要领的核武狂人。打个比方，你驾车行驶在通往新泽西州的收费公路上，迎面看到一位老眼昏花的93岁老奶奶驾着一辆丰田车，这种情况下需要自求多福的主要还是她老人家；可是，如果这位老奶奶开的是一辆18轮的大货车，而且不断越过公

---

① 朝文为"芦洞"号，是朝鲜装备的中程弹道导弹。其英译"Dong"在美国俚语中有生殖器之意。

路的中间线，那么这时候就该换你自求多福了。

朝鲜有数百万忍饥挨饿的百姓，其人均GDP在全球也几乎垫底，甚至低于加纳，低于津巴布韦，也低于蒙古。

可是，就是这样一个朝鲜，却手握着核武器。

我们面临的危险并非来自中国强权或者伊斯兰强权：假如出现新的超级强权，你大可学习新的规则并尽可能与之适应。然而，更有可能出现的未来格局是世界上根本不存在任何一个超级强权，单极地缘政治让位于多极地缘政治，整个世界凌乱无章，一些流氓国家连吃饱饭都力有不逮，却热衷于将自己的病态思想蔓延全球。

以"斩首"为例吧——这一自法国大革命之后我们就不再谈论的话题近来却颇受关注。2006年，一个疑似塔利班的伊斯兰政权控制了索马里，在夺取索马里首都摩加迪沙时，俘虏了当地军阀的一支部队并将他们全部砍头杀害。还有个人名叫阿布·穆萨布·扎卡维（Abu Musab al-Zarqawi），素有"基地组织的埃米尔[①]（emir）"之称，他成功地使"斩首"成为自己的招牌动作。扎卡维曾亲手割破美籍人质尼克·贝尔格（Nick Berg）和英籍人质肯恩·比格力（Ken Bigley）的喉咙，随后还将砍头杀害人质的视频发到互联网上，一时间掀起轩然大波。

并非只有穆斯林游击队和武装叛乱分子热衷于砍头。沙特阿拉伯——众所周知的"美国的朋友"——也将砍头当作家常便饭。2005年，沙特处决了6个索马里人。他们犯了什么罪呢？谋杀？强奸？同性恋？都不是，比这些都严重：偷盗汽车。他们本已被定罪服刑5年，然而最终沙特法院还是决定将判决升级至斩首。要知道

[①] 穆斯林领袖的一种称号，现为卡塔尔等中东国家君主的尊称。

在沙特，遭砍头杀害的人中有2/3都是外国人。这在任何文明国家都是极为罕见的，同时也表明了歧视外国人的病态心理深深驱使着沙特的司法体系——在社会生活的其他方面也同样如此。

刽子手离我们已越来越近。据称在2006年，安大略省法庭审讯了一帮谋划袭击加拿大议会的恐怖分子，他们曾密谋将加拿大总理砍头杀害。乍听之下，这简直是荒唐无稽。肯恩·比格力（Ken Bigley）一定也觉得这帮人很荒谬可笑。谁是肯恩·比格力？一位在伊拉克做承包生意的英国人，对于这个世界从无什么不当的幻想。穷其大半生，肯恩都在这个伊斯兰帝国边缘的穷乡僻壤里摸爬滚打，他以为自己早已摸清了当地人的行为方式。但他从未想到，自己最后听到的声音竟是"真主万岁"这一癫狂的呼喊，接着他身后的刽子手便手起刀落，砍下了他的项上人头。

如此耀武扬威的出彩功夫，不会只专属于伊斯兰教徒吧？就在恐怖分子密谋将加拿大总理砍头杀害之事被报道后的一两礼拜，美国南部边境又出现了骇人听闻的斩首事件。在蒂华纳河中，人们发现了三颗被砍下的头颅，死者都是警察。一周后，又一颗警察的头颅在墨西哥南部的阿尔普尔科被发现。大家都祈望，风行当下的这种邪恶行径不要从伊斯兰世界蔓延至他处。但毫无疑问，即便当今世界正面临着经济衰退，充斥着恐怖爆炸和绑架事件，甚至伴随着偶发性的核危机，阿尔·戈尔关注的依然是气候变暖问题，南希·佩洛西①（Nancy Pelosi）关注的依然是大学学费问题，希拉里·克林顿关注的依然是处方药计划——这些无不都是对穆斯林敏感问题的看似微小的忽视与妥协，终将导致西方的未来更加暗淡无光。罗伯

---

① 美国众议院民主党领袖，曾任美国众议院议长，也是首位担任议长一职的加州人和意大利后裔。

特·D.卡普兰曾在《大西洋月刊》(Atlantic Monthly)上谈论索马里之类国家的社会崩溃现象,他将这些国家的公民视作"返古化的人类"。今日,当多伦多的本地人都热衷于"斩首",当吃着炸鱼和薯条、玩着板球和足球、听着嘈杂的流行音乐长大的约克郡人在伦敦地铁上实施了自杀性爆炸,所谓的"返古化人类"看上去正在成功地输往世界各地。

1998年,《纽约时报》的专栏作家托马斯·弗里德曼[①](Thomas Friedman)公布了著名的"麦当劳理论(Golden Arches)"——任何两个拥有麦当劳门店的国家之间绝对不会交战。笔墨未干,美国和北约就开始联合轰炸塞尔维亚了。看来,巨无霸汉堡包在贝尔格莱德[②]所起到的文明启蒙作用不过如此嘛。实际上,20世纪90年代,南斯拉夫的分崩离析已足以证明弗里德曼的理论站不住脚。1980年代时,这个联邦国家还在沿着既定轨道走向一个安定、繁荣、告别共产主义的美好未来;那时,作为南联盟成员之一的克罗地亚还是个极受欢迎的度假胜地,吸引着英国、德国以及其他西方国家的富裕游客们前去游山玩水。然而,当南斯拉夫人需要在蓬勃的经济与远古的仇恨之间作出选择时,他们宁愿因民族纠葛而兵戎相见,并最终使国家陷入一团糟。当矛盾错综复杂而领导人又昏庸无能时,世界上还有多少国家会选择"返古"呢?

"9·11"事件后两三个礼拜,定居纽约却一贯诽谤美国的阿拉伯裔教授、同时也是畅销书《东方主义》(Orientalism)的作者——爱德华·赛义德(Edward Said),对西方和伊斯兰世界之间的内在

[①] 美国舆论领袖、经济学家,代表作为《世界是平的》,每周三、五固定在《纽约时报》发表国际时评,被全世界七百多家报纸转载。
[②] 塞尔维亚首都。

联系作出了评论。他强烈谴责一些评论家将西方文明与伊斯兰世界截然分开的舆论倾向，认为两者间的联系是千丝万缕的，很难将二者严格区分。

美国《国家评论》杂志的编辑里奇·劳里（Rich Lowry）对此却不敢苟同。他说："两个世界的界限看起来泾渭分明，高速发展的民用航空事业和直插云霄的摩天大楼都是西方文明的特点，而割破空姐的喉咙然后开着飞机撞向大楼则是伊斯兰极端分子才干得来的好事儿。"

说的没错，但在西方世界和伊斯兰世界之中必有一方认为，他们绝不会鄙弃跨越文明的相互融合。事实上，劳里已经说出大部分穆斯林的心声——他们唯一想要与西方交融的文化究竟是什么。作为21世纪的政治运动，宗教激进主义却深受7世纪的意识形态驱使，这真是一种古老与现代的有机结合。在欧洲和北美，善于煽动人心的伊斯兰阿訇们甚至对自己生活环境中的本土文字一丁不识，然而却能够将已在西方定居了两三代的穆斯林们引向返古化。当然，他们并未能煽动所有穆斯林，可是究竟煽动了多少人才算得上问题呢？

面对濒死的西方世界，伊斯兰制定了三种现代化的策略：第一，人口策略；第二，宗教转化策略；第三，现代科技与远古仇恨相结合之策略。

举个例子，自从……哦……大概1898年吧，英国基奇纳将军（General Kitchener）在恩图曼①（Omdurman）一役中大获全胜之后，我就没怎么再跟进苏丹的时事了。然而，2003年，这个落后国家发

---

① 位于苏丹中部的历史名城，1889年毁于英国侵略战争。

生的一件事儿却碰巧引起了我的注意。那一年秋，有报道称外国人正在密谋使苏丹男性的性器官消失——方法是通过和他们握手，苏丹首都喀土穆的全城百姓都吓疯了。其中一名受害者是个布料商，他把自己的遭遇讲给了在伦敦出版的阿拉伯语报纸《阿拉伯圣城报》（Al-Quds Al-Arabi），于是该报便发文称：一位从西非来的男子走进了店铺，用力地和店主握了握手，随后店主便察觉自己的性器官不翼而飞了。

我感同身受。有次在和民主党参议员希拉里·克林顿握手之后我也是这种感觉。不管你信不信吧，总之就如《阿拉伯圣城报》报道的："店主发了疯一般地歇斯底里，并立马被送往医院。"苏丹负责重大刑事案件的首席检察官亚西尔·阿哈穆德·穆罕默德（Yasser Ahmad Muhammad）在接受苏丹《世界民意日报》（Al-Rai Al-A'am）的采访时称："流言所描述的情况再次发生了，一位商人走进一家店铺想买点卡卡迪（一种苏丹饮料），突然间就感到自己的阴茎萎缩了。"颇具盛名的中东媒体研究院也对此作出了详尽解释，声称喀土穆男性的性器官不仅仅会因与西方人握手而消失："另一位不愿透露姓名的受害者曾说，有一次他正在逛超市，一个男子向他走来递给他一把梳子让他梳头。受害者照做了，几秒钟之后，他就有一种异样的感觉，一摸才发现自己的阴茎已经无影无踪了。"

这些关于阴茎莫名消失的事儿传遍了整座城市。苏丹司法部长萨拉赫·阿布·扎耶德（Salah Abu Zayed）宣称，医生已经确认第一位受害者的身体"十分健康"，所有流言传播者都将接受特别调查委员会的进一步讯问。卫生部长阿哈穆德·比拉·奥斯曼（Ahmad Bilal Othman）也声言这种谣言是"毫无科学依据的，可能只是巫术、魔法或者情绪因素使然"。

不管到底是什么因素使然，这的确是关于伊斯兰受害者最精彩的故事了：外国人让我们阳痿了！事实上，那些外国人为了达到这一邪恶的目的，除了握手外还做了什么一点儿也不重要，甚至你是不是真的阳痿了也不重要。重要的是，你感到无能为力，这种感觉恰如数百万穆斯林——从阿尔及利亚的宗教激进主义者到世界另一端的巴厘岛爆炸案的恐怖袭击分子——在面对巴勒斯坦局势时所烙印于心的羞愤难平（同时他们也在不断向我们宣泄这种情感）。至于说这种羞愤感与无力感是否具有理性的依据，似乎已经不再重要了。

此外，还有一个无法忽略的细节："阴茎消失恐慌症"是通过手机和短信蔓延开来的。

试想：你拥有一部手机，可是你还是相信和一个异教徒握手会让你丢掉生殖器。恐怕这就堪称"最现代化的原始状态"了吧。

苏丹人相信握手会失去男根这事儿确实有点好笑，不过苏丹的其他社会问题一定会让你笑不出来。20世纪90年代，苏丹有200万基督教徒被残忍屠杀。这个数字相当于"二战"期间纳粹屠杀犹太人总数的1/3。"别让历史重演"这样的话我们已经听过无数遍。然而在苏丹，比起布料商人的生殖器，作为少数群体的基督徒的消失速度才快得多哩。而在……呃……占人口多数的非基督徒中，本·拉登找到了传播其意识形态的肥沃土壤：苏丹的圣战组织就像阿尔及利亚、波斯尼亚、车臣及阿富汗一样，为本·拉登的思想所蛊惑。苏丹经济就是个烂摊子，全国民众的识字率仅有27%，然而就是这么个国家却有足够的闲钱用于对外输出伊斯兰教。此外，他们还从伊朗手中进口了价值约10亿美元的精锐武器。

未来，苏丹还能从伊朗那里得到些什么呢？2006年4月，伊朗最高领袖阿亚图拉·哈梅内伊（Ayatollah Khamenei）就曾宣布，伊朗政府愿与有关各方分享核技术。哈梅内伊还说，"伊朗的核能力只是其众多科技能力中的一例，伊朗已经做好准备对外输出其本国科学家的知识、经验与技能。"

以上内容是哈梅内伊在与苏丹总统奥马尔·巴希尔（Omar al-Bashir）会谈时主动提出的。

一个拥有手机却害怕握手的人并没有什么稀奇；一个害怕握手、拥有手机还拥有核武器的人可就难搞了。当"顽固而原始的愚昧无知"遇上"廉价而易传的现代科技"，我们的未来必将变得暗无天日。

这种现代科技与原始力量相结合的社会形态究竟能走多远呢？2004年，报纸上还刊登过另一则关于手机的新闻，不过这次不是发生在苏丹的喀土穆。据伦敦《泰晤士报》报道，"居住在英国的穆斯林正在使用手机传播并观看伊拉克武装分子将人质砍头杀害的视频"。"一位30多岁的阿尔及利亚人"在伦敦生活已逾10年，他告诉记者："这样才是将手机物尽其用啊。"他的手机上收集了全套的人质杀戮视频。这位阿尔及利亚人还说："大多数英国人只会用手机下载裸女的照片，而我们则用手机观看美国异教徒被砍头的视频，这样一来伊斯兰圣战便在我们的手机中真实上演了……上个星期，我还在手机上同步观看了一群美国人质被处决前的最后几分钟。对了，那个被抓的英国人根本就不该去那儿。"他指的是当时还未被扎卡维处死的英国人质肯恩·比格力。接着，这位阿拉伯兄弟继续补充道："我跟你说，我迟早会在手机上看到他被砍头的视频的。"

果不其然，肯恩·比格力真的被砍头了。全伦敦的穆斯林毫无疑问也都在手机上"观赏"了他被砍头的视频。

1898年，英国的基奇纳将军在苏丹的恩图曼杀了伊斯兰苦行僧之后，诗人西莱尔·贝洛克曾写了首言简意深的小诗，借以炫耀英国的科技优势：

不论遭遇什么艰难险阻

我们有

马克沁机枪

而他们并没有

然而，如今的伊斯兰教徒和我们一样有了手机，而且还有不少人愿意为他们弄到21世纪的廉价山寨版的马克沁机枪。我们平常使用马克沁机枪时心头还时刻挂记着"最大限度的谨慎"（康德语），可现在这些伊斯兰教徒则不然。正如美国作家李·哈里斯（Lee Harris）所言："自由世界的体系已从内部开始瓦解。"我们已不再清楚人们的行为底线究竟在何处。当伊朗总统威胁要将以色列从地图上抹去，我们甚至不敢确信这究竟是一种夸张的修辞，抑或是对于揣着山寨手枪准备大干一场的圣战分子们的某种示好。

不过，不少愚不可及的专家的确相信，这些说辞的目的仅仅就是为了夸张与示好。你确实可以认为伊朗总统艾哈迈迪-内贾德（Ahmadi-Nejad）跟那帮妄称自己丢了生殖器的苏丹疯子没什么两样，不过这次有一点和苏丹人不同，他妄言自己拥有"大屌"型导弹——对，就是金正日正在像大卖场批发一样输送给全世界的那种核武器。（假如苏丹总统也在电视上说"我在此骄傲地向世界人民宣告，我们已经拥有了核武器"，那肯定要出大事了！天呐，大事不好——核武器已像流行病一样传染开来了！全世界都会陷入恐慌，随之而来的问题将会铺天盖地。）鉴于当今世界的许多领导人都和疯子没啥两样，我们可以自我安慰内贾德总统也和以往的苏联领导人没啥两样。想当年，共产主义国家本可以用核武器袭击我们，但他们也有充分的理由最终未去付诸实践。他们确有能力使用核武器，而我们通过设身处地地理性分析，可以确信他们并无发动核战争的真正意图。然而，伊朗现在的情况却刚好相反——他们一心想着用核武器袭击我们，只是苦于没有核打击的能力罢了。

想想那些手拿着现代化的手机却依然相信握手会丢掉男性器官的苏丹人，伊朗总统内贾德不就是他们的国际翻版嘛。这位总统手中握有核武器，且相信自己定能让西方国家丧失雄风。事实上，把以色列从地图上抹去的想法在他脑中还不算最疯狂的一个，最多只算是中东地区国际政治中一个小小的热点问题而已。最为疯狂的是，内贾德坚信第十二世伊玛目①——也就是所谓的"隐遁伊玛目"依然隐而未现，而他本人很有可能就是第十二世伊玛目指定的现世代理人。内贾德在担任德黑兰市长时，曾想把城市的林荫大道加倍拓宽，以便当第十二世伊玛目回来时无须屈就于狭窄的街道。内贾德还声称2005年他在联合国大会发表演讲时，曾有一个神秘的光环突然出现并将他笼罩。那可不是会场门廊上"出口"标牌的亮光——就算是吧，这幸福的光环怎么没有笼罩俺们加拿大的总理呢。此后不久，艾哈麦迪·内贾德又对印度外交部长纳特瓦尔·辛格（Natwar Singh）吹风："两年之内，必有大喜。"印度外长还以为内贾德说的是伊朗的核武器就要研制成功了，但谁曾想内贾德说的却是第十二世伊玛目即将归来。人类历史从来都容不下任何一群末日预言

---

① 伊斯兰教什叶派的主要支派之一，该派认为第十二代伊玛目穆罕默德·马赫迪是"隐遁伊玛目"，被安拉置于人所不知的地方，将来会以救世主的身份重现人间，重建太平盛世。

的狂热信徒,然而,如今却成了狂热分子拥有能力实现末日预言的新纪元。在中世纪的欧洲,对于世界末日的宣扬都是别有用心的;同样,"爱杀蛮敌"内贾德总统对于第十二世伊玛目的宣扬也必定是另有深意。"末日将至"的口号早已乏人问津,倒不如说"实现末日的手段"即将现世。

此情此景

第一次世界大战期间,最为后人津津乐道的小插曲之一来自于战争打响后的第一个圣诞节。1914 年 12 月 24 日晚的西线战场,以几码泥土相隔对峙的德军与英军,竟然举起条幅相互送上节日的问候,并在夜幕中用英语和德语合唱了一曲《平安夜》。最后,他们还从各自的战壕中爬出来,在壕沟之间的无人地带踢了一场圣诞节专场足球赛,并共同分享了德国啤酒和英国李子酱。而待这场圣诞聚会曲终人散,他们各自重返战壕,继续展开血雨腥风的厮杀。

这场在无人地带上发生的短暂休战启迪了不计其数的电影、书籍和剧本,其中多数作品都理所当然地认为这一故事所体现的真谛是:我们历久不衰的共有人性超越了战争时期的暴戾不仁。当冷酷无情的政治家和军事将领随风而逝,我们必将和睦相处、情同手足,一起踢着足球、唱着歌曲,恰如在当年那场惨绝人寰的大屠杀中英、德战士们的所作所为。

现在,让我们将视角转移到以色列西北部的海法市。2003 年一个周日的夜晚,一位名叫哈娜迪·加拉达特(Hanadi Jaradat)的 20 岁左右的年轻女子在拥挤的饭店中引发了自杀式炸弹装置,19 名食客当场血肉横飞。从女子留在现场的证据——她被炸飞的头颅——

可以推断，她的头发扎成了一个别致的西式马尾辫。此时此刻，你能从她身上找出她与那 19 名食客之间的所谓"共同人性"吗？你能想象得出阿拉伯人和犹太人欢快地踢着足球、互献颂歌的场景吗？你可要知道，阿拉伯人和犹太人在中东共存的唯一地点就是以色列——尤其是海法市，那个被年轻的阿拉伯姑娘炸毁的饭店历史上曾被一个阿拉伯家庭和一个犹太家庭共同经营了 40 年。与此同时，我倒是很想弄清楚以下事件是否也是为了同一个原因——位于英国北爱尔兰的爱尔兰共和军[①]（IRA）正在绞杀在英军基地里工作的同为天主教徒的厨师和工人。然而，这些暴动可能并未经过深思熟虑的精心谋划，纯属一种非常原始的杀戮行为。更有可能的是，贾拉达特小姐一旦成功地潜入以色列——穿过防护网上未经修缮的安全漏洞（这种事一直以来都令欧洲联盟和美国国务院扼腕叹息）——她就已经决定了爆炸对象爱是谁是谁了，无论碰上谁她都会决绝地引爆炸弹，任凭一切生灵顷刻之间灰飞烟灭。

巴勒斯坦的死亡崇拜者否定了西方和平主义悲天悯人的一切幻想——战争不过是由一帮老人在幕后操纵的棋局，在前线浴血奋战的青年则是他们手中的棋子：假若没有这些心术不正的老军头作梗，世间必将是一片祥和安宁。然而，要是能从约旦河西岸的阿拉伯人那里——不论是犬儒之士，抑或是激进领袖——找到所谓的"共同人性"——那何其不好。话虽如此，年迈的阿拉法特却是一边纵情歌颂着巴勒斯坦的青年殉道者，另一边又尽显人性地将自己唯一的孩子留在巴黎，以使她远离自杀式炸弹袭击，永远不会走上自戕之

[①] 1919 年由旨在建立独立的爱尔兰共和国的民族主义军事组织"爱尔兰义勇军"改编而成，目的是与驻在爱尔兰的英军作战。曾为爱尔兰独立、现为统一北爱尔兰而战斗，英文简称为 IRA。

路。很难想象赛义卜·埃雷卡特①（Saeb Erekat）或哈南·阿什拉维②（Hanan Ashrawi）或其他任何巴勒斯坦的老牌斗士会在CNN和BBC的节目上公开赞颂自己的至亲之人舍身赴死。但贾拉达特小姐的亲生兄弟——塔赫尔·贾拉达特（Thaher Jaradat）却做到了，他在电视上公开宣称："我们收到了来自四面八方的道贺。为什么要痛哭流涕呢？那一天就像她的婚礼一样，是她人生中最幸福的一天。"

问题的核心并不在于安全防护网上的漏洞，而在于心理防线上的裂隙——毕竟心灵上的裂痕才是人类真正的鸿沟——这条鸿沟将绝大部分的巴勒斯坦人与所有的犹太人截然分离。在阿拉伯人那边，双方根本不存在什么共同的人性，即使是在彼此熟识的人之间，即便那些人还为他们提供了就业机会或其他帮助，这种共同的人性也毫无踪迹可寻。更多的情况则如瓦法·萨米尔·易卜拉欣·比什（Wafa Samir Ibrahim al-Biss）——一位21岁的巴勒斯坦女子，在一家位于贝尔谢巴市的以色列医院接受了精心治疗后，却毅然决然地绑上炸药，回去把曾经治疗她的医生和护士炸得粉身碎骨。

好吧，假如你是亲巴勒斯坦人士，你可能会耸耸肩，认为这些人的残忍堕落实为客观固有的"绝境"所迫。但假如你对巴勒斯坦人足够了解，你一定会发现，几十年来，在联合国的偏袒溺爱、欧盟的资金支持以及阿拉伯国家刁滑奸诈地操纵之下，巴勒斯坦人已成为地球上最自我陶醉的一群人。不过话说回来，不论何种情况，

---

① 从1994年起先后担任巴勒斯坦民族权力机构城乡事务部长和地方政府部长等职，1996年被任命为参加巴以谈判的巴勒斯坦代表团首席代表，2003年任谈判事务部长。
② 巴勒斯坦著名女政治家、社会活动家。英国圣公会教徒，也是巴勒斯坦政治家中为数不多的基督徒之一。1987年巴勒斯坦起义期间，凭借流利的英文，成为巴勒斯坦的代言人，时常出现在西方电视台的新闻节目中。

巴勒斯坦确实都可谓身处于一种特殊的"绝境"之中。

可是，如果巴勒斯坦人的"绝境"扩散到了全世界呢？如果世界上数以亿计的民众都传染上了万念俱灰的绝望呢？

曾经有一个死亡现场，从俯拍的场景来看，那些裹尸袋看起来什么都没装，它们似乎都被平摊在地上。只有当你从近处观察才会发现，那是因为死者的身体太过娇小，不足以占据整个袋子的空间，裹尸袋看起来才像是什么都没装。他们都是孩子。地上一排接一排平摊着的袋子里，全部都是死了的孩子。这其中有100多人——大概150人——甚至更多的孩子都是在试图逃跑时背部中枪而死。

此情此景，正是俄罗斯别斯兰恐怖袭击案发生之后的学生校舍。2004年9月，学校里的孩子们被掳为人质并惨遭屠杀，和肯恩·比格力一样，他们离开这个世界时听到的最后一句话，正是凶手们那近乎癫狂的呼喊："真主万岁！"

"真主万岁。"

这种恐怖病毒已潜伏了很长时间。1971年，在埃及开罗的喜来登酒店大堂，恐怖分子近距离开枪射杀了约旦总理，在他倒地后奄奄一息之时，一名杀手竟喝起了从他伤口汩汩流出的鲜血。时隔35年之后，在巴勒斯坦民族权力机构的大选中，以建立伊斯兰政府为目标的哈马斯组织取得了压倒性胜利。在立法委员会的一众候选人里，已育有3个孩子的玛丽亚姆·法拉哈特（Mariam Farahat）脱颖而出，在加沙地区当选。她曾是6个孩子的母亲，但其中3个在对抗以色列的自杀式袭击任务中自爆身亡。对于巴勒斯坦人来说，她是个家喻户晓的名人，一直被外界尊称为"斗争之母"——照此来看，她已经平静地接受了孩子的死亡，因为所有的斗争之士都已是她的孩子。玛丽亚姆声名远播还因为一段哈马斯的竞选广告，她在其中现身讲述了 17 岁的儿子是如何杀死以色列人的英勇事迹，临行前她甚至还告诉儿子别打算回来。这简直就是哈马斯版本的著名电影《第 42 街》[①]嘛：你走的时候还是个年轻人，但你回来时必须得炸得粉身碎骨！

她参选巴勒斯坦立法会，也许是因为她本人有意担任交通部副部长或渔业署副署长。然而，她和哈马斯组织的同事们能够最终当选，更有可能是因为他们确是巴勒斯坦人民的真正代表，建立伊斯兰政府也确是巴勒斯坦人民的真正信仰。60 年来，作为联合国认可的"难民"，他们对以牺牲后代作为竞选资本之事早已习以为常。当你身处巴勒斯坦，不论是在加沙地区还是约旦河西岸，这种死亡文化一直如影随形、无处不在。随便走进一家便利店，几个巴勒斯坦人会跟你亲切友好地打招呼，可是越过对方的肩膀，你就能看到本周殉道的烈士遗容，那些照片全部都被店主自豪地挂在墙上。我上次访问巴勒斯坦时，当地学校正在举办一个全国性的书信写作竞赛，在由教育部颁发的一等奖之中，有一封由一个名叫马哈茂德·纳吉（Mahmoud Naji）的 12 岁少年写给犹太复国组织的长信，信中这样写道："我的心隐隐作痛，如一潭悲伤的死水，终有一日，我会买一把武器，我会将枷锁炸得粉碎，我会挪动心如死灰的躯体向你走去……"

著名的"温和派"宗教领袖尤素福·卡拉达维（Yusuf al-Qaradawi）一直以来都是深受伦敦市长肯·利文斯通（Ken Livingstone）青睐的伊斯兰阿訇。2004 年，卡拉达维受邀参加一个题为"我们的孩子，我们的未来"的研讨会并发言，该会议由伦敦警察厅和英国就业与

[①] 《第 42 街》是 1933 年上映的一部好莱坞歌舞片。片中有一句经典台词："索耶，你走的时候还是个年轻人，但你回来时必须是个明星！（Sawyer, you're going out a youngster, but you've got to come back a star!）"

退休保障部支持举办。当谈及儿童和他们的未来，这位阿訇显然已经胸有成竹，他说："以色列可能有核弹，但我们有儿童人体炸弹，直到解放大业完成之前，这些人体炸弹都必将继续存在。"

感谢那些已在天国的小姑娘们，她们在愉悦和欢乐中把自己炸得粉身碎骨。正因如此，我们面对的敌人根本不是像苏联那样的"敌对国家"，或是像爱尔兰共和军那样的"恐怖分子"。要想找到1914年平安夜中将英、德士兵联结一处的共同人性，我们的确还有很长的路要走。不妨想想，当一个伊斯兰圣战分子看到一个俄罗斯学童、一家以色列餐厅、一名英国承包商抑或是一位美国和平主义者，在他内心深处泛起的究竟是什么。

此情此景，却正在我们身边悄然上演。或许正如伦敦《每日电讯报》在2006年时所报道："伊朗强硬的精神领袖日前发布了前所未有的新伊斯兰教令，或称神圣谕令，准允使用原子弹作为武器攻击敌人。"

哇塞，真是令人啧啧称奇。

哪些"已知"我们依然"未知"？

2003年，美国国防部长唐纳德·拉姆斯菲尔德讲述了一段广为媒体引用的名言："有报道说我总是对未知之事感兴趣。因为我们知道，有一些事情可谓'已知的已知'，对于这些事情，我们知道自己已经知道了；我们还知道，另一些事情可谓'已知的未知'，对于这些事情，我们知道自己尚且不知道；不过，还有一些事情可谓'未知的未知'，对于这些事情，我们并不知道自己其实不知道。"

拉姆斯菲尔德的此番言论招致了四面八方的嘲笑，英国"简明英语组织（Plain English Campaign）"中一些无知的讥讽者甚至为他颁发了"年度最烂英语奖"。事实上，在以英语为母语的政治家中，拉姆斯菲尔德可能是讲话最清晰简明的一个了，假如有更多人都像他一样说话，政治圈就不会像现在这么备受鄙夷。他关于"已知的已知""已知的未知"以及"未知的未知"等精辟的总结，事实上正是对于当前危急形势的准确概括。这里不妨举个例子，其中还体现了霸气外露的德克萨斯牛仔的精神实质：电影中的约翰·韦恩[①]（John Wayne）躲在一个老矿工的小棚屋里，他从窗台向外望去，慢悠悠地吐出一句话："外面很静。太安静了。"

他的言下之意是：他很清楚什么是他的"未知之事"，他虽尚不知道坏人的精确位置，但他确实知道他们正潜伏在屋外的某处，在漫天飞舞的尘埃中小心翼翼地等待着，或许这会儿他们正躲在屋后那几棵巨大的仙人掌后面企图干净利落地将他一枪毙命。因此，他十分清楚自己应该警惕什么，那就是：他生活的世界里充满了"已知的未知"。换个场景，假设当约翰·韦恩扫视窗外，搜寻一顶黑色的鸭舌帽或一把亮闪闪的左轮手枪，就在这时一架被劫持的客机轰然撞向了老矿工的小棚屋。这就是拉姆斯菲尔德所说的"未知的未知"，可怜的约翰·韦恩并不知道什么是他所不知道的迫近危险——直至他遭遇袭击的那一瞬间。

对于"9·11"事件，世间绝大多数人都与韦恩一样：我们尚且未知的事情之一，恰是我们自己的无知。对于发达国家的大部分民众而言，恐怖主义就意味着在购物街、火车站或公园的音乐舞台上引爆的炸弹——最多炸死20来个人、致残30来个人也就了不起了。

[①] 好莱坞电影明星，以演出西部片和战争片中的硬汉形象而闻名世界。

正如托马斯·弗里德曼在《纽约时报》中所言:"未能防止'9·11'惨剧发生,并非因为情报机构或统筹单位的工作不力,皆归因于我们太过匮乏的想象力。"

换句话说,恐怖主义是一种"未知的未知":我们仍然太过无知,因而根本不知道该去警惕那未知世界里的未知之物。

然而,这里仍然存在一个证据充分的悖论。鉴于基地组织尽人皆知的恐怖野心,鉴于其将世贸中心作为攻击对象的早先迹象,鉴于阿拉伯年轻人在美国参加飞行培训的频密人次,完全可以证明"9·11"应当是一个"已知的未知"——一个在环顾周遭时我们理应加倍警惕的潜在危险。然而,弗里德曼坚称:"即使将所有的第一手情报资料在联邦调查局、中央情报局和白宫之间共享,我也确信没有一个人会把这些资料联系在一起,谁能想象到奥萨马·本·拉登会做出此等邪恶之事呢?"承认吧,他说得的确很有道理。相较之下,冷战中就存在着一个最尽人皆知且持续了半个世纪的未知事件。我们虽对末日之景发生的确切时间或细节一无所知,却对末日来临时的大概情景——一朵蘑菇云——再清楚不过,以至于核爆炸这种"已知的未知"成了文艺作品中最司空见惯的情节,比如经典电影《奇爱博士》[①](*Dr. Strangelove*)就是其中之一。

当前的情势比冷战更为棘手。这个时代充满了"未知的未知"。如果你在机场柜台办票时,电脑突然出了故障,工作人员对你解释说系统恢复正常以前他做不了任何操作,然后你就看着他一脸茫然地在那里坐等系统恢复,一个体格健全之人此时却胜似丧失机能的

---

① 由美国导演斯坦利·库布里克根据彼得·乔治小说《红色警戒》改编的一部黑色幽默喜剧片,于1964年在美国上映,虚拟了美、苏之间相互核威慑而引发的惊悚故事。

残疾人。这可不像是你在 1937 年的机场柜台办票，工作人员只须撕下票根扔进收银机，你就一切办妥了。今日，我们的电脑系统存在着数以百万计的漏洞。其中一些漏洞是"已知的未知"——比如某种由恐怖分子发出的电磁脉冲，可以彻底摧毁美国和加拿大所有的银行账户，由此导致整个金融市场的崩溃。我们还知道一些尚不清楚细节的其他事情——比如朝鲜到底会对准何地发射核弹，比如失踪的苏联核材料究竟泄漏去了何方，又比如何人还藏有 2003 年伦敦警察厅发现的那种"鞋子炸弹"——然而，对于这些国家、组织、技术以及"鞋子炸弹"究竟是以何种方式黏合一处并给予我们一记重击，又或者在这阴谋链条上还有什么别的相关因素参与其中，我们依然一无所知。直到我们打开电视，看见那再度被烟雾充斥的屏幕，我们才可能找到真正的答案，不过，每一次的答案都不尽相同，这一次的袭击发生在 5 月 7 日的法兰克福，下一次就是 2 月 3 日的温哥华或 10 月 22 日的达拉斯。又或许某日我们可能根本没法再打开电视，因为那些"未知的未知"都是形态各异的技术灾难，我们甚至无法想象出它们的具体形态，谁也不知灾难会如何降临在自己的头上。

然而，关于伊朗的认知却已是众所周知：这是一个正在发展核武器的国家，一个利用这种武器反复威胁邻国的国家，一个长期以来一直资助恐怖主义的国家，一个只要说得出来就一定能干得出来的国家。对于这样一个国家，还有什么是我们不知道的呢？

那么你就会问了：他们真的会这么干吗？

这个问题说出口的那一刹那，想必你就已经心中有数了。而这个同样的答案也可以回答其他各种类似的问题，比如：他们会屠杀别斯兰的学生吗？他们会斩首爱管闲事的英国人吗？他们会杀死奔忙于伊拉克的国际救援人员和美国"基督教维和组织"的志工吗？

1993年，背后受伊朗支持的黎巴嫩真主党对以色列驻阿根廷大使馆实施了自杀式炸弹袭击，29人因此丧生，上百人受伤。第二年，"阿根廷-以色列互助协会"又在布宜诺斯艾利斯遭到了轰炸袭击，近百人死亡，250人受伤——这也是继"二战"大屠杀之后，对犹太平民最残酷的一次生命屠戮。结果，阿根廷法院却只对两名伊朗外交官和两名前任内阁官员下达了拘捕令。此次袭击的主犯事前好几天就已搭乘飞机自黎巴嫩出发，最终从阿根廷、巴西和巴拉圭交界的"三角区"入境拉美。再想想，假如伊朗事先将"罪恶又肮脏的核武器"甚至是更大规模的杀伤性武器交付黎巴嫩真主党手中，而不仅仅是普通炸弹，恐怖分子潜入阿根廷是否会更加容易呢？如果布宜诺斯艾利斯的大片市区被夷为平地，变成了不宜居住的不毛之地，阿根廷当局又会采取什么措施呢？伊朗早就盘算好了袭击拉美的计划，但阿根廷却无法预测中东的动向，况且它既不能用核武器攻击德黑兰，也无法以传统军事手段打击伊朗。

所以，阿根廷想要实施任何报复，都只能由别国代劳。美国政府会行动吗？那要看罪犯留下的指纹有多清晰。毕竟只有第一时间知道是谁挡了道，"确保相互摧毁"①战略才可能发挥效用。伊朗之所以躲在背后支持黎巴嫩真主党以及其他一些恐怖组织，正是为了在事后进行"貌似合理的推诿"。实际上，那些都是"难以置信的推诿"，不过却足以让联合国深信不疑。所以，假如跟随案件一路追溯到穆斯林的阿訇与毛拉，却只发现些微不足道的蛛丝马迹，美国采取报复行动的意愿又能有多强烈呢？小布什和拉姆斯菲尔德可

---

① 一种核战争时代的反应战略，指美、苏双方均有第二次核打击能力，即在对方首先实施核打击之后，己方仍能生存下来，并具备完全摧毁对方的核报复能力。

能会采取行动,可是由克林顿或是鲍威尔掌权的政府内阁敢吗?况且就算采取行动,联合国框架下的调查工作不知又会遭遇到多少压力与阻挠?假设一下,即便联合国大规模杀伤性武器委员会主席汉斯·布利克斯①(Hans Blix)卸任不干了,我们还是得和联合国安理会周旋个一年半载,然后国务卿还得在最后关头飞往喀土穆,说服苏丹领导人莫要在联合国投票中支持伊朗。

要知道,伊朗手中的中程导弹可不仅能够打击到以色列的首都特拉维夫,还包括罗马、柏林、巴黎、马德里和伦敦。既然如此,欧洲的政治人物将如何应对?他们会坚定反对来自德黑兰的恐怖威胁吗?还是相信总有其他办法能避免与伊斯兰国家的核武器殊死相搏?比方说,或许你会支持腰缠万贯的穆斯林富豪在你的首都城市建造起蔚为壮观的清真寺,又或许你会提名穆斯林团体中长袖善舞的宗教领袖入职政府的某个特别委员会,抑或许你会任命一个专门负责伊斯兰教育事业的内阁部长。换句话说,"穆斯林炸弹"很可能促进了欧洲的伊斯兰化,而伊斯兰化又多多少少会使你因走入了伊朗核武器的保护伞而觉得安全。与此同时,你的畏缩和妥协还大大鼓舞了伊朗及其盟友更加大胆地将目光投向世界的其他地方。

我们的语言就是炸弹

爱尔兰政治家埃德蒙·柏克(Edmund Burke)曾写道:"情感无节制之人永不得自由,其激情造就其桎梏。"无论是伊朗宗教领

---

① 曾任瑞典外交大臣和国际原子能机构总干事。2003年12月任新成立的联合国大规模杀伤性武器调查委员会主席,负责调查伊拉克核问题。

袖还是阿拉伯自由圣战者，对他们而言，问题的背后从来都不存在什么"根本原因"——或者说，你想以"从伊拉克撤军"或是"允许巴勒斯坦举行建国仪式"为谈判筹码，门儿都没有。在他们的世界中，只存在着一种能够扩散的癌症，无论客观环境如何它都将肆虐横行。2005年，巴厘岛爆炸案发生前5天，共有9名恐怖分子在巴黎被捕，据报道他们策划了一起地铁袭击事件。你以为这些恐怖分子如此仇恨法国，一定是因为法国倾其武装力量参加了伊拉克战争，对吧？然而，2001年以来，法国总统希拉克以及他任命的总理一直都竭尽所能，堪称"布什-布莱尔新保守主义"和"犹太复国主义"好战分子们的两大绊脚石。

阿富汗战争爆发后的几个月里，法国外交部长于贝尔·韦德里纳（Hubert Nasrallah）每日都在国际关系中践行美国式的"简约主义"。萨达姆打从一开始就深知法国的否决权是阻止联合国制裁伊拉克的杀手锏。即便如此，伊斯兰圣战者之后还是炸毁了法国的油轮。此前，相比而言，假如你只能说出一个油轮不会被炸掉的西方国家，那么肯定是法国无疑。

然而，法国的油轮还是被炸了。事件发生后，位于也门的恐怖组织——"亚丁伊斯兰军"的一名发言人称："我们其实更想袭击美国的护卫舰，但是也无所谓，反正他们都是异教徒。"

无所谓，反正他们都是异教徒。

当某些人作出特定声明，且确实向来言行一致，我倾向于相信他们所说的每一句话。就像真主党前领导人侯赛因·纳斯瑞拉（Hussein Nasrallah）所言："我们斗争，并非为了让你们给予我们什么；我们斗争，就是为了消灭你们。"宗教激进主义者的第一选择在于杀掉美国人和犹太人，最好是杀掉恰如《华尔街日报》记者丹尼尔·珀尔一样的美籍犹太人。实在不行的话，他们也挺想杀掉澳大利亚人、英国人、加拿大人、瑞士人和德国人，就像他们在巴厘岛的所作所为一样。无所谓，反正咱们都是异教徒嘛。你完全可以是个嗑药过量的白痴德国佬，在巴厘岛的酒吧里悠闲度日，时不时对当地人调侃一句"嘿，哥们儿，我爱你们所有人"，然后那些宗教激进主义者还是会把你当成美国副总统迪克·切尼，满腔怒火地把你炸成碎片。

2002年2月，一名长期报道中东问题的资深记者罗伯特·菲斯特（Robert Fist）（可惜的是，他所有的报道几乎都大错特错），写了一篇题为《请释放我的朋友丹尼尔·珀尔》的专栏文章。文中净是些陈词滥调，比如：请放了我的朋友丹尼尔·珀尔，然后你们就可以诉说你们的故事，传达你们的心声；绑架他是"最坏的错误选择"，这让他无法向外界传递你们的信息。好嘛，传递什么信息？大概诚如菲斯特所猜测的："阿富汗上万难民的苦难人生"，"巴基斯坦数百万穷人的辛酸困境"，等等。

不知何故，这些致歉者们一直不得要领：穆斯林的心声其实早已向外界传达了。珀尔被砍下的头颅就是"信息"。这就是为什么伊斯兰恐怖分子要记录砍头杀害的场景，以视频的形式向外界传播的原因。他们不仅通过穆斯林的集市与学校进行传播，还通过互联网将信息传向了世界的每一个角落。这不愧是一记重击，他们卓有成效地向外界传达清楚了自己的信念。

在我们这个时代，即便是最激进的法西斯意识形态也会十分精明地用虚假的标签掩盖其黑暗的背后动机。然而，伊斯兰极端分子甚至连传统的言辞伪装都不屑使用。对于他们而言，所说即所想，所想即所说——而我们却选择对这一点熟视无睹。八国集团峰会期间，伦敦地铁遭遇炸弹袭击，各国领导人纷纷在推特上发出感言，悲悯此事的"艾楚不幸"与"讽刺意味"，感叹若是早点采取应对措施该有多好——看起来，好像是恐怖分子在为非洲贫困和全球变暖而寝食难安一样。就算事实真相的刺眼灯光打在脸上，我们也巴不得赶紧关掉电源，然后重回黑暗的荒原中独自摸索。

　　一个失序的世界终将打破一切限制。即便在低烈度的冲突中，也没有对绝对的黑白之分：美国人认为"北爱尔兰"的冲突就是爱尔兰共和军与英国政府之间的对抗。然而，事实不仅如此，还有一群"效忠政府"的准军事部队，他们坚称：假如爱尔兰共和军用炸弹袭击了平民，那么他们必定会以牙还牙、以眼还眼。伊斯兰极端分子愚蠢地认为，只要有了核武器就可以肆意妄为。他们相信，假如一颗脏弹在伦敦或德里爆炸，只要没有留下清晰的指纹证据，该国政府就不会对此作出反应。然而，恰似北爱尔兰，总有一群人认为政府的回击太过软弱无力。他们会频繁拨打秘密电话，悉心制定行动计划，然后在伊斯兰堡、利雅得和开罗引爆炸弹。此后，非伊斯兰世界一定会出现多如牛毛的"非国家行为体"以实施报复。最终，恶有恶报，宗教激进主义传染病的受害者也将会包括不计其数的穆斯林。

　　不过，我们一定不会就这样坐等伊朗的核武器来犯，对吧？巴厘岛、马德里和伦敦炸弹袭击事件已令事实的真相昭然若揭：宗教激进主义就是一种典型的"尚武主义"；他们存在的意义便是毁灭一切。终有一日，其必呈排山倒海之势，浩浩荡荡地向我们袭来。

第八章　孤独的单极：美国 VS 其他国家

> 最后，美国将与世界上的其他国家决一死战。你将站在哪一边？
> ——马修·帕里斯，《旁观者》（英国），2002年2月2日

美国能否赢得这场"旷日持久的战争"？也许你觉得这是个蠢问题，不过，许多其他国家正抱有相似的疑问。如果连美国都在这场战争中败下阵来，那么其他发达国家也再无翻身的可能。到了那时，他们也只能面对现实，撒丫子去找个新的容身之所吧。其实，一个伊斯兰化的欧洲和一个拥有核武器的伊朗，都不过只是世界末日的前奏。逊尼派三角地带一直以来都是个热点地区，在萨达姆·侯赛因倒台几个星期后，我开车前往伊拉克的费卢杰（Fallujah）。我真的无意冒犯任何阅读本书的费卢杰人——不过，这地儿确实是太脏了！早已过了饭点儿，我找到一家塞满了逊尼派阿拉伯人的破旧咖啡馆。正是午餐时间，里面却见不到一个女孩儿。除了我以外，也不见任何西方人。好似电影中的场景：我一进门，嘈杂纷乱的众

声喧哗便戛然而止,当我走向一张空桌子时,我觉得每一双眼睛都在紧紧地盯着我看。

我最不喜欢穿得跟战地记者似的,每次看见这身打扮的人在各处闲逛,都觉得他们已经在菜市场里面睡了一个礼拜。所以即便这次去伊拉克,我的穿着依然与平时在华盛顿或纽约时一样,且大部分行头都是从"西方帝国主义侵略者"的生产线上所购置的名牌——布克兄弟①(Brooks Brothers)。上个礼拜我还在伦敦买了条漂亮的领带。我的袖扣也是全咖啡馆里最精致、最独特的。我本来就不是逊尼派三角地带的本地人,所以也没啥必要伪装成本地人。如果你是一个异教徒,也来自于没落的旧殖民宗主国,我劝你最好也穿成我这样。

选了半天,我最后点了盘什锦烤排,吃起来口感并无特色,就是些又硬又老的鸡肉罢了。说实话,我觉得我的领带可能都比这硬邦邦的鸡肉有嚼头。咖啡馆里的当地人都看着我,其中一些人的眼睛里明显透出了阴沉和厌恶的神情,剩下的人则都在偷笑。当时的场景大抵如此。在这个刚刚解放的前独裁国家,什么事情都说不准,人们的面部表情也不一定就代表其内心所想:我旁边的食客不就在不时地用异国语言说说笑笑嘛。不过,想想我在加州伯克利所遭遇的更加不堪回首的用餐经历,最终也就有动力勉强嚼完了口中的食物,然后用满是细菌的洗手液洗了洗手,心想着这家店的烤肉也还算凑合嘛。出于礼貌,店主将闪着雪花的黑白电视机从阿拉伯语频道切换到了BBC国际台,新闻里照常播报着伊拉克此时的凄惨窘境。

---

① 美国知名男士服装品牌,曾为《贫民窟的百万富翁》《在云端》《了不起的盖茨比》等多部好莱坞电影中的男主角提供戏服。

直到一年后,我才再次关注到费卢杰。那时,4名在伊拉克工作的美国承包商——史考特·海文斯顿(Scott Helvenston)、韦斯利·巴塔罗纳(Wesley Batalona)、杰瑞·佐福柯(Jerry Zovko)和迈克尔·迪格(Michael Teague)——开车经过市区时突然遭遇了恐怖袭击,暴徒把他们从车上拖了下来,先枪杀、再焚尸、后肢解,他们的尸体最终被挂在幼发拉底河的一座桥上,当地的目击者发现后还高兴地在街头载歌载舞。杀了人的叛乱分子得意扬扬,将施暴全程拍摄下来,并把视频上传到互联网,传播至世界各地。

"噢,天啊!死的那个人也可能是我!"一生中能碰到说这话的场景其实并不多见。在电视上看到此情此景,我还是不禁想起了11个月前在费卢杰的那顿午餐,想起邻桌那些神经兮兮、露齿大笑的阿拉伯人。他们也会想杀了我吗?我打赌有一两个人确曾跃跃欲试。假如他们真的杀了我,我敢肯定有三四个人会歇斯底里地用鞋子抽打我的尸体。或许另有五六个人对于我是死是活漠不关心,但如果我真的咽气之后,他们一定还是会支持杀死我的决定。剩下的一些人大概会觉得紧张不安,但是最终仍会选择保持沉默。

那么,他们当时为什么不直接杀了我呢?我并不勇敢,更不是头脑一热便拼命顽抗的莽夫。假如我知道逊尼派三角地带是世界上最危险的地方,我才不会孤零零地开着一辆租来的破尼桑车到处乱跑的。

当然,当时的费卢杰其实并不危险。为什么呢?好比赌马一样,当本·拉登为"9·11"袭击得逞而得意扬扬之际,人们好似看见了一匹强马和一匹弱马,而且自然会选择为强马下注。然而,到了2003年5月,巴格达已被攻陷了4个星期,美国率领的联军部队已成功逆袭,摇身一变成了一匹强马。他们在极短的时间内扳倒了萨达姆·侯赛因——一个自称是萨拉丁①（Saladin）再世的狂人。所以在那时候，即便是一个羸弱如小马驹的西方旅行作家，当他走进咖啡馆，人们也会觉得他是强马中的一员，并据此对其产生敬畏之心。

然而，在接下来的一年中，美国便不再是一匹强马了。由于一系列原因，从西方媒体到小布什政府都希望美国能被大家视作——怎么说呢——一个满怀怜悯之心的十字军战士。这个想法的本意固然很好，但是在阿拉伯人看来，事实却并非如此。在当地人眼中，同情并不是对于对方的尊重，反而是自身软弱的表现。《第一天》杂志评论道，一个拥有绝对优势的超级大国似乎并无兴趣了解，与萨达姆在一周之内滥杀的政治犯的人数相比，伊拉克战争一年之内的死亡人数其实只是略多了一点。相比之下，在世纪之交的那几年里，刚果大约有400万人在战乱中死亡②——你又何曾见过几本书或几部纪录片对其进行了披露呢？

11个月之前，在我去往费卢杰的途中，有一条位于约旦边界和伊拉克鲁特巴镇之间的荒芜公路，在那儿，我第一次见到了被烧毁的坦克车。在整条公路上，你时不时都能目睹这样的场景——一堆烧焦的坦克残骸叠得与人一样高，结结实实地堵住了车流的去路。碰到第一辆被焚毁的坦克时，我下车围着坦克走来走去，揣测着坦克驾驶员的命运，不禁陷入了沉思。然而，正如研究装甲战的伟大战略学家李德·哈特（Liddell Hart）所说："对敌人武装部队的彻

---

① 中世纪伊斯兰世界的著名军事家、政治家，为埃及阿尤布王朝的首任苏丹（1174—1193）。因其在阿拉伯人抗击十字军东征时所表现出的卓越军事才能，在埃及历史上被称为民族英雄。
② 1993年至2003年间，刚果（金）陷入内战，卢旺达等6个邻近国家纷纷卷入，造成数百万人死亡。

底摧毁,只是达成最终目标的一种方式,且并非不可避免或绝对正确的一种方式。"

战争的目的,不是摧毁敌人的坦克,而是摧毁敌人的意志。正如李德·哈特所言:"我们在战争中的目标,只能通过征服敌人的意志而实现……包括军事告捷、舆论宣传、经济封锁、外交攻势或者对政府和民用设施的武力打击,最终都被看作征服敌方意志的方式之一。"

美国格外擅长摧毁坦克。假如你一不小心作了个错误的决策,促使美国与你展开了一场热战——比如,一场坦克、轰炸机、军舰等协同参与的综合战争——那么,我敢打赌你很快就会丢盔弃甲。塔利班就曾这么干过,后来的萨达姆·侯赛因也同样一败涂地,这也是为什么在我看来,我在费卢杰吃那顿午餐其实并不需要什么个人勇气。就在那个月,美国刚刚推翻了那里的军事独裁者,还有比那时候去游访伊斯兰世界更安全的时间点吗?

一旦敌人知道大势已去,就会立马放弃抵抗。在伊拉克,虽然萨达姆已迅速倒台,但我们尚不清楚敌军是否已全然获知此事。要知道,即便在你死我活的白热战阶段,我们也还是扮演着满怀同情心的十字军。西方反战分子发起的"人肉盾牌"行动[①]明显是多余的,因为英美联军其实早已把除了萨达姆及其儿子乌代[②](Uday)和库

[①] 极端武装和独裁政权常用的战术手段之一,核心是煽动平民以其血肉之躯保护军政设施,进而将战争伤亡的责任推给交战对手,博取国际同情。
[②] 伊拉克前总统萨达姆·侯赛因的长子,一度被认为是萨达姆的接班人,但在遇刺重伤后,其继承人的地位被弟弟库赛取代。

塞[1]（Qusay）以外的每一个人——不仅仅是伊拉克平民和士兵——都当作了不予击毙的"人肉盾牌"。美国自觉地作出了选择，假定每个伊拉克人都是无罪的，甚至包括在纳西里耶（伊拉克军事重镇）伏击了美国海军的假意投诚者。然而，在2003年春季，被上述神经质的慈悲战术害惨的，其实并非美国或其率领的联军部队，而恰恰是伊拉克的平民百姓。两年之后，他们都成了"叛乱分子"的主要攻击目标。试想，如果这些追随萨达姆的复兴党[2]残余们当年就被英美联军彻底干掉，大量平民也不至于在两年之后命丧黄泉。同理，如果一群逃往邻国的圣战分子当年就在叙利亚靠近伊拉克的边境地区被英美联军"误炸"而死，伊拉克平民的阳寿也大底能够再延长多年。在战斗中，我们给自己强加了过分离谱的道义要求，往往最终使自己束手束脚、难于全胜——我们在朝鲜和越南不就是如此吗——与之相反，德国和日本的教训却是，如果你把一个国家摧毁之后便弃之不顾，它更容易建立起一个新的极权主义国家。所以，科林·鲍威尔才提出了著名的"陶瓷仓库规则"[3]：谁打破，谁重建。然而，支持萨达姆的复兴党和其他组织却从美国的缚手缚脚中得出了相反的结论：既然没胆打破，也就无权重建。

---

[1] 伊拉克前总统萨达姆·侯赛因的幼子及接班人，是萨达姆政权中的核心人物，也是美军扑克牌通缉令上的第二号人物。2003年7月22日在摩苏尔与其兄乌代、其子穆斯塔法一起被美军击毙。
[2] 全名为阿拉伯社会主义复兴党，成立于1947年，是一个激进的、非宗教的民族主义政党。作为一个泛阿拉伯党派，在多个阿拉伯国家都设有分支，其中在伊拉克和叙利亚具有重大影响力。
[3] "陶瓷仓库规则"(Pottery Barn rule)是美国政治术语，指的是"谁打破，谁负责"原则（"you break it, you buy it"）。即如果顾客损坏了商店里的商品，商店有权要求顾客为此买单。当年美国国务卿鲍威尔曾以此警告小布什总统勿挥兵入侵伊拉克。

我并不忧心伊拉克的未来。伊拉克的政治领导层已然表现出了异常惊人的毅力和令人钦佩的决心：这个国家当然并无可能变成发达的美国新泽州或是新加坡，但它终会变得更好（即使它可能由逊尼派、什叶派、库尔德人分裂为三个独立的国家），比其邻国也要好得多。如果你生活在摩苏尔①（Mosul）或巴士拉②（Basra），大可不必杞人忧天，伊拉克的问题都是伊拉克人自己的。但是，以旁观者的视角观之，伊拉克战争遗留的最大悬念，并非伊拉克的未来何去何从，反倒是美国的未来何去何从。作为世界的领军者，美国是否还能继续领导下去，或者约翰·克里惧怕卷入战争的越南综合症③是否已经"烙"（正如他自己说的）入了美利坚民族的骨髓？如果是的话，美国在这场"旷日持久的战争"中坚持下去的可能性还有多大？特别是当前我们所面临的，并非一场可以速战速决、全面摧毁的实体战争，而是牵涉了错综复杂的其他因素——军事和技术的优势甚至已经退居次要的位置。敌人是以意志和人口为其战略支撑的，我们是否有能力（用李德·哈特的话说）征服敌人的意志呢？当美国部队出征巴格达之时，敌人其实对我们的战事速度大为震惊。然而，入侵很快变成了伟大的解放，解放继而变成了温柔的监管。如此一来，你在头一个月中通过硬实力获得的优势越多，日后伸展手脚时受到的束缚也就越多，而再次动用军事实力——哪怕是一点点军事实力——的意愿也就越小。如此一来，犹如"格列佛④"一般的超级

---

① 伊拉克北部城市。
② 伊拉克东南部城市。
③ 约翰·克里曾于1968年投军参与越南战争，1969年因国内反战风潮而宣布退军。
④ 小说《格列佛游记》的主人公，在出航南太平洋时遇险，后死里逃生漂到"小人国"。

大国终有一日将被意志力更强的小人国紧紧捆住，直至动弹不得。

还记得萨达姆雕像被推倒的那一幕吗？整座雕像竟然是中空的。伊斯兰教徒认为，西方文明就跟那座雕像一般模样：徒有华丽的外表，内部却空空如也；被一层坚硬的铜墙铁壁——美国军队——所庇护，但铜铁之下却是空无一物。

他们的这一判断从何而来？哎，可以从生活中不计其数的小细节看出端倪——比如，美国报纸上偏居一隅的某个小新闻，看似说的都是些无足轻重的偶然事件，然而日积月累之后，所有的偶然事件汇聚一处，便形成了雪崩之势。举一个很小的例子：2003年圣诞节前夕，美国加州的穆斯林社团领导人发表谈话，高度赞扬了圣胡安卡皮斯特拉诺市天主教中学的善意行为，它刚刚把其球队的名字从"十字军"改成了——文化上不太敏感的——"雄狮"。

然而，与此同时，同样在加州，沿着通往欧文市的公路行驶20英里，你便会发现一块大大的广告牌，穆斯林足球联盟的新年联赛已开始招兵买马，并已召集了奥兰治县最火的几支穆斯林足球队参赛，瞧瞧人家的名字吧："起义者""圣战者""沙漠牧民"，还有"真主之剑"。

这就对了，要的就是这种效果！我已迫不及待，希望赶快一睹十年之后的加州赛事：圣地亚哥圣战队 VS 奥克兰文化敏感队，马里布真主党队 VS 圣莫妮卡仁爱队，帕萨迪纳异教徒杀手之剑队 VS 贝克尔斯菲自我反对者队，圣约瑟刽子手队 VS 伯克利互尊互爱队。

我觉得为校队命名这类事情，看似只是我们对伊斯兰教作出的微小让步，但背后实则有意无意地隐藏着一些本质性的问题，那就是强势文化自以为是地觉得可以对弱势文化宽容以待。然而，不幸的是，被宽容以待的一方却常常恩将仇报，甚至将宽宏大量视作强者示弱的表现。文化敏感、隐忍妥协、多元包容，这些对我们来说确实轻而易举——毕竟也都是我们这个时代所公认的善意行为——然而，当你处处照顾以自我为中心者的敏感神经，坚持对狭隘偏执之人隐忍妥协，对公开排外的一元文化主义者奉行多元包容精神，那么，就别怪穆斯林把你当作一颗软柿子了，这全都是你自找的。

如果这真将是场"旷日持久的战争"，从长远意义上看，究竟哪里才是真正的战场？阿拉伯半岛的海滩上？还是奥兰治县的足球场里？抑或是地球的其他什么角落？在报道美国政府如何追踪恐怖分子的资金来源时，《纽约时报》曝光了美国财政部的内部文件，这种破坏国家安全的行为自然遭到了严厉抨击。对此，《纽约时报》义正词严地回应：与抨击相反，他们严肃地承担起了一己之责，从未透露过美方的"军事行动"。然而，我想说的是，这并非一场仅仅有关"军事行动"的战争。某种意义上，在这场军事实力并不对称的战争中，所谓的军事行动其实有时就是由银行电汇完成的——具体说来，就是恐怖分子将资金从阿拉伯汇至美国。这些资金可能不光被用来发动"9·11"袭击，恐怖分子还将以更为隐秘的方式进一步资助其他袭击活动。就算伊斯兰圣战者尚未拥有能与第三步兵师[①]匹敌的军事力量，你以为在其他的领域如何呢？

不论在哪个国家的军事学院或战略研究院深造，他们都会告诫你综合观察一国实力的重要性。比方说，2004 年，美国国防部就提出了"战略威慑联合作战"的概念："要实现战略威慑，一国必须将国家实力的所有要素集合起来，以形成一整套的国家威慑战略，

---

① 即美国第 3 机械步兵师，是美国陆军的主力部队之一，为快速反应部队在应急作战中的王牌军。自成立以来先后参加过第一次世界大战、第二次世界大战、朝鲜战争、海湾战争、索马里战争、伊拉克战争等重大军事行动。

这些实力要素包括：外交、信息、军事和经济。"

上述几点要素理应被囊括在内，但是我觉得还应再加上第五个要素：司法和执法力量。军事力量和其他力量之间的区别是显而易见的：有了军事力量，你便可以下达命令，位于远方某地的接收者则会立即执行命令。不过，由于国家实力还包括其他要素，整个指挥系统也并非如此快捷地衔接自如。那么接下来，就让我们讨论一下它们具体是如何运作的吧：

军事实力

美国拥有全世界最强大的武装部队，军费支出占全球的40%，然而，与其占全球80%的军事研发费用相比，军费还算是小巫见大巫——这意味着美国与其他国家之间的军事差距每一天都在越拉越大。在阿富汗，一些无人驾驶飞机正在协助美国对基地组织头目进行地毯式地搜寻。这一技术创新既可能被英国人关注，借以助其恢复老牌帝国主义国家的第二春；也会被美国的敌人关注，借以强化其对美国的私人偏见：大撒旦喜欢在战场上打不流血的技术战，因为它无法承受超过三位数的阵亡人数。因此，恐怖分子们发现，挑衅美国的技巧原来不在于杀伤性炸弹或者掩体爆破，而在于一点一点地吞噬与折磨，比如，每晚都在新闻简报中发布一两个美军伤亡人员的名字和信息。

在美国的"朋友圈"中，流传着一种关于美国的悖论，认为美国是一个"非帝国模式的超级大国"：美国派军队驻守的，并非偏远穷困的殖民地，而是其国富民安的军事盟国。因此，美国更倾向于鼓励其"朋友圈"将国内税收投向代价高昂的社会福利，而非坦克车和航空母舰——如此一来，必然进一步拉大了其他国家与美国之间的实力差距。同其他福利一样,防卫福利一旦形成,便再难削减或打破。而现代欧洲祸患无穷的人口递减,正是美国免除其防卫责任所带来的必然后果。1796年,乔治·华盛顿曾致信亚历山大·汉密尔顿:"一国如放纵自己习于对他国的憎恨或喜爱,这个国家便会在某种程度上沦为奴隶;或为敌意的奴隶,或为友情的奴隶,随便哪一种都足以将它引致偏离责任和利益的道路。"

这句话巧妙地呈现了欧洲与美国之间的现时关系:美国若一味不知轻重地袒爱欧洲,终将成为这种习惯性友情的奴隶。同理,欧洲若一味丧失理性地仇恨美国,亦将成为这种习惯性敌意的奴隶。保守派在讨论社会福利时,总会谈到这样的问题:如何做才会对公民更为有利?——授人以鱼,还是授人以渔?在防卫福利的问题上,我们更应如此深思熟虑。

正应了这句俗语——"一个巴掌拍不响"。美国之所以能够主导军事霸权,皆因不论是它的盟友抑或敌人,都已经习惯了在军事以外的战场上大显身手。无论是法国的国际清谈俱乐部,还是穆斯林在北美郊区的清真寺,都是美国长期无暇顾及的舆论战场。

司法实力

司法是如何成为国家实力的构成部分的呢?以扎卡里亚斯·穆萨维(Zacarias Moussaoui)为例(被指控为"9·11"事件第20号劫机犯),当他被处以终身监禁时竟然大声宣告:"美国,你输了!"

这话的确难以反驳。就在穆萨维开始服刑之日,"9·11"事件调查委员会那些傲慢的委员们出现在有线电视的新闻节目中,自豪地宣称全世界的圣战分子都已被美国司法体制的公平公正所折服。实际上,对于穆萨维的漫长审判比美国在"二战"中的参战时间还长，全世界的每个人都已将美国的司法体系视为一个大笑话。

萨达姆·侯赛因算是一个例外，因为他很不幸地落入了伊拉克的司法体制之手。在审理穆萨维时，12个美国陪审员中有9个认为其幼时遭受过"精神虐待"，而这应该被视为减刑因素。萨达姆或许也可以此为由进行自辩，然而悲催的是伊拉克的相关法律并无此类减刑规定。不难得出结论，正是美国的奇葩司法，赋予恐怖分子以犯罪的理由和权力，正如名曲《哎，克鲁克警察官》[①]中的一句歌词：哥堕落，是因为哥贫困。

说美国"过度法治"实在是老生常谈，如果我们再看一看文化舆论是如何误导司法审判时，这种老生常谈的误人效果就更加清晰。在穆萨维案宣判后，媒体最先去采访的是那些"9·11"遇难者的家属，询问他们关于判决结果是否满意，就好像关乎反恐战争的这场诉讼是梅根法案[②]（Megan's Law）在国家安全领域的一个翻版，而遇难者的家属对于该判例拥有神圣不可侵犯的专利权。然而，事实却并非如此。在"9·11"事件中遇难的美国同胞并非被当作单个目标而惨遭毒手，他们受到袭击完全是因为他们的美国公民身份，而不是被躲在山洞的某人指名道姓地雇凶谋杀。受害者的家属固然值得我们同情，他们所遭受的痛苦我们也无法全然体会，但是，在这起案例中，他们并非向法庭提起诉讼的原告，而战争也不是一桩法律案件。

---

① 百老汇歌剧《西区故事》（*West Side Story*）中的演唱曲目。该剧主要讲述了纽约西区贫民窟的两大帮派经常在街头械斗，其中一个帮派首领的朋友东尼与另一个帮派首领的妹妹玛丽亚相爱，最后却由于双方首领的大决斗而酿成悲剧。

② 1994年，一名7岁的美国小女孩梅根·坎卡被住在她家附近的一名犯罪分子绑架并奸杀。1996年5月17日，克林顿总统签署了"梅根法案（Megan's Law）"，规定将正式建档的性犯罪案件与案犯的资料放到网上公开备案。

这场与恐怖分子之间的战争，无关乎受害者是否"瞑目"，而关乎国家是否胜利。

以司法传票的方式处理伊斯兰圣战分子，其实就是一种愿意讨价还价的妥协姿态。与丘吉尔高喊"我们永远不会投降"截然不同，这种姿态倒更像是在表达："虽然法官已经裁定其为大规模屠杀行为，但地方检察官说我们仍可将其定性为邮件诈骗犯罪。"以司法方式处理问题，也并没有使情势变得更加简单。2005年，英国政府终于决议要打击煽动恐怖袭击的那位伊斯兰阿訇。阿布·哈姆扎在英国家喻户晓，这都多亏了英国小报当年对他的炒作——1991年他在阿富汗的一次——呃，怎么说呢——"意外"中，失去了双手。哈姆扎被伦敦检方指控犯有包括谋杀在内的九项罪名，他雇用了一名王室的法律顾问，最终以一套独创的法律策略为其开脱："在下是被告的辩护人——英国王室法律顾问爱德华·菲茨杰拉德（Edward Fitzgerald）。哈姆扎对《古兰经》的解读是，它赋予穆斯林一种职责，即为了保护其宗教信仰可以发动圣战。因此，看似是哈姆扎在鼓吹杀戮，实则他只是在为《古兰经》布道而已。"菲茨杰拉德还补充道："此前对于芬斯伯里公园清真寺阿訇的刑事审理，是一种'过度简化'的不当司法。"

乖乖，假若是《古兰经》允许的，那么哈姆扎即可被免于刑责？这个策略简直让人拍案叫绝。如果敢定罪于哈姆扎，就是对《古兰经》的大不敬：要是某个声言和平的宗教在其《圣书》里明文规定，必须杀死异教徒，那么我们还有何必要审理相关的杀人案呢？成立于2003年的英国反恐法庭曾受理过一起案件，嫌犯是一名35岁的阿尔及利亚裔男子，他涉嫌"频繁地协助基地组织的恐怖分子"。然而，几年之后，该男子便从贝尔马什监狱（Belmarsh Prison）获释，理由是患了"抑郁症"。

要是按照这个标准,所有伊斯兰恐怖分子大概都是"抑郁症"患者了——别忘了他们最初的作案手法不就是自杀式炸弹袭击吗?很明显他们都有自杀倾向。对于这些"未被同化"的伊斯兰教徒,最令我惊叹的就是他们竟能如此迅速地抓住西方的弱点——法律至上、种族敏感、墨守成规。现如今,法庭已成了宿敌与吾等一较高下的罗马竞技场。

外交实力

作为国家实力的重要组成,美国外交的情况又如何呢?"二战"结束后,"美国时代"随之到来,然而,美国政府却并未选择去宣扬其自身的价值、理念和声音。相反,它采取了被麦克·曼德鲍姆[①](Michael Mandelbaum) 称为"规则制定者(order maker)"的方略。在擘画国际经济秩序时,美国创立了一个由国际组织构成的世界网络,其中包括世界银行、国际货币基金组织以及关税和贸易总协定。在擘画国际政治秩序时,它同样创立了一系列国际组织,而自己却甘愿做一个"非帝国性质的霸权",韬光养晦、深藏功名,并进而使其他国家有机会去宣扬其价值、理念和声音。譬如,近年来,我能找到一个例子,2004 年一位联合国的资深官员有勇气将某个成员国称作"极权政体"——这位联合国官员就是前秘书长布特罗斯·布特罗斯 – 加利[②](Boutros Boutros-Ghali),而这个成员国竟然是美利坚合众国。

---

① 美国霍普金斯大学教授、高级国际研究学院"美国对外政策项目"负责人。
② 联合国第六任秘书长。埃及人,曾任埃及外交事务国务部长、副总理。1992—1996 年任联合国秘书长期间,主张扩大联合国在国际维和行动中的作用。2016 年 2 月 16 日逝世。

在联合国中，更圆滑一些的批评家们大都赞同：的确，联合国在处理"石油换食品"计划与"刚果儿童性侵"事件时堪称糟糕透顶，面对达尔富尔种族屠杀和印度尼西亚大海啸时更是反应迟钝，但这也为美国构建改革联合国的共识提供了更加充足的理由。不过，这一诱人的计划仍存在着一个问题，那就是大部分改革建议的效果往往都可能适得其反。对于联合国的大部分主导成员国而言，这个国际组织并不仅仅反映着地缘政治，它甚至替代了地缘政治。联合国不是19世纪的维也纳会议①，只是为世界大国提供一个空谈的场所；相反，它本身已构成了一个替代性的强权，意在与真正的超级大国抗衡。不妨来看看美国在2003年联合国大会上所提85项议案的投票表决结果：

> 阿拉伯联盟成员国投反对票的比率为88.7%。
> 东南亚国家联盟成员国投反对票的比率为84.5%。
> 伊斯兰会议组织成员国投反对票的比率为84.1%。
> 非洲国家投反对票的比率为83.8%。
> 不结盟运动组织成员国投反对票的比率为82.7%。
> 欧盟成员国投反对票的比率为54.5%。

耶，欧洲还不错嘛！如此算来，45%的欧盟国家应该都是支持美国的铁哥们儿啊！你可以认同欧洲政治精英的观点，认为这是美

---

① 1814年9月18日到1815年6月9日在奥地利维也纳召开的一次欧洲列强的外交会议。这次会议是由奥地利政治家梅特涅提议召开的，目的在于重划拿破仑战败之后的欧洲政治版图，恢复拿破仑战争时期被推翻的各国封建王朝统治，战胜国重新分割欧洲的领土和领地。维也纳会议期间，重大讨论都是在各大列强之间的非正式会晤中秘密进行的。

国孤立主义的呈现，或者美国现在应该亡羊补牢，考虑与世界其他国家共同发表一份"相互依赖宣言"。要不然，你也可以像欧文·柏林①（Irving Berlin）所作的那首《"一战"行军曲》②（*Great War marching song*）中的骄傲母亲一样，高唱"除了吉姆，其他人的步调都不协调"，以此赞颂美国的特立独行。但这些数据背后的含义，其实是一种"后冷战"的逻辑，即联合国对美国存在着一种制度性抵触。

时下，联合国面临着严峻的体制困境，美国政府可以利用联合国总部位于纽约海龟湾的地缘优势对其进行改革、重组、创新，倘若能够全力运用其外交手腕，或许以后能将反对美国的投票率降低到——大概比80%略多一点儿？照此下去，他们一定能够成功地把一个"腐败僵化、功能失调的反美俱乐部"改造成为一个"与时俱进、高效运转的反美俱乐部"。如果那些改革家够诚实的话，这就是他们口中所谓的"改革"真意。

经济实力

苏非教神学家、法学家安萨里（Al-Ghazali）被许多人视为穆罕默德之后最伟大的穆斯林领袖，虽已与世长辞1000多年，但其关于引导"契约民"——穆斯林社会中的非穆斯林——的言论，在今日看来依旧相当中肯："除了安拉和他的使者……犹太人、基督徒、

---

① 美国作曲家、流行音乐词作家，出生于俄罗斯西伯利亚的一个小村庄，移民美国后在纽约曼哈顿城东区长大，只受过两年正式的学校教育。他的音乐通俗单纯，却触动了数百万美国人的心。

② 歌词描述了一位母亲看见儿子在队伍中训练时的激动心情，她向街坊领居炫耀儿子的步伐最协调、身板最挺直，就像他父亲当年一样。

马涧人[①]（Majians）等契约民都必须缴纳'吉兹亚（jizya）'。"

"吉兹亚"是穆斯林向非穆斯林征收的人头税。伊斯兰世界缺乏经济创新的一个主因，就是它习惯了依靠异教徒以获得社会资金。这一传统可追溯至穆罕默德时代。假如一群相互混战的阿拉伯部落在安拉的旨意下组成了乌玛[②]（umma）共同体，最大的弊端就是他们损失了主要的财源——通过与对方征战以进行财富的掠夺。

因此，虽然伊斯兰先知们难以拒绝那些想要皈依的人，但实际上他们仍对穆斯林土地上有非穆斯林人口的存在略感欣慰，因为这些人正是穆斯林人口的主要财源。对比基督教和伊斯兰教的传播模式就能看出，前者先招收信徒，再获取土地，后者则先征服土地，再招收信徒。

伊斯兰教一旦征服了异邦的土地，就开始大量聚敛财富，并设立惩罚性的税收制度以将钱财从异教徒手中转移到穆斯林手中——或者，从生产性部门转移到非生产性部门。从某种意义上说，这不就是福利社会的原型吗？当伊斯兰教的仰慕者高谈阔论其辉煌时期的伟大发明与璀璨文化时，他们忘记了一个重要的事实——即便在那时，穆斯林也不过是穆斯林社会的少数民族而已，寄生于非穆斯林人口的劳动供养。时至今日，这仍不失为是一条相当好用的经验法则：以经济情况最好的穆斯林社会举例，其社会运转的真正动力其实也来自与他们共享土地的另一个族群——马来西亚的华人便是一个最好的例子。

[①] 马涧原为中国古都洛阳附近的一条河流，也是古丝绸之路的重要交通枢纽，马涧人指经由此地来到阿拉伯地区经商的外来人口。
[②] 阿拉伯语的音译，本意为民族，后指代穆斯林历史上出现的政教合一的政权组织。

然而，终有一日，人口逐渐萎缩的异教徒群体会意识到是他们供养着穆斯林，到了那时，几乎所有的穆斯林社会都必然得走向经济崩溃。倘若回到历史，你完全可以在巴尔干半岛的农村地区目睹到真实的一幕：基督徒商人再也无法忍受上缴"吉兹亚"的重负，遂迁出乡镇移居到偏远的山区。在其他地区，非穆斯林人口则发现——皈依是更好的选择。这也是导致伊斯兰教扩张的一个重要原因。当阿拉伯半岛完全实现了伊斯兰化以后，它自然需要向黎凡特①（Levant）、波斯、中亚、北非、印度和欧洲扩张——以寻找新的异教徒来征收"吉兹亚"。谈到增长的动力，伊斯兰世界与欧洲联盟具有相同的问题：两者都鼓励新皈依的劳动力去往非生产性的经济部门。

而且，穆斯林轻而易举地将"吉兹亚"的概念传播到了全世界。如果你处于财富转移的接收端，你可能就会看得清楚，美国、欧洲和以色列给予巴勒斯坦当局的经济援助其实就是一种"吉兹亚"。甚至美国慷慨赠与埃及的数亿美元的援助也是一个意思，只是这些资助实在是影响甚微（除了劫机冲破世贸大厦玻璃窗的埃及人穆罕默德·阿塔）。更不必说你们每个人往汽车油箱里灌的那20美元的石油了，这当然也是"吉兹亚"的一种形式。如今，电报已经被电邮取代，手摇留声机也让位于蓝光播放器，然而，除了淘汰了无篷后座以及加装了几个绝缘螺脚外，汽车在一百年间基本上再无什么重要变化。现在，卖给你石油的那些国家，正在用你买石油的钱资助着你的敌人，这时候还不赶紧下功夫去寻找新能源，更待何时？真要不见棺材不落泪吗？

---

① 中东地区的历史地理名词，泛指托罗斯山脉以南、阿拉伯沙漠以北、地中海以东、上美索不达米亚以西的一大片地区。

"9·11"事件之后的5年，不断有消息称沙特阿拉伯仍在为恐怖组织提供资金，然而，美国政府对此的政策反应竟然是又给沙特撒去了更多的钱。

石油遍地的沙特王室不仅用赚得的金钱收买了自己的人民，也收买了世界上其他国家的人民。而美国人民正在做的却是为一条终将勒死自己的绳索买单。

信息实力

国家权力的第五个要素——信息实力——是不言而喻的，想想《纽约时报》、CNN、好莱坞、哈佛大学、迈克尔·摩尔[①]（Michael Moore）……还有很多新闻热词，什么"战争泥潭""伊斯兰恐惧症""小布什撒谎！！！！！"以及"撤军时间表"。

第二次世界大战期间，硫磺岛（Iwo jima）战役[②]是个大事件，而同一时间，密歇根州涌现出一批同情日本敌军的美国人，这倒成了个次要事件。你应该看得出来，眼下的战事重点其实刚好相反——比起抵挡住宗教激进主义在欧洲和世界各地的文化声势，在军事上把叙利亚的小阿萨德[③]炸出大马士革的总统府，其实更像是一个次要问题。美国及其盟国已经证明，在军事战场上他们能够展现出英勇无畏的"斗争士气"。然而，在文化战场上，反正与穆斯林的斗

[①] 美国著名左翼纪录片导演，与本书作者意见向左，代表作有《大亨与我》《华氏911》《资本主义：一个爱情故事》等，善于通过电影揭露美国社会制度的黑幕。

[②] 太平洋战争中的一场名战，日军顽强坚守硫磺岛，美军经过浴血奋战最终还是将其攻下。

[③] 全名为巴沙尔·阿萨德，阿拉伯复兴社会党总书记、叙利亚总统、叙利亚武装部队总司令，元帅军衔，是叙利亚前总统哈菲兹·阿萨德的次子。

争必将是西方获胜，因而他们确实打不起精神来。瞧瞧，英国将阿布·哈姆扎这种煽动叛国的阿訇头目都无罪释放了。托尼·布莱尔首相具有天赋异禀的政治才能，因而有勇气在遥远的中东海岸打一场不受国内待见的军事战争，然而，他却没有勇气在家门口打一场尚需更多支持的文化战争。这恰是伦敦"7·7"爆炸案的惨痛教训：英国军队能够在伊拉克的南方维持好当地的治安，却无法在英格兰的南方维持好自家的治安。

如果这是"一战"的话，两大阵营在各自的战壕里打过一场硬仗之后，战争可能就结束了。一些足智多谋的宗教激进主义者早已想明白了，他们深知永远不可能在军事战场上获胜，但是却有个绝佳的机会能够将乱局一再拖延，直至西方文明自我坍塌、伊斯兰文明自动接替。

军队只是文明手中挥舞的一件武器而已，而且通常是作为最后的武器使用。然而，当你将国家实力的所有要素集合在一起——军事、司法、外交、经济、信息——便很难不得出这样的结论（正如新加坡于1942年沦陷后，其宗主国英国所走上的歧途）：在目前的5项要素中，至少有4项存在着方向性错误。大众媒体正在抨击本国的政府，国际组织正在制衡美国的力量，司法体系正在改善战犯的待遇——而运用经济实力的结果却是，在相当长的一段时期内，每当你给汽车油箱加满油，你就为敌人提供了活动资金，而他们恰是自君士坦丁堡陷落[①]以来西方所遭遇的最狂暴的敌人。与此同时，我们正在进行的殊死搏斗也是典型的治标不治本，我们与病征——恐怖袭击——作斗争，却忽略了病根——意识形态。我们在战争中

[①] 1453年，奥斯曼土耳其帝国攻陷拜占庭帝国的首都君士坦丁堡，最终导致拜占庭帝国灭亡。

加之于己的种种限制——法律至上、文化多元、政治正确——已经日益明晰。敌人对我们说："知己知彼，百战不殆。"他们对我们确实是了如指掌的。可是，我们真的了解他们吗？

懦弱的超级大国

2003年，英国首相托尼·布莱尔在美国国会发表演讲时说道："英国深知，处于主导地位的国际强权看似无可匹敌，实际上却是短暂易逝。真正的问题是：你走后究竟留下些什么？"

这真是个极好的问题。如今，七国集团（G7）中3/7的主要经济体都流淌着英国的血统。在人均GDP最高的20个国家中，至少有11个国家是或曾经是英联邦国家。如果你认为这一说法不合理，觉得这些国家大多是些备受鄙视的殖民地和避税港——比如百慕大、开曼群岛——好吧，那咱把人口低于2000万的国家去掉，前4名照样被说英语的国家包揽：美国、英国、加拿大、澳大利亚。全世界各个角落的关键性区域国家都曾被英国统治——比如南非和印度——与此同时，不少次要一点的关键性区域国家也都经历过处于英国管辖之下的历史，且在英国统治时期，这些国家的境况通常也都比往日更好一些：不信你试试去印度尼西亚（前荷兰殖民地）——而非马来西亚（前英国殖民地）做生意，或者去海地（前法国殖民地）——而非圣卢西亚（前英国殖民地）做生意，高下立判。

当然，即便是当代的头号大国，其政治性格同样源于18世纪的英国子民，他们那时候甚至能够把英国的政治理念传播到英国政府都不愿征服的偏远角落。

我斗胆指出这等尽人皆知之事，是因为英国人绝不会自己指出来。小布什总统的前演讲撰稿人大卫·弗卢姆(David Frum)一两年前曾经写道:"不少国家患上了自大狂的病症,而英国的病症看起来更是世间罕见,因为他们总是在说自己的坏话。"20世纪60年代末,时任英属亚丁(现也门首都)殖民总督的理查德·特恩布尔(Richard Turnbull)曾踌躇满志地对英国国防大臣丹尼斯·希利(Denis Healey)说道,大英帝国以后只会因两件事而被后人铭记——"英式足球的流行普及,以及'滚犊子'这句骂人的糙话。"比起在文化层面对自己进行形形色色的批判与抨击,英国或许更应对乖僻邪谬的"欧洲崇拜者"甩出后面那句糙话——'滚犊子'。这些"欧洲崇拜者"认为,欧盟要想创造更美好的未来,就必须对其成员国中的失败者进行改革,特别是对其所施行的英式法律、习俗和议会民主制进行彻底的清算。

英国从来都不是一个所向披靡的巨人,即便在它的国际权力达到顶峰之时也不是。但迄今为止,再没有哪个国家能像英国一样,在语言、法律、政治、商业以及具有普世意义的文化层面留下如此之多、如此之久的人类遗产。

今日,我们生活在美国主导的时代,尽管美国尚无打算要走,但"你走后究竟留下些什么"仍是一个值得深思的好问题。美国打算如何利用这个属于它自己的时代呢?它究竟想给这个世界留下些什么遗产呢?

不过,即便只是提出这样一个问题,也会让人觉得有些"反美"的意味。美国拥有英国所从未体会过的无与伦比的优势,这种优势在英国之前也是世所未有。然而,当前,这种优势却呈现为一个悖论:一个非帝国性质的超级大国。无论帝国是好是坏,美国人骨子里并没有帝国主义的情结——事实上,这一点从解放后的伊拉克身上便可以看得一目了然。

2005年1月,小布什总统就职演说的前一周,我读了一本名为《乡音》的杂志,这是我近年来头一次阅读这类杂志。一看到封面故事,我便忍不住想一探究竟,故事的标题是:"毁灭的前夜:小布什摧毁世界的四年计划。"

哈,最好能实现。我们就是这样,很容易对新一届的总统任期抱有过高期望。在"9·11"事件的警醒之下,小布什政府逐渐扭转了几十年来日益荒腔走板的外交政策方向,并将在其第二次就职演说中予以公开声明:小布什承诺美国一定将在伊斯兰世界传播自由理念——或者,至少也如一位对此深表怀疑的我的好友所说,无论穆斯林喜不喜欢,我们都要把自由理念硬塞到他们的嗓子眼儿中。看上去,这一使命仍像是我们长期承担的"白人的负担"[①]——以经济援助发展中国家——的价值观翻版,只不过相较而言更加低碳环保一些罢了。

然而,看起来从无哪个国家曾经背负起如此沉重的负担。现在的世界由美国主导;但美国并不想生活在这个世界之中。

美国军队才刚踏入伊拉克的土地,民主党议员便急着追问"撤

---

① 出自纽约大学经济学教授威廉·伊斯特利(William Easterly)的著作《白人的负担》(*The White Man's Burden*)。自20世纪五六十年代发展经济学兴起以来,西方国家为欠发达国家提供了大量的援助,以期推动这些地区的经济发展。然而半个世纪以来,虽然西方为此投入了两万多亿美元,但这些欠发达国家却依旧在贫困线上挣扎,即便出现了增长也大多是昙花一现。2005年,曾经为东欧和苏联设计"休克疗法"的著名经济学家杰弗里·萨克斯(Jeffrey Sachs)又提出了一个旨在帮助穷国脱贫的一揽子计划,呼吁西方国家提供更多的援助。针对这一提议,《白人的负担》提出了针锋相对的批评意见,认为如果援助计划不能根据穷国人民的需求而制订,不能用于为他们创造更好的自救环境,新的援助依然会与之前投入的两万多亿美元一样打水漂。

军时间表"。"撤军时间表"本质上就是一个寓意着无心恋战的教科书式的名词定义。在战争中,撤军只有两种可能:胜利或者失败。后者当然更简单易行。容我咳嗽两声——也就是说,我们是世界上的主导强权,可是即便我方人员的死伤率已降至历史新低,我们依然无法面对和承受,所以如果你们不介意的话,我们下一站就撤了。对于一个充满矛盾的超级大国而言,"收拾好铺盖卷儿回家"意味着一场意蕴无穷的争论,右翼人士坚持孤立主义,左翼人士坚持国际主义——千万别误会这种国际主义,除了一张傻笑的脸以及每两年去欧盟国家参加一次宴会,它本质上还是孤立主义。这种国际主义不过是一种装模作样的解决方案——也就是外交政策的表面文章。

对于一个具有战略眼光的国家而言,针对"撤军时间表"的问题,正解应该是:没有"撤军时间表",也根本不应探讨"撤军时间表",这种字眼本来就是何其愚蠢的一种表达。在其第二次就职演说中,小布什总统给出了更加文雅的回复:"自由能否在我们国家继续留存,越来越取决于自由能否在其他国家找到栖身之所。"

如果你想进一步理解"撤军时间表"的问题,在我们南方的"边界"就有一个近在咫尺的例子。一个世纪前,美国对墨西哥的外交政策就是全面撤退加全无战略。这个礼拜,新上任的墨西哥军事独裁者敢不听话?没关系,冲进去暴揍丫一顿,再跑出来就是了,然后让当地人选出新一任的烂总统。假如新总统也不听话,那就再回去暴揍丫,然后再跑出来。这种外交政策骇人听闻,但也"成果"丰硕——如今,3/4 的墨西哥裔人口生活在美国的加利福尼亚州和亚利桑那州——对于那些非法入境的墨西哥人而言,他们可从来都没有什么"撤军时间表"。2006 年,在全美各地上演的"百万墨西哥人大游行"中,墨西哥移民兴奋莫名地挥舞着手中的标语牌:"白鬼子，你们怎么还不滚回欧洲老家？"不难看出吧，大部分非法入境的墨西哥人认为，那些合法居住于此的本土美国人才应该被驱逐出境。

再想想，当英国闯入印度之时，根本没有什么"撤军时间表"，人家在那儿安家立业、世代传承，进而促成了世界上人口最多的民主国家以及当代美国的一个重要盟友。美国和英国，谁的策略看起来更加明智呢？那些美国保守派——即宣扬"权力政治"的群体——那些嘲笑"国家改造"的人们都应该好好反思，假如英国当年也像美国今日这般疑虑重重，印度次大陆将会变成哪般模样：如今，它可能就是另一个阿拉伯半岛——国土之上的独裁国家多如牛毛，印度教徒和伊斯兰教徒，无不倾心于暴君独裁统治，并发展出法西斯主义和马克思主义的当地变种。这里将是一个极不稳定的地区，到处都是未受教育的居民，根本无力在今日我们已不可或缺的客服中心接听电话或提供技术支持。每一个曾在凌晨3点致电客服中心、得到印度籍接线员苏蕾什或拉吉夫帮助的美国人，都应该对印度教育为我们带来的生活便利心怀感激。你还应对麦考利勋爵（Lord Macaulay）感激涕零，在他颇负盛名的《1835年政府备忘录》中曾有一句话：伦敦派遣了一代又一代的校长和老师——英格兰人、苏格兰人和爱尔兰人——去填补帝国殖民地的空虚地带，他们坚信——只要孜孜不倦地向当地民众介绍莎士比亚、《英国大宪章》和艾萨克·牛顿爵士，他们实质上就赋予了殖民地公民一本通往现代世界的万能护照。

一个治理失败的国家定会时常惊扰邻国的安宁。对于这一点，你不妨盯着西非地区的地图琢磨，就一定能够心领神会。在策动"9·11"事件的恐怖分子中，有4人获得了有效的美国身份证件，并据此通过了"非法入境者"的网上核查，最终于 2001 年 9 月 11 日早间登上了飞机。我这么说可不是毫无根据——如果你想探寻"9·11"事件真正的"根本原因"，你不妨首先从美国未能在墨西哥成功实现"国家改造"想起。迷恋于"撤军时间表"的问题就在于，眼下世界各地都成了墨西哥——表面上看，"9·11"恐怖分子都是非法入境者；可夸张一点说，这些年来，只要你能掏得出几百美元，外加一张信用卡，你就能轻而易举地进入美国并把它炸个底朝天。不信你瞧，非法入境的兄弟们如今可都是你的邻居啦。

在文化上，美国是孤立的，与它的经济实力和军事实力成反比。好啦好啦，我知道的——你大概阅读过 1000 篇有关美国"文化帝国主义"的文章。你大概想告诉我，如今你飞往世界任何一个地方，大家都吃着麦当劳、穿着牛仔裤、听着美国流行歌曲、抢着去电影院观看《霹雳娇娃 3》。这倒也是事实。可是，那又能怎样呢？《风流寡妇》①（*The Merry Widow*）曾在百老汇轰动一时，同时也是希特勒最为钟爱的一部歌剧。如果我把个人资料输入到某家婚姻介绍所的数据库中，它可能会把我和伊拉克的萨达姆自动配对：因为他和我都喜欢同一个歌手（弗兰克·辛纳屈）②（Frank Sinatra）和同一种糖果（英国雀巢花街的巧克力太妃糖）。

这算什么啊？不错，他们很容易爱上美国流行文化，但与此同时却又深深地厌恶美国：在伦敦，主流大报都为美国的时髦文化

---

① 根据法国作家梅雅克的戏剧《大使馆随员》改编的三幕喜剧，由匈牙利作曲家雷哈尔谱曲后，1905 年 12 月 30 日在维也纳歌剧院首演，好评如潮，遂被拍成电影。
② 20 世纪美国著名歌手、演员、主持人、唱片公司老板。曾 3 次获得奥斯卡奖，被誉为"20 世纪最伟大的艺人"。

预留了大片版面——《卫报》也好，《独立报》也罢——而它们却恰好又是反美情绪最为高涨的舆论阵地。更惨的是，如果他们对美国流行的垃圾文化嗤之以鼻，其对美国的厌恶之情也必将更上层楼。于是乎，法国前外长让-皮埃尔·舍韦内芒（Jean-Pierre Chevènement）提出了一个著名的论断："美国正致力于使法国人的智商发生有组织的大规模退化。"好吧，如果你也曾何其有幸地连续一整周观看了法国电视台的弱智节目，上述这个论断听起来还是蛮有说服力的嘛。2002年，在法国的某个镇政府内，一群左翼的环保主义疯子实施了一起枪击案件，随后，法国总统候选人阿兰·马德兰（Alain Madelin）将之谴责为"美国文化的副产品"。我就纳闷了，一个法国人枪杀了另外8个法国人，这在一定程度上却印证了美国文化的恶性影响力？

你大概能明白他到底在暗示些什么。除了极个别的例外，无论你身处世界的哪个角落，你所幻想的景致全部来自于美国：在你记忆里的某部电影中，洛杉矶高速公路上的飙车大戏，纽约中央公园里的卿卿我我，以及世贸中心双子塔的世纪大爆炸。整个世界都在以一种中子弹爆炸后的诡异心态观看着由好莱坞所呈现的美国：他们看到了性爱、毒品、摇滚、枪战和大火球，然而，美国的精神却仍被他们视为异类。这可不是一种什么健康的心态。在一些重要的问题上——毫无冒犯之意，时下年轻人最迷恋的流行歌手希拉里·达芙不算在内——美国与其他国家之间的文化鸿沟比以往任何时候都宽阔。你要是把"文化霸权"仅仅定义为汉堡包，那么美国的确已经统御了全世界。然而，在更广义的文化层面，这只是世界上大多数人用以充饥的口味之一罢了。

2004年，小布什总统在爱尔兰发表演讲时说："欧洲和美国是由家庭、友谊、共同的奋斗史和共同的价值观所维系在一起的。"果真如此的话，总统先生和其他许多美国人恐怕先得共同奋斗一番——搞清楚欧洲与美国的共同价值观到底是什么。2002年，在捷克首都布拉格访问时，小布什先生对美国的北约盟友们直言不讳："我们拥有一个共同的价值观——自由、人权和民主。"

了不得啊不得了！自从共产主义思潮式微，什么自由、人权、民主都是人所共同信奉的万金油，除了逊尼派三角地带的恐怖分子头目，这些价值观几乎涵盖了世上的每一个人。在他们眼中，"共同价值观"和"祝你万事如意"没啥子区别，都是些吉祥话儿罢了。当你想试着把"共同价值观"变得更具体时，情况却变得异常复杂。美国每年的军费支出占其GDP的3.4%，而其北约盟国们的军费支出却平均只占其GDP的1.9%。看到了吧，如果他们确实与我们拥有着"共同的价值观"，欧洲为啥却总盘算着花更少的钱来保护它？除此之外，在一大堆其他问题中，从枪支管制到宗教政策，美国从来都是个例外。以北美的视角观之，从医疗保障到高税收体制，大多数西方民主国家以及诸多新兴民主国家其实都是以加拿大的治国理念为准则的。

美国流行文化的交杂之声——爵士乐、歌舞女郎、硬汉警察——都与超级强权的政治威严格格不入。对于文化的接收方而言，全球流行文化的"美国化"却促使他们更加逆反，在其他所有领域中掀起了一股"非美国化"的潮流。几乎所有的超国家行为体——从欧洲联盟到国际刑事法庭——即便不是对美国价值观抱持明显的敌意，至少也心存反感。鉴于更广泛的美国文化遭逢拒绝，好莱坞明星夫妻——布拉德·皮特和安吉利娜·朱莉——的广受欢迎并不能使人觉得宽慰。大英帝国曾在全世界传播它的语言、文化和制度，以至于当今数十个国家的政治和法律文化都源于伦敦。从加勒比海一直到南太平洋，你都能在那里的小岛国上发现迷你版的英国议会，当地议员们正骄傲地炫耀着他们的权杖与议事录。如果说英国是"议会制之母"，美国就是一个未婚却悠闲的大龄"白富美"——她不急着约会男人，自然至今也做不了"联邦制之母"。在1945年以来陆续独立的新生国家中，没有一个接受了美国这种"去中心化"的联邦共和体制——即便它可能是人类史上最成功的政治创新。

显然，美国对帝国主义没有丝毫兴趣。首先，它已经具备了帝国的实力，而且它本可以以帝国主义的方式去管理大多数已经为它所控的国家。相反地，美国率先建立了联邦制，先是按人口分布在其东海岸地区均匀地划分出13个殖民地，继而在北美大陆直至东太平洋的广袤地区如法炮制。严格来说，美国称不上"日不落帝国"，不过太阳确是每天都要在这片土地上升起个好多次。

不仅如此，对于向世界人民"推销"自由，美国人也深表怀疑。他们自己离不开自由，就像美国的国父们一样——也正如我们在新罕布什尔州常说的，"不自由，毋宁死"。如果是伊拉克人想建立一个自由社会，美国人大概会给予声援；但如果伊拉克人不想，并认命地选择了某个军事强人以实行独裁，这也是人家自己的问题，与美国无关。

然而，从哲学上说这或许令人钦佩，但从务实的角度评判，权力一旦出现真空是要坏大事的。如果美国不主动传播自己的价值观——比如自力更生、去中心化——其他人自会去传播它们以占据真空。20世纪80年代，政治学家保罗·肯尼迪[①]（Paul Kennedy）

[①] 英国历史学家，曾任皇家历史学会会长，现为美国耶鲁大学历史学教授，重点研究和讲授当代战略与国际关系，最负盛名的代表作为《大国的兴衰》。

曾警告美国的"帝国主义"不要把手伸得太长。话虽如此,但眼下美国的真正危险其实是——"帝国主义"的手伸得太短了——一个超级强权竟然耻于将它无可争议的成功经验推销给世界上的其他国家。

毛泽东取得胜利后,美国的反共人士一直都急切地想要弄明白:"谁失去了中国?"

答案是:没有人。中国并没有被失去——我们从来就没有得到它。蒋介石从一开始就没有赢得过中国,他只是美国外交政策所信奉的"理想主义的现实政治"理念的一个早期受益者——这种关系隐约带着一种讽刺的意味,那就是"蒋某某可能是个狗娘养的,但无论如何,他毕竟是我们家的狗娘养的"。然而,对于埃及的穆巴拉克、沙特的王室家族以及眼下的许多独裁者而言,上面那句话可能要反过来说才更合适:"他们可能是我们家的狗娘养的,但终究是个狗娘养的。"即便埃及不会容许反美主义成为缓解国内矛盾的安全阀,穆巴拉克政府也绝不是一个值得深交的挚友。与一个政权结盟和与一个国家结盟,这其中有着天壤之别,不同之处在于——埃及人穆罕默德·阿塔和另外15个沙特人开着飞机撞向了世贸中心和五角大楼的玻璃窗,从中不难看出"狗娘养理论"的不靠谱之处——你以为只要美国和穆巴拉克总统或沙特王子们交好,你就可以对埃及和沙特人民愤怒狂暴的反美情绪置若罔闻了?!

所以,与其蹉跎十年光阴去追问"谁失去了日本?谁失去了俄罗斯?又是谁失去了欧洲?哦,还有谁失去了英国?",分析家也许更应去思考一下为什么一个前所未有的单极大国却并不享受由它自己统领世界的欢乐时光。

大部分美国人对于他们在海外的刻板形象都心知肚明:丑陋的

美国人,嘈杂、无礼、无知、傲慢。然而,在大多数方面,事实却恰好相反:美国或许是历史上最谦虚恭谨和韬光养晦的世界霸权。

"你是站在我们这边,还是站在恐怖分子那边?"美国的大部分欧洲"盟友"两者都不选,大部分中东"盟友"们则两者都选了。比利时并未和恐怖分子站在一起,但在任何重要的领域它也没有和我们站在一起。沙特阿拉伯和我们站在一起,但同时也在资助着藏匿于世界每个角落的恐怖分子。这两国家迄今也依然未改初衷。

美国有巨大的优势。在欧洲大陆,欧盟国家的经济规模和人口规模同时萎缩;美国则在这两方面同时呈现了增长之势。既然如此,为什么当美国将实力投射到国际体系中时又会受到欧洲理念的束缚呢?21世纪,国际政治的持久特点恰是——一个过度"欧洲化"的国际秩序的全面失败:联合国工作人员成全了萨达姆对"石油换食品"计划的严重破坏;欧洲联盟出钱资助了巴勒斯坦的暴力行动;国际原子能机构为伊朗发展核能的野心提供了最佳掩护;联合国种族问题峰会恰恰演变成了种族主义的一次放肆狂欢。自"9·11"之后,我们已经深刻体会到,在21世纪早期我们背负着"白人的负担",这种负担的难言之隐并非源于为本国人民鞠躬尽瘁,而是源于要在法国总统希拉克、德国总理施罗德、比利时某位不知名政客、前联合国秘书长安南、牛津饥荒救济委员会、英国广播公司和其他一大堆闲人的持续抨击之下,仍然坚持鞠躬尽瘁。所谓单极世界的吊诡之处恰在于,正是由于你是世界上唯一的单极强国,你才总是被其他国家所无情地利用。

由于各国的人口形势变化已经开始产生影响,美国发现自己正处于和以色列一样孤立无援的危险境地。不妨推测未来五年可能发生的一些事情。法国和欧盟在制定各方面政策时都会遭遇来自穆斯林人口的持续抵制。俄罗斯已经决定，无论出现任何与穆斯林相关的大小问题，长远战略都是将抵抗恐怖分子的烂摊子留给美国。人口变化的内在逻辑已经使很多国家看透，站在美国的对立面才会更有前途。

基地组织认为已经使美国坐困愁城了——在他们眼中，美国就像是一个臃肿衰老、四肢摊开、慵懒无力地躺在蓬松垫子上的穆斯林苏丹①（sultan），迷失于对世俗情势的焦虑之中。美国未来何去何从将取决于两派人马之间的相互博弈，一方坚信美国能够领导世界共克时艰，另一方则认为作为人类历史上最强大的国家，美国可以轻松地"躲进小楼成一统"，直至其优势地位终结也坚决不问世事。后者正是民主党费尽心思为美国外交政策熬制的一副包治百病的灵方："我们需要把权力交给联合国、欧洲联盟、阿拉伯联盟，甚至交给特克斯和凯科斯岛②（Turks and Caicos Islands）的渔业部副部长也行。"再或者，像托马斯·弗里德曼——《纽约时报》那位滑稽变态的外交政策评论员——所痛斥的那般："小布什总统应该把联合国安理会的五个常任理事国，北约和联合国的主要领导人，以及埃及、约旦、沙特阿拉伯和叙利亚的领导人统统请到戴维营做客。在那里，他需要收回此前的痴言狂语，为他所犯的错误诚挚道歉。"等等，等等。

为叙利亚和埃及领导人搭台唱戏，怎么就会给美国带来战略好处呢？这种不靠谱的外交建议其实就是一种多边主义的"政策外包"，在地缘政治上就相当于将你家的草坪外包给"非法移民"去

---

① 一些伊斯兰国家的君主称号。
② 西印度群岛中的英属岛群，由30多个小岛组成，东部濒临大西洋，西部与古巴隔水相望，以渔业和制盐业为经济支柱。

打理：给你，付你多少钱都行，你就给我好好照顾草坪，其他细节我没时间管，我得赶紧回家去"追剧"——《美国偶像》①（*American Idol*）。难道外交政策也成了美国人自己不愿意干的又一桩活儿？

"共同价值观"和"普世价值观"其实并非那么地共同和普世，有志于捍卫这些价值观的世人则更加稀缺。这些价值观只在少数几个国家中延续至今。未来的日子里，美国必须严肃对待自己主导的这个时代——某种程度上讲，就是要确保未来的新同盟国不会再如西欧国家一样铸成大错。这意味着除了实现"汉堡包帝国主义"以外，美国至少还有其他一些目标需要达成。毕竟，缺了美国的汉堡和说唱，地球照样会转。对于美国的未来而言，个人自由、联邦主义、资本主义和言论自由等美国价值观才是更有裨益的核心内容。

2004年，新加坡总理吴作栋——一个比欧洲各国总理都言之成理的人，在美国民主党陷入群龙无首的狂暴困境之际造访了华盛顿特区。访问期间，他一语点醒梦中人："关键问题不再是大规模杀伤性武器（WMD）甚或是联合国扮演的角色。中心问题是美国主导世界的信誉与决心。"

比起许多美国人，这位新加坡总理显然更称得起先知先觉。

---

① 美国著名选秀节目，其原型是英国电视节目《流行偶像》（*Pop Idol*）。

第九章　天赋异禀的重要性：个人 VS 家庭

如果我是克里的支持者，我必定会对他在大选中落败感到恼火，因为美国人不仅让小布什继续霸占着政治舞台，还促使外界将我们西方人全部视作低能的木偶。这些美国乡巴佬自以为是、迷恋枪支、崇尚武力、近亲结婚、痛恨堕胎、憎恶同性恋、排斥外国人，甚至连护照都不办，他们坚信上帝赋予美国人以世上最大的阴茎，于是他们便可以对着其他国家撒尿，借以使自己的国家看上去更加"自由与强大"。

——布莱恩·里德，《每日镜报》（伦敦），2004 年 11 月 5 日

你看过好莱坞电影《超人回归》（*Superman Returns*）吗？在这部电影中，超人回归——不是为了宣扬"真理、正义与美国道路"，而是为了宣扬"真理、正义与天下一家"。从"美国道路"到"天下一家"，其主旨显然忽略了美国，也因此埋下了危险的种子。"美国道路"是人造的，因而看上去并不完美；可是，外表看起来光鲜亮丽的"欧洲道路"，其内部却早已被掏空，如今塞满了其他东西，

恰似一只死去的鹦鹉被剥制师做成了动物标本——金玉其外，败絮其中。说到底，艰苦卓绝的战争最终只能在最艰苦卓绝的地方——家门口——取得胜利。无论美国在其外交政策和国际关系方面做出何种改变，战争的大后方才是至关重要的决定因素。当你身边充斥着一大票着迷于保姆式国家的懒人，你很难在这场关乎文化自信的战争中获得全胜。就拿前面所引的布莱恩·里德的鬼话举例，美国人有以下丑陋的特征——迷恋枪支、近亲结婚、排斥外国人，不一而足。我为何在2004年的总统大选中支持小布什？答案不言而喻，不过，我不确定其他6203万9073个随地小便的美国乡巴佬是否也是出于同样的理由而支持小布什的。布莱恩·里德其实做了件很有价值的事儿，他列举之事恰是美利坚合众国与其他西方国家之间的本质区别，展望未来，这些本质区别将变得日益关键。

1. 自以为是

谁才是最自以为是的人？如果你试图找到一种公共文化，总是自以为是地炫耀其坚定的信仰，那就去了解一下欧洲文化吧——尤其是当谈论美国的时候，欧洲人总会自恋地认为：你若不认同欧洲的传统智慧，那么你一定是个笨蛋，或者是个纳粹分子。在2004年美国大选结束后，奥利弗·詹姆斯先生对英国《卫报》说道："我悲痛不已，今早甚至说不出话来，我回忆起了已故的母亲，20世纪30年代，她曾读过希特勒的自传《我的奋斗》[①]。读罢，她想到了一个问题：'为什么没有人读懂这本书的预言？'"

詹姆斯先生是一位临床心理学家，对于欧洲的未来，他似乎格外悲观。对照《我的奋斗》一书的预言，正是今日的欧洲唤醒了反

[①] 由希特勒口授、其同僚鲁道夫·赫斯执笔撰写的自传体回忆录，对"二战"前及"二战"时的德国青年产生巨大影响。

犹太主义（法国穆斯林青年暴动），唤醒了种族主义政党（英国国家党①），唤醒了新法西斯主义者——即便他们尚未成为国家领导人，但有人距总统宝座仅有一步之遥了（法国的让－马利·勒庞），更有甚者已经成为执政联盟中的重要一员了（奥地利）。

2. 迷恋枪支

美国人携带枪支，是因为他们是自信自立的国家公民，而非被统治阶级长期驯服的臣民。几年前，在法国巴黎的一个晚宴上，一对夫妇询问我有关"美国人持枪的弊病"。

我回答道："美国人持枪，是因为许多美国人喜欢持枪。"

晚宴的主人嘲笑道："我们这儿也有不少人想要持枪。不过，他们还是持不了枪。"

我回敬道："确实如此。"

3. 崇尚武力

为什么不崇尚武力呢？美国人当然以他们的军事实力为傲，只要就军事实力稍加比较，他们一定会鄙视欧洲人的夜郎自大，鄙视欧洲国家自诩为强权却无法阻止在巴尔干半岛上演的大屠杀悲剧。

4. 近亲结婚

回到人口问题：你不可能与德国、西班牙或意大利的乡下人同日而语。在那里，平均每对夫妻仅生育 1.1 个孩子，哪来的什么姐妹给你睡呢？你想近亲结婚？门儿都没有！

5. 痛恨堕胎

难以置信，难道布莱恩·里德是想表明他支持堕胎吗？教皇约翰·保罗二世（John Paul II）认为，堕胎是人类的降格行为——将

---

① 英国最知名的极右翼政党，反移民、反伊斯兰、反多元文化，素来被称作"英国的纳粹党"。

性行为纯粹当成一种"获得快感的手段"。对此，里德先生或许会回应："对啊，这就是堕胎的伟大之处。"但无论人们在堕胎问题上有何见解，正如教皇所理解的，把性行为权当"获得快感的手段"绝对是条死胡同。假如欧洲这帮"进步主义者"继续选择堕胎，或是拒绝生育后代，那恐怕过不了多久这世上就只剩下俺们粗俗的美国乡巴佬了。

6. 憎恶同性恋

实事求是地想象一下。在阿姆斯特丹，可怜的男同性恋者走在大街上都须小心翼翼。在巴黎，同性恋市长被一群憎恶同性恋的穆斯林刺伤。所以，在"恐同"的问题上，比起欧洲的原教旨主义穆斯林，美国的原教旨主义基督徒可是差得远哩。

7. 排斥外国人且不持有护照

如果说真的存在对于外国人的排斥，那似乎就只有欧洲人对于美国人的排斥了吧。回想一下本书开篇所引用的玛格丽特·德拉布尔的讥讽之辞。这里就掐头去尾，直奔主题吧：

> 我的反美情绪已将无法克制。它像疾病一样纠缠着我。这股流行的美国病，像胃酸反流一样，上升至我的喉咙。如今，我憎恶美国，憎恶其在伊拉克和世界上其他地区的肆意妄为。我几乎不能忍受小布什和拉姆斯菲尔德那令人作呕的丑陋面孔，也不愿看到他们的一举一动，或听到他们口中自鸣得意又不知所云的陈词滥调。

等等，等等。一旦有人检验布莱恩·里德对于美国乡巴佬的剖析，他就会发现里德所揭露的这些问题大多与美国人的生存意志相关,不论是作为一个个体抑或社会的成员。如果有人愿意调整一下里德的用词以使之更易接受,完全可以将"自以为是、迷恋枪支、崇尚武力、近亲结婚、痛恨堕胎、憎恶同性恋、排斥外国人,且连护照都不办的乡巴佬"改为"文化自信、自立自强、爱国主义、繁衍后代、笃信宗教、民主自由、保持本质,且笃信国家主权而不是中看不中用的文化多元主义的乡巴佬"。

正如里德先生所言:"美国人有世上最大的阴茎,于是他们便可以对着其他国家撒尿。"——如果你真的在意这句话,为啥你不试试朝美国尿回去啊?哦,我懂了,在欧洲,即使是撒尿这种简单的生理行为都已经开始女性化。在德国,站着小便是不允许的。现在,德国的厕所都配备了警报器,如果你没有坐着撒尿,座位便会升起,警报即被触发。"嘿,这里不允许站着尿尿!不遵守的话将会受罚,而且还要罚很多钱,如果你不想惹麻烦,最好老老实实坐下来尿!""厕所鬼"下达命令,还模仿了德国前总理格哈德·施罗德①(Gerhard Schröder)的声音。

更有甚者,你在自个儿家上厕所时都能听到,德国的政府首脑命令你像女人一样坐着小便,这俨然就是欧洲人在强制政策下逆来顺受的经典形象。相较于美国大摇大摆而富有男子气概的德克萨斯的牛仔形象,这不禁让人联想起好莱坞电影《2029星球女子监狱》②(Last Stand),唯一的不同是主人公换成了欧盟的男人们,

---

① 1998年至2005年任德国总理,属于左派的社会民主党人士,被誉为德国社民党内继勃兰特之后又一位充满个人魅力的总理。
② 由劳埃德·西蒙德尔导演的一部科幻动作片,讲述2029年外星人统治了宇宙,毒枭克拉格妄图统治地球,性感美丽的女战士凯特与英勇的太空战士们决定推翻外星人和毒枭的图谋,重夺自由。

被严格束缚的他们誓言要夺回自己站着小便的权利。然而,迄今为止,德国已售出了数以百万计的小便警报设备,德国作家克劳斯·施韦尔玛(Klaus Schwerma)甚至为此写过一本书,将这一现象称为:"站着小便的人:男子气概的最后堡垒?"

要在新世界与旧世界之间切开一道无法弥合的文化鸿沟,现在看来还不是时候。在英国的一档电视节目中,历史学家西蒙·沙马(Simon Schama)将小布什和克里分别定义为"敬神的美国"和"世俗的美国",并称赞后者"务实、实用、理性且好学"——很明显,他完全说反了:"世俗的美国"恰是基督教原教旨主义的观点,是《圣经》颂歌中的世俗化再现,也代表着由"敬神的美国"所诞下的某种耶稣的怪胎。此时,面对欧洲的妄议,只有"敬神的美国"才是理性而好学的。此刻,恰恰是一个世俗的欧洲,正在依靠着某种信仰——伊斯兰教义而活。而被视为乡巴佬的美国人却从不惧怕伊斯兰,也不会一味顺从于政府,其出生率迄今也并未降低,遂成为人类世界中更为可靠的未来希望。

巴氏消毒法[①] 只是一道开胃菜

为了避免让你们觉得我在宣扬军国主义的排外思想——恰如美国东海岸一些媒体所经常鼓吹的东西,我打算先批评美国一番。西方世界的软性化和女性化不仅仅是由于没收枪支所致。我向来不是那种老派的排斥外国人的美国人——可能主要是因为我本来

---

① 亦称低温消毒法,是一种利用较低的温度既杀死病菌又保持食品风味不变的消毒方法。

就不是一个美国人，我是一个外国人。也因此呢，我很喜欢除我之外的所有外国人。我喜欢法国美食、法国咖啡、法国女人，这话一出口我都觉得脸红。说实话，比起阿诺德·施瓦辛格（Arnold Schwarzenegger）主演的系列电影《终结者》，我宁愿观赏一些冗长的法国电影，看着伊莎贝拉·阿佳妮（Isabelle Adjani）或伊莎贝拉·于佩（Isabelle Huppert）或任意一个叫伊莎贝拉的漂亮女人赤身裸体地坐在床上，一边抽着烟，一边与丈夫讨论着生计问题。看到我这段话你或许会觉得厌恶，可是如果你还没有掏钱买下本书，请先不要在书店里把它给扔了。我在《国家评论》杂志社的同事约拿·戈德堡（Jonah Goldberg）常常讽刺法国是"爱吃奶酪、沐猴而冠的投降派"，对此我从来都不能完全苟同。当然，作为新保守主义的主战派，在鄙视法国人的投降传统方面，我不会输给任何人；可是，我还是要替法国人说句话，在奶酪方面我觉得法国人确实还是略胜一筹的。

有一天，在午餐柜台前点餐时，我要了个奶酪汉堡，然后服务员就问了："您是要美国奶酪、瑞士奶酪还是英国产的切达干酪？"我实在是没办法分辨出它们的不同，谁让它们尝起来都没啥味道呢。好像唯一的不同就是，瑞士产的奶酪切片上布满了小洞，价格还更贵，你花了更多的钱、却得到更少的分量。况且，布满小洞的昂贵奶酪尝起来也不过如此，没有比其他奶酪好吃多少，唯一的好处是因为给你的量少而不容易使人发胖。但不管怎样，奶酪可不是展示美国优越性的战场。任何未经高温消毒的新鲜生奶酪，哪怕符合欧洲干酪厂的生产标准，在美国都会被禁销的。你看看，提到枪支，美国人十分热衷于捍卫自身的自由；可是提到奶酪，他们却都乐于交给一个包办一切的保姆式国家去处理了。

就个人而言，以下皆为我所欲也：攻击性武器、卡门贝尔乳酪①（Camembert）、枪支、黄油以及其他一切因美国政府的食品规定而毁了味道的乳制品。在战场上，法国人可能确是"沐猴而冠的投降派"；可是在吃奶酪方面，法国人绝不会因为布里（Brie）干酪有一点变味儿就举手投降，或是惊慌无措地四散奔逃。美国人则恰恰相反，他们坚持认为处理洛克福干酪变质的唯一方法，就是设立一个比汉斯·布利克斯审查核武器更加严格的食品检疫程序。法国尽管有很多缺点，但它却真正地实现了食品的"联邦化"：每相隔20英里，各地的奶酪风味都不相同。反观美国，一些人正在积极游说，希望通过一部《全国食品统一标准法案》。果真如此，也真是够过分了。

与法国、英国甚至加拿大魁北克的牛奶相比，美国牛奶的味道可能略逊一筹；不过，归根结底，与国家安全相比，食品之类的事宜可能还是次要得多。然而，眼下风向似乎变了，以美国日常生活中的任何一面举例：当前更常见的思路是什么？是第二修正案中所体现出的自立精神，还是奶酪业中所体现出的政府过度管制？从健保到教育，美国在所有问题上都正在朝向一个令人忧心的保姆式国家退化。正如新罕布什尔州人常说的那样：无奶酪，毋宁死——这和法国人还有什么区别吗？美国人应该警醒，他们正在逐渐被软化。要落入与欧洲人相同的境地，并非一定得通过没收枪支才能实现。

美国也会如其他正在衰落的西方国家一样走向末日吗？会，而且已经走了大半程了。我可不想被说成是什么"激进分子"，如果因为攻击民主党人——正如有些媒体所言的——"心胸狭窄"而被

---

① 一种原产于法国卡门贝尔村的高档软奶酪，制作工艺十分复杂。

扣上"激进"的帽子那也倒算了，可若是因为我批评民主党人在大事面前敷衍塞责而被指责为"激进"，那就恕我无法接受了。你一定知道民主党为啥那么怀恋 20 世纪 90 年代①，那时候，他们从不提及关于战争的只言片语，克林顿政府甚至对卢旺达大屠杀也是充耳不闻。没错，卢旺达有数百万人惨遭种族屠杀，但是你仍然觉得事后再知道也不迟，反正克林顿最后会在声泪俱下的电视演说中漫不经心地告诉你的。大事不汇报、小事天天送，那真是一个微观政治的"小时代"啊。什么管理细则啦，什么保障权益啦，什么自行车道啦，什么垃圾回收站啦，唯独缺少了宏观的政治大视野。然而，眼下好日子已经到头了，"9·11"事件打破了美国人原本浑吃闷睡的简单生活，致使他们至今仍然耿耿于怀。一些人加入了"反战"运动，却意识到一切并非如此简单：你越是不想战争，却越是天天被战事烦扰。除了领导反战运动，左派人士还会嘲笑小布什、切尼、拉米②（Rummy）等人是真正的恐怖分子——正是这些人使美国身处于"恐怖"状态之中。说来也怪，想当初在冷战时期，反对拥核的左派人士每天却都期盼着一场末日决战，你想想若是不打仗了，他们的反战戏码还怎么唱得下去呢？当前，如果唯一的在野党总是自我边缘化，无法与执政党进行真正有意义的政治对话，两党制也即失去了意义：正因如此，民主党需要重振旗鼓。要实现这一目标，他们就必须远离微观政治的自行车道，回到地缘政治的高速公路上来。

---

① 20 世纪 90 年代美国经济进入繁荣期，时任总统克林顿同时开启了大刀阔斧的社会福利改革。
② 对小布什总统时期的国防部长拉姆斯菲尔德的谑称。

顺我者昌，逆我者亡

这边厢，共和党人也开始铤而走险，热情拥抱"大政府"的理念。"9·11"事件后两三周，美国副总统迪克·切尼说了一番蠢话："'9·11'事件后，人们最大的变化就是重新信任政府、重视政府，同时对'政府所能之事'抱有很高的期望。"果真如此吗？我倒觉得事实恰好相反，"9·11"事件其实完美地演绎了某种权力分散、联邦主义、保守政治的经典国家观："9·11"事发后，负责应对工作的主要是市政府，或称小政府、核心政府——消防员、警察局、救援人员。切尼副总统有一句话倒是说对了，联邦政府其实是我们最大的败笔，包括联邦调查局（FBI）、中央情报局（CIA）、移民归化局（INS）、联邦航空局（FAA），以及其他精英荟萃、吃着国家俸禄、名字缩写极为考究的国字头单位。我举个例子，在加拿大的蒙特利尔，有许多以吃政府的社保福利为生的阿尔及利亚裔移民，假如其中某人是个恐怖分子，且某天试图从加拿大入境美国，比方说选择佛蒙特州（Vermont）的德比莱恩市（Derby Line）入境，即便他的入境申请被一个机敏警觉的移民官拒绝，他大可向东开车几英里，再试着从比彻福尔斯市（Beecher Falls）入境。至于他在半小时前被拒绝入境的事儿，比彻福尔斯边境的美国移民官无从知晓，因为他们没有同步联网的计算机系统。可是，如果一个阿尔及利亚裔的恐怖分子在互联网上买书，亚马逊网站即会记起他在两年前买过一本名为《刺杀异教徒指南》的专著，网站还会自动弹出一个"建议书单"的对话框，向他推荐一本名为《自杀式炸弹袭击傻瓜教程》的新作，作为老顾客还能给他打个三折。你瞧瞧，亚马逊网站竟然拥有比美国移民局更加高效的大数据功能。人家效率高是不是因为成本也高？

非也，亚马逊网站的运行系统非常便宜；不过，再好的系统只要一跟政府沾上边，就会变得更糟、更慢、更贵。

再说说切尼政府的另一个例子——别忘了，我们对切尼政府向来都是"信任、重视且给予很高期望"的——故事从"9·11"事件的危急之刻说起：

联邦航空局指挥中心：我们要不要紧急起飞救援飞机？

联邦航空局总部：上帝啊，俺也不知道啊！

联邦航空局指挥中心：最多10分钟，你们那儿必须有人做决定。

联邦航空局总部：你瞅瞅，大家伙这会儿都出去了，谁来做决定呢？

"9·11"事件后，我们对于大部分问题的来源已经心知肚明，它们一般分为两类：

1. 政府部门未能执行到位已有的相关规定（比如恐怖分子提交的材料不全且笑点多多的签证申请）。

或者

2. 政府部门的相关规定已经过时。在被劫持的4架飞机中，有3架达成了恐怖分子的目标，原因就是空服人员、机上乘客和地勤人员都在盲目地遵守美国联邦航空局于20世纪70年代制定的《劫机应对手册》，直至发现那根本是瞎耽误工夫。恐怖分子对此早有研究，完全知道他们的路数如何。

下次若再有恐怖分子成功申请签证并完成一次袭击,仍将出于一样的原因:"9·11"事件后,一大堆新的规章制度层出不穷,一些地方官僚要么不遵守新规章,要么根本懒得换下30年前由前辈留下的旧规章,而狡猾的宗教激进主义者对此却洞若观火。这便是永恒不变的政府特性:尽管政府机构不断扩权,但90%都表现得不孚众望,你要是以自己的生命相托付,那可真是傻帽到家了。

不过,在"9·11"事件中,第4架飞机的乘客们并没有执行70年代《劫机应对手册》上所规定的步骤流程。在美联航第93次航班上,他们通过手机查询到了相关管理条例,明白联邦航空局绝不会出手相救,于是便挺身而出,以血肉之躯反抗恐怖分子,并以自己的生命为代价,成功阻止了航班继续飞向华盛顿特区。这天上午,当"大政府"一败涂地时,唯一的好消息来自于这些实施自救的个人公民。前3架飞机好比就是空中的"欧洲联盟",公民的自主性早已被联邦航空局以保姆式国家的大包大揽而窒息身亡了。天上空气稀薄,你一切的自由已被严格限制:这里禁止吸烟,实施100%的枪支管制,你必须遵守法律规定的义务,对机组人员言听计从;如果空姐——哦,怪我咯,涉嫌性别歧视啦——如果空中乘务员对你态度粗鲁,你也绝不能粗鲁地回击,否则飞机着陆后你就等着被捕吧。30年来,飞机乘客为了虚幻的安全,让渡了自己越来越多的个人权利,结果呢,这一次,成千上万的人因此而命丧黄泉。第4架飞机上的托德·比默[①](Todd Beamer)与其他乘客一道,收回了转让出去的个人权利,并证明了他们的确能比政府更加有效地运用权利。看看吧,"规矩教派"已经彻底失败了,凭借自力更生和自我

---

① 一名软件公司经理,"9·11"事件中,勇敢地号召第93号航班的乘客与劫机者殊死搏斗。

创新的优良品质，伟大的美国人民挽救了数千人的生命，此中精神正如比默先生对其他乘客所说的那句铿锵有力的独白："咱们上吧！"

相比之下，2002年3月11日，在恐怖分子穆罕默德·阿塔和马尔万·拉希德（Marwan al-Shehhi）劫持飞机撞大楼并"英勇就义"之后整整6个月，他们曾经就读的佛罗里达飞行学校收到一封移民局寄来的信，鬼使神差地通知阿塔先生和拉希德先生：他们的学生签证已经被批准了。阿塔害死了几千名美国人，可是这并不妨碍他顺利通过一个尸位素餐的官僚机构的例行审核。

官僚主义者还振振有词——他们的诡辩是：没事儿，签证发给了身份明确的死人，又没给身份不明的活人——对于这种鬼扯，美国人最后还是得照单全收。不过，恼羞成怒的小布什总统坚持移民局要为此负责，他们确实照做了，把发放该签证的官员贾尼斯·斯波萨托（Janis Sposato）平级调动到了"移民局执行副局长助理帮办"的岗位上。见鬼了，我还真不知道她是从什么岗位上"平级"调过来的——可能是"移民局执行副助理局长帮办"之类的绕口令头衔吧。令人欣喜的是，移民局从此也换了个新的英文缩写，并下令重印一整套新名片——照斯波萨托女士的头衔来看，估计这些新名片都得是超大版的。

改革暮气沉沉的官僚文化实在是举步维艰，我们目前所能寄望的最好办法就是限制官僚体制的规模——给天资聪颖且善于创新的国家公民留出空间，以避免其沦为衣来伸手的国家臣民。2004年，《连线》（Wired）杂志制作了一部饶有趣味的电影短片，故事的主人公是一名在荷兰北部工作了30来年的高速公路工程师：汉斯·蒙德曼（Hans Monderman）。一两年前，他突然顿悟了一种新思路，正如《连线》杂志的汤姆·麦克尼克（Tom McNichol）所总结："修路就应该让它看上去很危险，这样才更不容易出事故。"

换言之，高速公路上的一切东西——包括每隔5米就会碰到的路牌、黄线、人行横道、交通信号、防撞护栏、自行车道——全部都是堵塞公路的垃圾，看上去它们给了你虚幻的安全感，实际上却使驾驶变得愈加危险。丹麦的一座小镇克里斯汀菲尔德接受了蒙德曼的新思维，在最危险的十字路口移除了所有的交通标志和信号灯，从而最终将严重交通事故率减少为零。如今，当你悠闲地开到十字路口，交通部门没有设立任何指令告诉你该如何是好，你必须自己观察并找出答案，谨慎地驶近路口并留意其他车辆的一举一动。

蒙德曼先生的理论正对我的胃口——通过创造一种虚幻的安全感，政府其实解除了公民自主判断的可能性。霍华德·津恩（Howard Zinn）应邀为辛迪·希恩（Cindy Sheehan）的专著《亲爱的小布什总统》（*Dear President Bush*）一书写了序言，他在其中为勇敢的失败者写下赞歌："一把小刀可以击倒一座高塔①。一首小诗可以掀起一场运动。一本小书可以引发一波革命。"

然而，"一把裁纸刀可以击倒双子塔"的唯一原因，恰在于"9·11"事件当天，抵御恐怖袭击的只是国家专有的职权，个人公民统统被排除在外。如果换作是19名挥舞着裁纸刀的朋克青年，在一个迪厅的停车场里实施抢劫，他们保准会被打得满地桃花开。然而，飞机不一样，它是现代社会民主国家的最佳翻版，是"大政府"理想在万米高空中得以展翅翱翔的最佳象征；作为民主党的大本营之一，马萨诸塞州向来以"大政府"著称，因此这么说吧，飞机就是高空中飞行的马萨诸塞州。所以，9月11日，前3个航班上的机组人员

---

① "9·11"事件中，恐怖分子劫机的作案工具正是裁纸刀。

盲从了联邦航空局70年代制定的过时规定；而第4架飞机陷入困境之时，乘客们却意识到了政府将不会与他们并肩战斗。在第一架飞机撞塔后90分钟，第93次航班的乘客英雄们彻底搞清了状况，想方设法阻止了恐怖分子的下一个阴谋。

这便是"9·11"事件后我所学到的基本经验法则：任何企图把自由公民的自主权力转交给政府的政策措施都是大错而特错的——这不仅是针对反恐战争，还意指更广义层面的国民性格。英国前内政大臣查尔斯·克拉克（Charles Clarke）在《泰晤士报》的专栏文章中暴露了"大政府"的真实心态，试图为最新出台的公共安全政策辩护："身份证对于日常生活的各方各面都将产生影响，你时刻都必须证明自己的身份——譬如开立账户、出国度假、申请救济、信用卡购物以及租碟看电影。"

"租碟看电影？"听起来似乎有理。当你想看部大片，还得带上身份证。可是，如果你是个阿尔及利亚裔的恐怖分子，搭乘从巴黎出发的"欧洲之星"列车①驶往英国去炸毁伦敦的大本钟，你却不需要什么身份证了。而且，在日常生活中随时随处查验身份证——"开立账户……信用卡购物"——实际上与丹麦小镇路口上的交通标志和信号灯异曲同工：它将放松银行经理和柜员的警惕，解除他们依据自主判断以评估现状的可能性。你得对政府愚忠到何种程度，才会觉得这是一件好事啊。

英国一项关于"宗教仇恨罪"的法律，堪称"过度依赖交通标示"的另一个经典的社会案例。它试图以政府的管理取代人性的判断：奉行多元文化的国家实在是运行良好，以至于不相信公民能够

---

① 一条连接英国与法国及比利时的跨海高速铁路。

自行处理好与邻里之间的沟通交流。与英国的国教不同，伊斯兰教是一种意图明确的政治运动：伊斯兰教法就是一种法律体系，然而，它不似英国普通法或法国拿破仑法典，其目标并非单纯希望通过公开辩论以享受到政府的合法保护。君不见，新兴的穆斯林游说团体已经成为种族与文化矛盾的散播者，近期还成功打赢了与麦当劳快餐店之间关于如何杀鸡的奇葩官司[①]？他们确实能够充分利用好每一部新法案以达成所愿。欧洲的政治辩论已然被过分的文化敏感所绑架了：荷兰的"移民问题"是穆斯林问题，法国的"青年问题"是穆斯林问题，英国为应对"恐怖主义威胁"而提出的身份证要求本质上也是穆斯林问题。为了避免所谓"宗教仇恨"，竟禁止对这些事情进行开诚布公的探讨，公民能由此变得更加安全吗？所谓"保姆式国家"，不仅意味着你在租碟时必须扫描身份证才能借到《欢乐满人间》[②]（*Mary Poppins*）的录影带，更意味着当恐怖袭击再次发生，若是你禁不住发表了一通措辞强烈的不满言论，你将会立马吃上官司。

从摇篮到坟墓

当前，要改变发达国家最大的结构缺陷，最迫在眉睫的问题就是快速恢复国家与公民之间的责任平衡。回想伊拉克战争期间，我们听到了很多关于古代美索不达米亚的讨论，美索不达米亚是苏美

[①] 麦当劳在美国密歇根州的两家门店向当地的阿拉伯裔穆斯林提供清真麦乐鸡和清真三明治，结果却被起诉其在杀鸡时未遵照伊斯兰宗教仪式，不符合伊斯兰传统，须赔偿消费者70万美元。

[②] 美国迪士尼影业公司出品的奇幻歌舞片，讲述了化身为保姆的仙女玛丽来到人间，帮助两位小朋友重新获得生活乐趣并与其父母共享天伦之乐。

尔人（Sumerians）、阿卡德人（Akkadians）和希泰人（Hittites）的生活遗址，也是"人类文明的摇篮"。有一句很有名的判断：倘若没有摇篮，我们便很难延续一种文明。人口问题不一定就是天命：未来，穆斯林的高生育率也可能掉头下降，或许还会下降得很剧烈哩，恰如意大利和魁北克的天主教徒一样，总会经历生育率的高峰和低谷。可是，如果你们国家的出生率已经身处断崖，就算穆斯林在 2050 年时也将变得与你们一样糟糕，那又有何欣慰之处呢？留下来的最后一批人——不论数量多少——将决定我们所身处的社会性质；而现在看来，留在欧洲的最后一批人无疑将是穆斯林。

对于许多国家而言，一切都已经太迟了。比如，当罗马尼亚等共产主义国家发现这一问题时，一切就已经晚了：即使对一个专制的独裁政权而言，一旦民众失去了生育的习惯，就很难再强迫他们重回战场。我在一个关于堕胎话题的报纸专栏中提到了"出生率已死"的窘境，然而，赞成"堕胎选择"的读者坚持认为，生育率低下与堕胎与否没有关联，主要是由其他因素造成的——普遍下降的人口出生率影响了社会繁荣，而高税收又使得广大家庭在不景气社会中的生育成本不断升高。不过，这种讨论似乎进入了"先有鸡还是先有蛋"的死胡同——或者在这个案例中，我们到底是因为缺了蛋，还是由于社会上尽是些骨瘦如柴、形似饿鸡的半老徐娘，直到芳龄 48 岁了才眼巴巴地渴望通过人工授精生出个一儿半女来。先且不论俄罗斯、日本和欧洲的生育危机是否源自于堕胎，更加显而易见的危机其实是我们对于堕胎问题的认知假设——堕胎是一种个人选择的问题——这恰恰成为垂死西方现存危机的鲜明症候。在一个传统社会——比如 17 世纪的农场村庄——养育孩子是一种优势，不仅是经济上的，更体现在社会生活的方方面面。我们现在不必去做 17 世纪的农活了，所以在现代社会的背景下，我们需要找到一种新的方法以恢复为人父母的种种好处。

可惜的是，就目前所知，社会福利民主国家并非解决上述问题的良策。据欧盟估算，未来几年还需要5000万外来移民才能刚刚补上社会必需的劳动力的缺口，以便资助奢侈无度的种种社会福利项目——婴儿潮一代的退休大军正在满心期待地等着享受呢。然而，唯一可行的移民来源地偏偏是北非和中东，而这些移民是否能让欧洲领导人的如意算盘得逞还得打上一个问号：根据某些北欧国家的统计数据显示，在其国内接受救济的人口中有40%都是外来移民。在其他地方，情况也十分相似：在社会福利项目中，比之本土的欧洲人，伊斯兰移民的受益程度实则更高。

如何解决人口危机呢？你或许会站着说话不腰疼：嗯，我们可以减少正值生育年龄的年轻人的税赋负担，这样他们就能买得起房子并乐于组建家庭。但从经济学的宏观视角观之，这种论调纯属纸上谈兵。在传统乡土社会，养儿防老，孩子就是你年老体衰后的养老保险：待你老得直不起腰，老得无法耕地和捕猎时，儿孙后辈会代替你去干这些活。今天呢，当你老得直不起腰时（我估计等不到这一刻了），国家就会跳出来，接管你的老年生活。因此，在这样的福利社会中，若想把不同代际的家庭成员重新团结在一起，难于上青天。或者还不如简单些，比如葡萄牙政府实施了家庭税收减免优惠，再如俄罗斯为"生二孩"的家庭提供了9000卢布的物质奖励。然而，这些都是治标不治本，要想在人口问题上重获新生，最根本的举措恰是政府最畏惧的梦魇：缩减国家权力。

如此一来，至少可以给孩子们匀出尽可能多的社会福利：在美国，许多福利政策在无意之中鼓励了生育（尽管有些具有副作用，比如针对单身妈妈的社会福利），主要是通过一笔意外之财以利诱你更想生孩子。然而，对于那些已经深陷死亡旋涡的低生育率国家，它们必须实施更加大胆的鼓励生育政策：比方说，家庭人口越多、税赋比例越小，如果除了你家里还有4个直系亲属，你的应税总额就可以除以5；于是，1个全职工作的丈夫、1个专职家务的太太外加3个孩子，5个人却只须承担相当于1个单身男子应付税赋的1/5。如果他们都赚5万美元，快乐的单身汉就要以5万美元为税基纳税，不过别担心，剩下的钱仍然足够他去单身酒吧里泡妞逍遥；而那位已婚的男子呢，则以1万美元为税基纳税，这样他也能剩下足够的钱去负担全家的开销。

住房是影响家庭规模的另一个因素。就事论事，如果你想买一所可以容纳很多孩子的大房子，美国在所有发达国家中是成本最低的。这就可以解释为什么加拿大的生育率与欧洲国家一样低下了：当然气候是个原因，但更多还是因为特鲁多①（Trudeaupian）式的社会政策所引致的人口集中现象。当前，加拿北部自治领的人口密度比美国的更大——换言之，更加"城市化"。如果给加拿大设计一个"总体规划"，最好是能让那些正值生育年龄的年轻夫妇从多伦多和温哥华的狭小公寓中搬出来，迁徙至大自然的广阔天地中，这样就可以大有作为——买到更大的房子以养育更多的孩子。在西欧，住房的成本非常高。每当我从报纸上得知越来越多的意大利人——即便人到中年了依然与爸爸妈妈生活在一起，我就想起了英国演员老本尼·希尔主演的一出短剧，剧中他与年轻貌美的摩登女郎骑着

---

① 加拿大第15任总理（1968—1979，1980—1984），任内制定了一些至今仍饱受争议的社会政策。其长子贾斯廷·特鲁多于2015年就任加拿大第23任总理。

一辆自行车颠来跑去,为着一套永远都买不起的公寓住房而盲目奔波。BBC的记者问:"你们干吗不搬回去与父母同住呢?"本尼咕哝着说:"你以为我们不想啊?!可是他们早就搬回去与他们的父母同住啦。"

  我们离重点越来越近了。这绝不仅仅是一个只关乎税收和住房的问题,我们时代的最主要特点其实是一种"成年推迟"的怪现象。在北美和欧洲的广袤土地上,数百万青年上了大学却一无所获。同样地,这也可以解释为什么美国人平均花费20年时间接受教育,实际上才只积累了相当于学士学位的那点儿知识。我们需要改变体制以使大学教育压缩至更短的周期之内。我们的身体比我们的曾祖父母成熟得更早,我们的心智却比我们的曾祖父母成熟得更晚——对此我们却早已安之若素了。我们更早地进入青春期,却更晚地脱离青春期——在某些情况下,一些人甚至人到中年才脱离了青春期。我们创造了一个如此荒唐的时代,在这个时代,一个31岁的欧洲男子可以大摇大摆地走进夜店,毫不脸红地告诉那里的漂亮宝贝们,打从穿尿布起直到今时今日,他一直和亲爱的爸爸妈妈住在一起——而这丝毫不影响他走出家门与热辣的女孩约会。回到人类历史的任何节点,这个家伙都会成为当时人们的谈资与笑柄。

  如果我们能在高中时期就让学生获得足够的教育与知识,然后让他们出去就业、好好赚钱,国家和社会都会发展得更好。他们可以在20来岁时就养育两三个孩子,而不是等到人过中年了还在就是否生育的问题与政府福利讨价还价。改革殊为不易,尤其是在美国,学校已成为绑在一起的既得利益团体,为了获得更多的学费与特权而不惜牺牲学生的长远利益。与此同时,由于我们拒绝改变自己"成年推迟"的怪现象,发达国家的社会运转更加依赖于后患无穷的外来移民。美国也在这些国家之列，遍布全国的拉美裔移民已经使美国日益进入了二元文化与双语社会的对立与动荡之中。

最迟至 2015 年，几乎所有的西方政党都会积极地鼓吹生育，即便是谨慎一点的政党也会支持这项政策——就像支持"统一税率"一样理所当然——这将有助于修复我们已被粗心政府的政策工程所蓄意破坏的社会结构。恰如欧洲与宗教激进主义的生死博弈一样，社会政策与财政政策现在也是关乎存亡的国家大事。最终你会明白，这与给你多少现金并无多大干系：毕竟，拜金主义和自我享乐恰是欧洲乌托邦丧失未来的初始原因。减少社会福利的真正对策，绝非在人们的口袋里放入更多的现金——而应是更多的责任。

你要明白，如果我们再不这么做，剩下的唯一一种可能将是不堪设想的。

我所尊敬的英国作家安东尼·桑普森（Anthony Sampson）在其生前遗作中断言，"9·11"事件发生后，"对恐怖主义的畏惧，增强了政府的管控途径"。当然，这种情况根本不应该发生。在荷兰——也即高速公路工程师汉斯·蒙德曼的国家，他们打出了一些关乎未来的交通警示牌：近 30 年来，对于多元文化的虔诚态度实际上已经演变为一种危险的幻想；可悲的是，在其他发达国家之中，人们仍然在为这种幻想添枝加叶。如果美国想要避免欧洲大陆的厄运，它必须热烈颂扬自力更生与个人创新，而非妄自菲薄自己的公民既不文明开化、也不具欧洲之风，进而因此感到自惭形秽（正如民主党人经常表现出的鬼样子）。在当前这场斗争中，自由公民将勇往直前、争取胜利；保姆式国家则将丢盔弃甲、落荒而逃。前路必是艰险无疑；在路间堆满"禁止乱停"的警示牌非但于事无补，反倒更加乱上添乱。

第十章　正在倒下的骆驼：末日将临

　　大自然早有定律，如若不能自我保护，也就永远无法被他人保护。

　　　　　　　　　　　——拉尔夫·瓦尔多·爱默生①，《社会与孤独》

　　我写这本书并非意欲支持更多的战争、更多的爆炸、更多的杀戮，而是为了唤起更强大的意志力。在英国人充满文化自信的那个年代，身在印度殖民地的他们遭遇了"殉夫"（suttee）的当地习俗，即丧夫的寡妇要在其丈夫的火葬礼上一同烧死殉葬。查理·内皮尔将军②（General Sir Charles Napier）毋庸置疑是个文化多元主义者，他说："你们说烧死寡妇是你们的风俗，没问题。但我们也有我们的风俗：当男人们烧死一个活着的女人，我们就会在他们的脖子上系根绳子，把他们活活吊死。尽管搭你们的柴堆去吧，不过在柴堆

---

① 19世纪美国散文作家、思想家、诗人。
② 19世纪英国海峡舰队司令，海军上将。

的旁边，我的木匠也会建起一个绞刑架。你们按你们的习俗走，我们也按我们的习俗办。"

如今，摒弃了"殉夫"风俗的印度早已是旧貌换新颜。假如你不认同这种改变，假如你认为这又是该死的白人男性的"欧洲中心论"之胜利，那就坚持你的看法吧。但我觉得你不会真心这么认为。没有主见的文化多元主义明显是场骗局，人们在明知其是骗局的情况下，假意尊重着所有的文化。说到底，除了先进的西方社会，大多数坚持文化平等的伪君子们其实哪儿都不想栖身。所以，文化多元主义的本意是：你的孩子在学校音乐会中不去唱圣诞名曲《红鼻子驯鹿鲁道夫》，却转而学唱从某个非洲部落流传而来的挽歌悲调；或者，给你提供全身按摩服务的女技师深谙美国印第安原住民的某种古老手法；然而，这些并不意味着你或你所在乎的任何人必须生活在非洲部落或美国印第安原住民的社会之中。然而，如今的文化多元主义简直就是一场循序渐进的诈骗活动。如果你真的相信"殉夫"是原住民本土文化中浓墨重彩的一出好戏，那你就应该好好想想：假如有一天，你周围25%、30%甚至48%的人都信奉"殉夫"的传统习俗，那么你原本舒适安逸的周遭环境将会变成何种模样？西方精英们幻想出的所谓文化多元主义，最终的结果并非歌颂了所有文化，而恰恰否定了自己的文化。正因如此，文化多元主义才是真正置我们于死地的特种自杀式炸弹啊！

我们并非上述那种西方精英——在我们看来，当面对各种文化，你应该根据其对于自由、宗教、法治的理性认知作出判断与选择——理应恢复当年纳皮尔将军所对外展现的文化新风。

然而，当面对丹麦"漫画圣战"引发的争议时，欧盟委员会司法和安全事务专员弗朗科·弗拉蒂尼(Franco Frattini)的第一反应便是对外宣称：欧洲将建立一个"媒体准则"，以促使他们对……呃……某些敏感话题的报道采取"谨慎"态度。弗拉蒂尼先生在接受《每日电讯报》的采访时还说道："媒体将会向伊斯兰世界传递一个重要信息，即我们已经意识到了行使言论自由的后果……我们可以而且已经准备好了对这项权利进行自我管控。"

"谨慎"？"自我管控言论自由的权利"？好像不只是字面之意吧？恐怕媒体传递给伊斯兰世界的信息应该是：你赢了，我投降，请不要再打我啦。

但是穆斯林绝不会就此善罢甘休。在罗伯特·费里诺的小说《天佑杀手》中，有句阿拉伯谚语是这样说的："倒下的骆驼易被宰。"在丹麦、法国、荷兰和英国，伊斯兰已然发现西方这匹骆驼正在轰然倒下，此时不宰，更待何时呢？

正如1773年在波士顿，美国牧师西米恩·霍华德（Simeon Howard）向具有优良传统的炮兵连（Ancient and Honorable Artillery Company）布道时所说：

> 在真正意识到危险之前，一群轻率之人可能会毫无顾忌地一再妥协退让，直至自己的自由已无可挽回。每次妥协带来的伤害很小，但若它们叠加在一起，对那些一味退让的人来说，后果将是致命的；特别是如果他们日复一日地就这么默默妥协下去，后果将更加不堪设想。对于此类伤害，我们应该永远遵照古老的谨慎法则行事；不忘初心，方得始终。若一个侵略性强权反复对我们提出不正当要求，那么其实当它提出第一个不正当要求时，我们就应当予以坚决抵抗。一般而言，每个人都有权利和义务参与战争，而非屈服于战争的权力之下，在发动

战争并无任何不便的情况下，为何非要通过仁慈的方式解决问题？战争尽管是一种极大的罪行，然而，相较于有伤公众自由的妥协退让，实在是更为可取的选择。

马德里爆炸案后，年代最久的英文杂志《旁观者》（*Spectator*）发表了一篇社论，标题是：《我们并非身处战争》。他们希望以此给英国人吃颗定心丸——圣战运动不会占领白金汉宫的。文中说道："奥萨马·本·拉登绝无可能挥师奔向白金汉宫的林荫大道，他又不是从火星上下来的小绿人①。基地组织只有恐怖手段，却没有一个终极目标。"

对对对，他不会的，拉登不会挥师林荫大道，更不会由此攻入白金汉宫的大门，除非我们用大炮把他轰成细胞颗粒。不过，现实总归不会如此地戏剧化：为了迫使女王签字退位，让位于"大不列颠伊斯兰共和国"的第一任宗教领袖，基地组织空军其实不必非得和英国皇家空军在多佛白崖的上空来一场世纪大空战。你其实大可通过一种潜移默化的方式在不知不觉之中诱导英国投降。在这一点上，《旁观者》杂志恰好说反了：基地组织其实并无什么手段，可是他们的目标——使整个西方都被伊斯兰化——早已成为数百万"遵纪守法"的穆斯林公民的共同理想。我想起了一个最著名的恐怖场景，来自于约瑟夫·康拉德②（Joseph Conrad）的杰作《秘密特工》（*The Secret Agent*）（1907），书中描述了一个胸膛绑着炸弹的恐怖分子，独自一人走在伦敦街头的经典画面：

---

① 科幻电影中经常出现的经典外星人形象。
② 英国作家，现代主义小说的先驱，代表作有《吉姆爷》(1900 年)和《神秘参与者》(1912 年)。

> 他没有未来。他蔑视未来。他是一种力量。他的思想沉浸于一幕幕毁灭与破坏的幻想之中。拖着无力的步伐，无声无息，衣衫褴褛，形容憔悴——他的想法无比天真：他要召唤疯狂与绝望，他要让世界重生。根本没有人注意到他。他就像一只渺小的害虫，溜过人潮拥挤的大街，心如死灰。

这个画面的冲击力恰在于，爆炸袭击者遗世独立于四周穿梭的滚滚人潮，他们的脸上都幸福洋溢，他们对于下一秒钟的死亡一无所知。不过，2005年伦敦地铁爆炸案之后，我们才逐渐明白——现实世界与书中所描绘的其实不尽相同。它不是只由黑色（爆炸袭击者）和白色（其余的我们）所组成；在黑白之间还有许多被灰色的朦胧阴影所笼罩之地：一意孤行决意毁灭与破坏的恐怖分子在大街上徘徊，而他的周围站立着许多不断催促其舍身赴死的看客；看客的周围还站立着人数更多的暴戾青年，他们信仰着同一宗教，兴高采烈地庆祝着大屠杀；这群青年的周围又站立着人数更多的"温和派"人士，面对以他们的信仰之名所犯下的恐怖恶行尽量缄默不语；与此同时，在"温和派"人士的周围更有一圈公开煽动叛国的宗教与社团领袖；在煽动者的周围另有一圈宗教和社团领袖大声疾呼着为他们开脱与辩护；这些人的周围还有一大群专业的游说团体负责装可怜、博同情，坚称他们的群体才是真正的受害人；游说团体的周围还有一大群舆论领袖，他们在媒体和各种公开场合发表高见，可是出于对种族与文化议题的敏感和慎重，根本无意伸张正义；最后，在舆论领袖的周围是一群政治领袖，他们不遗余力地粉饰太平，假称所有一切都只是行政问题而已，只须出台一些新的法律规章，增加一点新的社区服务，天下自会重新歌舞升平。

正是这些将黑与白相隔离的一圈又一圈灰色地带——宗教阿訇、游说团体、大众媒体、基督主教、政治领袖——使崇拜死亡的怪力邪教不断发展壮大，它本来毫无希望，如今却成为了一股强大的力量。而在这一圈又一圈灰色阴影的最外层，就是数也数不清的芸芸众生。比如在西班牙，民众的血液早已淌入了不抵抗与不求胜的灰色地带。然而，世界上还有一些人拒绝如此软弱，恰如美国的公民。在英国，民众思忖着到底要不要反抗，他们把传统的"闪电战"精神①挂在嘴边，却日复一日地作出千百个"微不足道"的妥协与让步。这就是一个伟大国家的灭亡之路——没有战争，亦没有征服，而是一点一点、一步一步地走向绝望，直到有一天你幡然醒悟，却发现一切都为时已晚，你不需要签署任何一份正式的投降文件，因为在过去的十年中，你早已一笔一画地写完了一整部战败协议书。

所以，与康拉德笔下孤军奋战的炸弹客不同，当前的敌人即使在最显眼的地方也可以独善其身——因为满大街都是害虫，他只不过是其中一只而已。在美国，半壁江山的政治人物还在寄希望于以司法手段赢取胜利，他们让敌人在法庭登堂入室，使其享有被告人的完整权利；在欧洲，出于对移民群体的恐惧，所有人都已变得软弱无能；在整个西方世界，大众媒体将杀手们尊称为"激进人士"、"活跃人士"甚至"造反义士"。"为什么他们憎恨我们？"可不能这么发问，更好的问法应该是："为什么他们看不起我们？"

---

① "闪电战"是由德军名将古德里安创建的战术模式，"二战"期间德军曾以此重创英国，但英国军民在险境中保持冷静、坚韧与团结，最终共克时艰。后称"闪电战精神"。

西班牙大屠杀发生之后，奥马尔·巴克里·穆罕默德①（Sheikh Omar Bakri Mohammed）对里斯本的《共和国》（*Publica*）杂志说，伦敦的一群伊斯兰教徒"准备"也在英国本土"干一票大买卖"。巴克里意图澄清一下这次行动的基本原则，于是特意补充道："我们不区分平民与非平民，无辜者与非无辜者，我们只区分穆斯林与异教徒。异教徒的生命是一钱不值的。"巴克里还说，他希望看到伊斯兰教的旗帜在唐宁街上空高高飘扬。"我相信总有一天，我的梦想会成为现实。因为这是我的国家，我喜爱生活于斯。如果他们真的相信民主，还怕个什么劲儿呢？让俺奥马尔·巴克里也享受一下民主吧！"

你觉得这是天方夜谭？伊斯兰的新月旗会在唐宁街10号高高飘扬？你想都想不到，"政府大楼前应悬挂什么旗"很快就变成了一个正式的政治议题。2005年，女王陛下的狱政总监察安妮·欧尔斯（Anne Owers）公然下令，禁止英国的监狱悬挂英国的国旗，理由是英国国旗上的圣乔治十字架图案曾被十字军使用，因而对穆斯林有冒犯之意。不久，驾驶与车辆管理局也禁止在其办公地点悬挂英国国旗。此外，伦敦希斯罗机场也颁布了同样的禁令。

所以，《旁观者》杂志所言之情形即将成真——英国真的要被火星来的小绿人袭击了：旧国旗将不再飘扬，即便法律上还没有正式承认，现实中却已然如此了，而当前的问题只在于，为了适应新的文化多元时代的要求，这片土地上到底要升起哪一面旗帜呢？

如果恐怖分子只是轰炸建筑物和公共交通，其实问题将会简单得多：胆小如鼠的欧洲司法系统即便再懦弱无能，一旦大街上堆满

---

① 一名激进派的伊斯兰教神职人员，在英国宣扬极端主义观点，后被英国政府驱逐出境。

了尸体,他们也不得不采取行动。然而,精明老练的黑恶势力通晓某种古老的战术:假如你想彻底打赢,切忌迎面痛击,也勿残忍相待:痛苦和折磨会唤起所有对手(当然除了最软弱之人)的顽强抵抗。然而,如果你只是让敌人轻微不适,在细琐之处乱其心志,他便会试着适应变化以使生活重新归于平衡。因为几张讽刺漫画,惹得一些人在大街上横冲直撞,何必呢?!最无痛的解决方案就是,我们一致承诺不再刊登此类漫画,如此一来不就万事大吉了嘛。

快速变化的人口结构给所有国家都带来了巨大挑战。意识到"不能让一个墨西哥人掉队",2006年,一部移民新政获得了美国参议院的批准,非法移民们撞了大运,总统也为其欢呼喝彩,《国家评论》杂志的评论员约翰·德比夏尔[①](John Derby shire)受此启发,对距美国南部边境约1400英里远的长岛郊区进行了学区统计,统计结果如下:

高中:17% 为拉美裔

初中:28% 为拉美裔

小学:31% 为拉美裔

拉美裔移民从不参与圣战,也不支持荣誉谋杀[②],更没有一夫多妻制,可是,不断变化的人口趋势还是会给社会带来巨大的冲击,甚至那些素来远离政治纷争的"沉默的大多数"也会深受影响。德

---

① 美国数学家、语言学家、系统分析师,善于将数理统计运用于政策分析,代表作是《梦见柯立芝》(*Seeing Calvin Coolidge in a Dream*)。

② 世界上一些地区流行的传统风俗,指杀死犯了错误的家庭成员以挽回家族的荣誉,受害者几乎都是女性,被杀害的原因主要是"失贞"和"不检点"。

比夏尔提供的数据表明，到了某个时间节点，美国各地的教育委员会都不得不将日益流行的英、西双语课程和教育项目设为"新常态"。此外，人口结构变化还会带来更为深远的文化嬗变，因为这些变化需要付出巨大的代价，若想在预算表中将其量化呈现还真不是那么容易哩。

支持"开放边界"的人们总是说：哎呀，美国的思想这么强大，区区31%的拉美裔小学生一定会在上高中之前被彻底同化的。或许可以吧。可是若想如此，我们得对当代文化多元主义的同化力心存一种乐观的幻想。不妨看看今日欧洲的情况吧，穆斯林移民不断涌入，他们与欧洲的社会风俗格格不入，他们对欧洲的文化传统与政治体制抵触不已。别忘了，意志加上人口将是一个强而有力的组合：这就是你必须把奥马尔·巴克里·穆罕默德放在眼里的原因——因为他能够从恰到好处的人口中获得恰到好处的支持，然后把种种诉求恰到好处地植入我们的政治议题之中。

"9·11"事件之后，你所知道的每一位西方领导人的第一反应几乎都是前往清真寺拜访：小布什总统、查尔斯王子、英国首相、加拿大总理还有许多其他政治领袖尽皆如此。一时间，"准时送我去清真寺"[①]蔚为风潮，唯待其渐渐冷却之后你才会咂摸出其中的滋味儿，回到历史上任何一个社会之中，这种行为都实在令人匪夷所思。试想，当年珍珠港被偷袭之后，难道会有政治领袖在第一时间指示：麻溜儿去给我订些寿司，然后送我去剧院观赏《蝴蝶夫

---

① 语出20世纪60年代美国经典电影《窈窕淑女》(*My Fair Lady*)中的插曲《准时送我去教堂》(*Get Me to the Church on Time*)，该电影改编自萧伯纳的戏剧名作《卖花女》(*Pygmalion*)。

人》①的日场演出？想要安抚那些与袭击者有着相同信仰的居民，向他们保证不会一竿子打翻一船人，这种想法倒也无可厚非，可是绝不应该成为你的首要工作。更何况，针对伊斯兰恐怖主义，在清真寺出镜作秀的那帮阿訇之中，立场温和的充其量也只是态度暧昧，更糟的情况可能是——他们本身就是恐怖主义的狂热支持者。在这种情势下，去清真寺"拜码头"实在是自欺欺人啊。然而，政治领袖的这种做法为此后的类似事件奠定了基调，每一场爆炸袭击或恐怖活动背后——从纽约飞机撞大楼，到伦敦地铁大爆炸，再到多伦多恐怖袭击未遂案——声言穆斯林一心向善的溢美之词一次甚于一次。英国作家梅兰妮·菲利普斯（Melanie Phillips）曾写道："少数群体的权利意识引发了道德上的角色倒置，如果犯错者属于'受害者'的少数群体，舆论竟会原谅他们，而为其所伤的人们却反倒受到谴责，谁让他们属于'施害者'的多数群体呢……换言之，挑衅者变成了受害者，而受害者却变成了挑衅者。我们必须准确理解并公开挑战这种道德、知识和哲学上的悖论——不仅在英国，而且在打击伊斯兰极端主义的全球斗争之中——其重要性无论怎么强调都不会过分。"

看看我们如今为冲突赋予的新名字：反恐战争。且慢，战争一般不都是点名道姓地针对某个敌人的吗？是啊，可是在那些"进

---

① 意大利剧作家普契尼（Giacomo Puccini）的歌剧名篇。故事以20世纪初的日本长崎为背景，美国海军军官平克顿经婚姻掮客介绍，娶了年仅15岁的日本艺妓巧巧桑（即蝴蝶夫人）为妻。然而，平克顿游戏人生，新婚不久即随舰队返回美国，而巧巧桑不改初衷，终日痴心等待，结果竟换来丈夫的恶意抛弃。三年后，平克顿返回日本时，身边已多了一位美国妻子，并且要求带走与蝴蝶夫人所生之小孩，蝴蝶夫人应允"丈夫"的请求，却终以自杀的方式结束了这场人生悲剧。

步人士"看来,"敌人"这一特有的概念早已过时了:世界上没有敌人、只有朋友,只不过有些朋友对我们的某些行为还略有不满,而我们又尚未能达到他们的期望而已。某种意义上说,这就是典型的心盲症。在电气化时代,在我们当下的现代文化中,社会进步其实恰如技术进步一样——无法再被逆转。如同你不能假设我们从未发明过内燃机一样,你也一样不能否认我们已经伸张了妇女权利。如同马匹和马车已经让位于蒸汽火车、福特轿车和民用飞机一样,我们坚信先进的社会民主国家也将一往直前地向前发展,向着幼儿全日托管班、每周30小时工作制、同性恋婚姻合法化以及日益丰富多彩的民族多样性大踏步地迈进——没有什么能够逆转历史的潮流,那群好似出土文物的大胡子穆斯林当然也不行。许多人都觉得,想要重建哈里发帝国的宗教激进主义者恰如动画片《海绵宝宝历险记》中那个名为"痞老板"[①]的浮游生物,嗷嗷地怒吼着:"我要统治世界!"对此,海绵宝宝只是俯视着他,道出一句:"请自求多福。"

然而,你从未想过:也许,我们才是真正的"痞老板"。1939年8月,阿道夫·希特勒对他的将领们训诫道:"我们的敌人不过就是些可怜虫,我在慕尼黑已亲眼见识了他们的懦弱无能。"[②] 今日的欧洲恰似已经穿越,回到了那个荒唐的年代,政治人物在贪婪的恶势力面前卑躬屈膝,这边厢嘴上不承认不久之前的绥靖投降,那

[①] 《海绵宝宝历险记》中的反面角色,身长不到1厘米,只有一只眼睛,却怀有统治世界的野心。

[②] 意指《慕尼黑协定》。1938年9月29—30日,英国、法国、德国、意大利四国首脑在慕尼黑会议上签订条约,将捷克斯洛伐克的苏台德地区割让给纳粹德国。英、法两国领导人的绥靖与无能,促使希特勒进一步有恃无恐。

边厢又急着对黑恶势力的予取予求再度妥协退让。尽管轰炸吧,我们只会"从自己身上找原因"。尽管斩首吧,我们的政客会在第一时间冲到附近的清真寺,大声宣告"伊斯兰教是和平的宗教"。尽管煽动吧,尽管向参加礼拜五祷告①的穆斯林们发出屠杀犹太人和异教徒的血腥感召,我们发愁的只是这会不会引起针对穆斯林的不当抵制。尽管去阉割鸡奸者或者残害女性的生殖器吧,同性恋群体和女权主义团体依然迫不及待地希望与你们一道游行示威,痛斥小布什与布莱尔的昏庸无道。尽管去学校里屠杀孩子们吧,我们的大学者会急忙替你们辩护:对"绝大多数"穆斯林而言,"圣战"是一种无害的概念,意思跟"健康低脂燕麦片"差不多。这岂不正是我们时代里一出荒腔走板的《死神圆舞曲》②:宗教激进主义者越是踩痛我们的脚趾,我们越是欢快地与他们在房中相拥共舞。

正如法国哲学家让·弗朗索瓦·勒维尔(Jean-François Revel)所言:"再明显不过,一种对自己的所为都感到内疚的文明,必将失去自我保护的能力与信念。"在丹麦爆发"漫画圣战"事件后,《纽约时报》大肆宣讲不应向公众展示针对穆罕默德的讽刺漫画,其社评部的编辑们在解释原因时发表了一番浮夸的陈词滥调:敏感的新闻机构理应对"制止针对宗教象征的无端攻击"负有责任。然而,翌日,《泰晤士报》在报道"漫画圣战"时,却附上了近半年前在纽约展出的一幅"艺术品"——以大象粪便为涂料绘画而成的圣母玛利亚肖像。恰如冷战时期的那个老笑话:美国人告诉苏联人"在我们国家,每个人都可以随便批评我们的总统",苏联人却冷冷回

---

① 穆斯林将每个星期五定为"伊斯兰教聚礼日",当天下午清真寺会准时举行祷告等宗教活动。
② 匈牙利作曲家弗兰兹·维克塞的名作。

应说:"有什么了不起,在我们国家,每个人也都可以随便批评你们的总统。"按照《纽约时报》鼓吹的文化批评准则,西方世界可以自由地嘲笑甚至贬低犹太教与基督教的文化遗产,同样地,伊斯兰世界也可以自由地嘲笑和贬低西方犹太教和基督教的文化遗产。若是非要比出个高低的话,伊斯兰教给其他文化带来的心理创伤,远不及西方精英厌恶自身文化所造成的影响恶劣。

无论恐怖分子或显或隐,动乱不断的原因皆应归咎于被攻击对象的自信缺失。比方说,爱尔兰共和军即神机妙算地判断,英国的确有能力——但却无意志——将他们彻底击溃。所以,他们一清二楚,就算不可能在军事上获胜,却也永远不会被击败。宗教激进主义者也深知此中之道,唯一的区别却是,过去大多数恐怖主义战争都是高度本土化的,而我们现在见识的却是史上第一个真正意义的全球性恐怖骚乱。究其原因,盖因宗教激进主义者已将爱尔兰共和军看待一己之地的思维模式扩展到了整个世界:他们想占领世界,并且十分确信我们的全部文明都缺乏将其击退的意志力。

不过从某种角度上说,这种看法却是有些荒谬的。宗教激进主义者的自信心其实是自相矛盾的,有个故事恰好可以说明这一点。在新西兰,穆斯林妇女开车时也要戴上头罩。警方认为,如此着装将会影响驾车者的观察视野,同时也可能为银行劫匪提供伪装逃跑的绝佳机会。尽管如此,却无人甘冒天下之大不韪,承担"不包容多元文化"的指责,有谁敢吗?大体上,警察还是欣慰地接受了伊斯兰游说团体的说辞:罩袍是伊斯兰女性尊重信仰的必需品。然而,新西兰警察协会主席格雷格·奥康纳(Greg O'Connor)最终还是忍不住发声:"如果某种宗教传统强势到不允许人们抛头露面的话,那何不干脆禁止他们开车啊。"

确实如此。假如你的罩袍从遍地驼队的时代起就没再改变，或许你的交通方式也根本不应该进化。然而，这就是第三个千禧年之中的伊斯兰教：对于7世纪的社会形态和21世纪的便利交通，他们想二者得兼。当然，这种想法根本行不通。待到西方国家统统被彻底的伊斯兰化之后，美利坚伊斯兰合众国、法兰西伊斯兰共和国、比利时伊斯兰君主国外带加拿大伊斯兰自治领都会迅速地衰落，最终只能靠此前积累的老本儿苟延残喘——正如当年大部分伊斯兰社会在达到顶峰之后必然要走向衰落一样。唉，咱们不会真的想要检验一下这个预言吧？

事实上，年复一年，全世界已有越来越多的人们生活在伊斯兰教法之下：1977年巴基斯坦批准实施了伊斯兰教法，1979年伊朗开始实施，1984年苏丹亦步后尘。20世纪60年代，尼日利亚还生活在英国普通法之下；如今，尼日利亚的一半国土都由伊斯兰教法统治，另一半国土也在改换法律的问题上备受压力。今日，伊斯兰国家越来越多，其中的激进分子越来越多，越来越多的穆斯林人口移民到非伊斯兰国家，越来越多的穆斯林代表出现在越来越多的具有影响力的国际组织。他们会遵循新加坡、丹麦或者新西兰的法律，还是会恪守伊斯兰教的教规呢？抑或一种全新的世界性穆斯林身份才是他们的心之所向呢？

在很大程度上，提出这一问题的同时也就相当于给出了答案。即便某个穆斯林真的想要融入所谓的加拿大身份认同，他又该如何是好呢？你总不能被一个模棱两可的事物同化吧？可这恰是现代多元文化国家的病根之所在。摧毁一个社会要比重建一个社会容易得多，而在许多发达国家，社会的崩溃正在我们眼皮底下轰轰烈烈地进行。这一切都拜文化多元主义所赐，生生让一个国家沦落为一头待宰的羔羊。一旦这样一个多元文化国家迷失了文化自信,人口比例便决定了它的未来。或者正如美国学者詹姆斯·班尼特(James C. Bennett)对此所作的最无懈可击的总结所言:"民主、移民、文化多元主义,三者只能任选其二。"

文化多元主义其实恰建构在谎言之上,它断言各种文化都是同样"合理"的。然而,接受这一命题便意味着否定现实——因为谈到文化对人类自由、社会健康、人口流动的影响和作用,不论以什么标准去衡量,各种文化绝无可能同样"合理"。文化多元主义并非第一个以否定真理为基础的意识形态。比如纳粹党人赫尔曼·戈林①(Hermann Goering)的荒谬主张就令人记忆犹新,他曾说:"如果元首希望2加2等于5,那么2加2就等于5。"同样,假如我们被要求承认《美国宪法》其实是依照印第安人的易洛魁部落联盟②(Iroquois Confederation)的政治原则而制定完成的——假如当代的多元文化理论家、少数族裔游说团体甚至美国国会的某项荒谬决议都如此指鹿为马的话,那我们也只好俯首认命吧。

不过,反正也没啥坏处,对吧?假如如此一来有助于我们对彼此产生温情,让他三尺又何妨呢?

让不得啊!因为这将永远无助于我们认清现实,可是,总有一天我们必须得认清现实。

伦敦地铁爆炸案发生后不久,当地一份小报的头版刊登了一张

---

① 纳粹德国的一位军政领袖,曾任德国空军总司令、"盖世太保"首长、"四年计划"负责人、国会议长、冲锋队总指挥、经济部长、普鲁士邦总理等党政军要职,曾被希特勒指定为接班人。
② 美国东北部和加拿大东部势力最强大的印第安原住民联盟,16世纪末由五大印第安部落在纽约地区北部组建而成。

照片：四个年轻男子在威尔士惬意地享受着周末漂流——他们即是作案之前欢度假日的恐怖袭击元凶，其时正在苦练本领以在不久后把地铁站炸成碎片。表面上看，这帮家伙与约克郡的其他同龄小伙儿没啥两样，他们从小就喜欢吃薯条、玩板球、穿着蓬松难看的国产运动服。单从肉眼观察，这些伦敦的炸弹客几乎已经被完全同化了——至少在体育、时尚和流行音乐领域确是如此。唯一的区别在于内心深处：为了赢得圣战，他们甚至愿意屠戮数十名英国同胞。他们已经种下了那么多障目之林，以至于没有人能够窥探出广袤森林之后的问题实质——在他们内心深处，缺乏对于英国的认同与忠诚。

如果说伊斯兰极端主义是你急欲塞回瓶子里的妖魔鬼怪，那么如果此前你已将瓶子砸了个稀巴烂，一切就都已经回天乏术了。文化多元主义的核心假设其实是：非西方文化都是原始落后且泥古不化的；而一个先进的国家却无非是这些非西方文化的大拼盘。这实在是一种典型的"斯德哥尔摩症状（Societal Stockholm Syndrome）"——急于认同一切外来事物，但就是不认同自身属性。文化多元主义的伟大之处恰在于，你不需要知道任何关于其他文化的知识，比如不丹的首都是哪个城市、马来西亚的主要出口商品又是什么，谁在乎这些呢？

那是老牌帝国主义国家的专业精英们才下苦功夫研究的东西。文化多元主义仅仅意味着对每个人都投以温暖仁爱之心，以无知构建自己的幸福。也就是说，假如某种文化具有丰富而活跃的传统，包括手持弯刀立于你的面前，然后凶神恶煞地高呼"真主万岁"，那么，你也不能抱怨自己为什么没能善有善报。

当前，欧洲的穆斯林人口与日俱增，更鲜为人知的是，穆斯林游说团体在抵制反恐战争方面也成绩斐然。有鉴于此,未来十年,伊斯兰政党在欧洲大陆的崛起之势似乎已成定局。与此同时,西方穆斯林中的那些精英人士——大使、王子、教授——与恐怖分子之间的分歧其实微乎其微,这些响当当的大人物迟早都会与恐怖主义站在一边。更为不幸的是,多元文化社会的主要原则——西方人预先摆出一副投降姿态以展现其文化敏感性——使得任何一个聪明的宗教激进主义者都心中窃喜,特别是观察到马德里爆炸案及其之后的政治影响[①],他们一定会认真考虑并积极实践"文化与暴力软硬兼施"的双轨策略。

针对当前的困境,西方世界有三种可行的应对方案:

1. 服从伊斯兰教
2. 摧毁伊斯兰教
3. 改革伊斯兰教

大部分人都不会倾向于第一种方案,但也不太想在第二种和第三种之间作出抉择。然而,依我之见,服从伊斯兰教的可能性其实非常之大,尽管对于许多人而言这看上去荒谬之极;恰如约翰·克里在2004年竞选美国总统时一样,谁能相信我们差一点就输给了这帮民主党的白痴。然而,我们完全有可能输给他们(正如我一直相信的),而且(正如我开始相信的)有可能输得比最悲观的预想还更惨。我说"我们有可能输",还是指输给那些"好人"——相较

---

① 2004年3月11日,马德里发生了一系列恐怖爆炸案,在两天后举行的议会大选中,工人社会党赢得多数选民支持,开始改变西班牙政府此前支持反恐战争的政策,撤出了在伊拉克参与战争的西班牙军队。

于恐怖分子,这里的"好人"当然是广义而言了。的确,在澳大利亚、波兰、伊拉克甚至巴基斯坦都有很多好人。可是,有不少读者似乎认为,在新的黑暗时代里,其他国家都可以完蛋,只要美国如一根孤独的蜡烛屹立不倒,世界上就仍有自由的火光随风摇曳。这种观点着实让我有些惶恐不安。试想这样一个世界:一个负重难行的中国,一个摇摇欲坠的俄罗斯,一个狂悖无道的中东,一个瘟疫横行的非洲,一个饱受内战之苦的"伊斯兰化"的欧洲——剩下的那个国家,可能连自己与南北两个邻邦的边界都已经无能固守,又如何能够保障整个地球免入绝境?继续做你的春秋大梦吧,自私的"现实主义者"们!

至于第二种选择,我们连想都不敢想。即便你认为伊斯兰教与自由社会在本质上互不兼容,但是美国若将大屠杀作为终结伊斯兰教的一种方式,它本身也将变得面目全非。这倒不是说如若多年之后,某些拥核的狂人真的炸毁了法国的马赛或里昂,法国人依然不能以其人之道还治其人之身;然而,即便如此,法国人还是无法毕其功于一役,其成效一定不会比俄罗斯人在车臣实行的"焦土政策"①(scorched-earth strategy)好到哪里去。

那就只剩下第三种选择了:改革伊斯兰教——然而,这却不是我们能做的。解铃还须系铃人。最终,只有穆斯林自己可以改革伊斯兰教。自由世界所能做的只有创造改革的条件,增加穆斯林改革的可能性,或者至少不主动阻碍穆斯林的改革进程。我们可以做到如下几点:

---

① 又称"焦土作战",是一种军事战略,在进入或撤出某处时破坏任何可能对敌人有用的东西。比如破坏遮蔽所、交通运输线、通信与工业资源等。

1. 支持伊斯兰世界的妇女权利——我是指真正的权利，而非女权主义者口中的浮言虚论。这是伊斯兰教最大的弱点。并非每个穆斯林女性都想成为葛洛莉亚·斯坦能（Gloria Steinem）或者帕丽斯·希尔顿①（Paris Hilton）那样的奇葩；然而，她们也必定不希望自己的人生以被父母施以"女性割礼"而始，以被兄弟施以"荣誉谋杀"而终。在欧洲国家的受虐妇女收容所中，绝大部分女性都是穆斯林——这不禁让我们想到，假如中东地区有任何为妇女提供的庇护所，她们岂不是可以跑去就近避难呢？在穆斯林社会中，女性占总人口的一半之多，当社会的"半边天"都成了潜在的异议分子的来源，我们也就有隙可乘了。

2. 阻止激进的意识形态在各大洲散播，比如瓦哈比主义和伊朗意识形态等。我们面对的其实是意识形态领域的敌人，要想打败它就必须发动一场意识形态领域的战争。

3. 支持伊斯兰世界的经济和政治自由，即使这可能意味着要去支持某个恼人的政府；然而，一个民选产生的糟糕政府，总归比一个奉行独裁的糟糕政府要强。叙利亚和埃及没有必要一定得变成美国的明尼苏达州或者新西兰那样。对他们而言，只要不是现在这个鬼样子也就行了。况且在通往自由的坎坷道路上，每一个穆斯林政权都不得不专注于解决国内分歧，这样一来，他们也就没什么时间挑起边界以外的斗争了。

4. 制裁迫害非穆斯林人口的伊斯兰国家，剥夺其国际法意义上的合法地位，将其驱逐并边缘化于国际体系之外。

---

① 美国模特、演员、歌手、作家、商人，希尔顿酒店集团继承人，系拥有挪威、德国、爱尔兰、意大利等多国血统的混血儿，穿着时尚大胆，行为放荡不羁。

5. 掐断沙特阿拉伯、伊朗和其他伊斯兰国家在美国与其他地区创办清真寺、伊斯兰学校和智库等机构的资金渠道。

6. 在意识形态领域制定打击宗教激进主义的长远战略。创建一支民间战队以配合美国的武装战队,在一个"帝国主义"已然不吃香的时代里,成立类似于当年英国殖民部的一种替代机构,借以在伊斯兰国家推行另一种体制、架构与价值观。当然,给它取一个老实巴交、易于接受的名字:"全球共同利益拓展服务部"或者其他什么有的没有的(顺便说一句,美国政府早就应该建立这一机构,以取代美国国土安全部中那些臃肿的官僚机构了)。

7. 将联合国(UN)、北约组织(NATO)、国际原子能机构(IAEA)和其他跟不上时代步伐的国际组织统统边缘化,使其自生自灭、寿终正寝,并且把浪费在它们身上的金钱和精力投入到注重实效的多边主义之中。现在,我们需要的是真正的盟友。

8. 停止向拒绝改革的独裁石油国家提供资金支持,在国内实现迟迟未告完成的能源产业转型。

9. 终结伊朗的政权。

10. 机会成熟时立即采取军事打击。

除了第 9 条和第 10 条以外,其他 8 条都是至关重要又相对平和的手段——也就是说,恰恰是前 8 条内容我们做得非常之糟糕。将"反恐战争"重新定义为"持久战"的问题在于,战局可能进一步恶化并完全陷入一种"非战争模式"。那么,有什么替代方案吗？退守回"美国堡垒"？请问是哪座堡垒呢？是国会在格兰德河①（Rio Grande）畔建造的那个拉美裔移民欢迎中心（Latino Welcome Center）吗？超级大国必须参与世界事务，实行"光荣孤立"的国际强权世所罕见。什么是导致英国的穆斯林青年变身为激进分子的主要原因？实际上，20世纪90年代，保守党政府就已经找到答案："我们在巴尔干半岛的垃圾场上竟然连只狗都没有。"奥萨马·本·拉登也曾指出："英国人要为破坏了伊斯兰国家的哈里发体制负责。是他们造就了巴勒斯坦问题。是他们造成了克什米尔问题。也是他们对波斯尼亚的穆斯林实行了武器禁运，以致200万穆斯林惨遭杀害。"

那么，当年由英国的帝国主义干涉而引发的一系列国际问题，如今又如何能以非帝国主义和不干涉的方式终结呢？别忘了，对于强权而言，从世界事务中脱身从来都不是一个选项：特别是当"放手策略"在巴基斯坦或波斯尼亚无功而返之时，积极干涉的"两手策略"终将取而代之成为美国政府的最终选择。孤立主义是永远行不通的。

作为美国人或者其他西方人，如果你想要你的家人在一个自由的社会中尽享美好生活，你就应该明白：自1945年以来，西方世界引领的这种生活方式于人类历史上从未有过。我们必须懂得值得我们去拼死捍卫的究竟是什么人和什么理念，否则，我们的孩子将永无安生之日，可能在一个丑陋而残酷的世界中度过余生。1897年，一个5岁的男孩儿在通往白金汉宫的林荫大道上观看了维多利亚女王即位60周年的游行庆典，对于尚且年幼的他而言，很难想象在自

---

① 北美洲南部河流，源出落基山，沿美国、墨西哥国界，东南流向，注入墨西哥湾。

己 80 岁生日之时,英国这个史上最伟大的帝国将会陷入停滞与罢工的经济绝境,高税率迫使优秀人才尽皆投奔海外,曾经值得称耀的殖民领地早已与自己关系冷淡,倒是转而与苏联暗通款曲。关注长时段的大历史趋势绝非一件易事,因为人类本身的寿命实在是极为短暂。那就先看看短期趋势吧:此时此刻,我们的世界正在发生着天翻地覆的巨变。

美国实力的主要威胁,并非来自中国的科技创新或是印度的青年工程师,而恰是来自于美国自身的文化惰性,正如罗马遭遇的种种浩劫其实只是帝国衰落的病征而非病根一样。高层统治者已然发现,他们正在与自己的惰性左右互搏,引用科尔·波特①(Cole Porter)的话说就是"积重难返,困兽犹斗",这其实比和侵略大军兵戎相见更加艰难。伯纳德·路易斯(Bernard Lewis)是西方杰出的伊斯兰问题专家,在风雨飘摇的"二战"时期曾为英国情报机关效命。他向《华尔街日报》讲述道:"1940 年,我们尚且知道我们是谁,也知道我们的敌人是谁,更知道我们面临的危险和问题是何模样,在英国国内,我们知道美国人必将被卷入战争,而我们也必将所向披靡。然而,今夕不同往日。我们既不知道自己是谁,也不知道问题出在何方,甚至迄今连敌人的本性都捉摸不透。"

美国和——范围缩小一点吧——其他英语国家的优势在于,在敌人的猛烈攻势之下,首当其冲的是欧洲大陆,而它的衰亡命运足以唤醒大西洋另一端那个最为自私狭隘的国家。宗教激进主义在军事上处于弱势,可却在意识形态领域踌躇满志。西方世界在军事上攻无不克,可是意识形态却乏善可陈。祸起于萧墙之内的自杀式炸

---

① 美国著名音乐家,是 20 世纪 30 年代百老汇音乐剧的代名词。

弹客,恰是西方社会逐渐式微的象征,是西方文化彻底失败的标志。西方文化中本来最重要的资源——人民——却像鞭炮一样被他人随意点燃。然而,就在我们自我怀疑的同时,敌人的软肋却已然变成了他们的强大力量。我们根本无法理解像雷德·阿卜杜勒·马斯克(Raed Abdel Mask)这样的人,2004年,报纸上刊登了一张他的照片——花格衬衫,笑容满面,左右两臂环抱着一双可爱的儿女。他的妻子腹中还正孕育着另一个已经5个月大的小生命。然而,与妻子吻别之后,这个笑容满面的雷德便将11磅重的炸弹绑在了胸口,里面塞满了钉子和弹片,接着便搭上耶路撒冷的2路公共汽车扬长而去。

"9·11"事件后,我们听说了许多关于恐怖袭击的根本原因——通常的说法是:"贫穷孕育了绝望。"然而,"9·11"事件的犯罪者都是中产阶级且受过良好教育,这也正是他们在恐怖活动中技术如此娴熟的原因之一。这是一场经过精心策划、缜密筹谋的恐怖袭击。那一天,他们找准了机场安保最为松懈的时间点,劫持了一架加满航油的长途客机。整个计划滴水不漏,最终的执行效果也堪称完美。这些恐怖分子都接受过专业训练,持有喷气式飞机驾驶员的从业执照——这一职业在世界上任何地方都能为他们带来衣食无忧的优渥生活。他们本可以拿着6位数的年薪乐享人生,而不是开着飞机撞向纽约曼哈顿的摩天大楼。然而,他们却毅然决然地选择进入航校,接受纪律严苛的体能训练,以便能够顺利地在特定的时间、以一种特定的方式劫持一架特定的航班,然后驾驶着它撞向一座巍峨耸立的高楼大厦。

我们无法理解像穆罕默德·阿塔和雷德·阿卜杜勒·马斯克这样的人。但是,对于继续在北美和欧洲从事恐怖活动的阿塔们和马斯克们而言，难道我们不也是令他们费解的吗？当我们听说一些住在山洞里的家伙梦想着建立一个新的哈里发国家，我们当然会认为他们肯定是疯了。可是试想一下，假如在山洞中久居的人是你自己，当你在收看美国CNN的新闻节目时听到一些法律专家正在解读《日内瓦公约》的第三项一般性条款[①]，阐述美国最高法院为何决定赋予非法叛乱者以基本的人权，又或者当你在节目中看到《纽约时报》的高管们不无自豪地解释自己是如何揭露了美国政府追踪恐怖分子的重大细节，不管这种报道对美国的国家安全造成了何种破坏，难道你不会觉得其实我们才是疯子吗？假如你们一直待在山洞里，当收音机调到美国全国公共广播电台（NPR），你恰巧听到了下面这段对话，难道你不会笑破肚皮（并非你身上绑的自杀式炸弹一不留神引爆了）吗？这是在17名所谓的恐怖活动策划者被捕后，NPR电台《早间新闻》对加拿大多伦多市长的一个专访。听罢这段采访，当时正在开车的我一路上都狂笑不止。这种荒唐的搞笑节目在播出之前，真应该先来个"谨慎收听，笑死人不偿命"的温馨提示。

访谈一开始，尊敬的多伦多市长大卫·米勒（David Miller）先生就开始狂拍伊斯兰教的马屁："你知道，在伊斯兰教里，假如你杀了某个人，就等于是杀了所有人。这其实是一个非常和平的宗教。而且，对于此次恐怖策划案，他们（穆斯林）的震惊程度其实不亚于多伦多人。此外——"

这时，NPR电台的女主播蕾妮·蒙塔涅（Renee Montagne）实在是听不下去了，鉴于已经触碰了政治正确的红线，她赶忙插话打圆场："嗯，他们与多伦多人可能是有几分相似。"

[①] 该条款规定，在发生于缔约国领土内的非国际性武装冲突中，各方应遵守最基本的人道义务。

"对不起，"市长喘着粗气，急忙用贴着文化多样性标签的大被子再一次将穆斯林保护得严严实实，"我的意思是说，他们和每个多伦多人都一模一样，感到十分震惊。"

蒙塔涅女士接着表达了自己的困惑：这些所谓爱好和平的朋友们其实也可能会在大撒旦美国的隔壁邻居家里、一个"社会环境开放、移民政策宽松、福利政策完善"的国度里发动恐怖主义袭击。

米勒市长对于她对加拿大的褒奖表示同意："在多伦多，超过一半的人，包括我自己，都不是在加拿大出生的。我认为这就是为什么加拿大运行良好的原因。"

"可是在这次恐怖袭击中，您说的这个吸引移民的优势恐怕倒是个劣势。"蒙塔涅女士略带敌意地回应。

"不，我笃定我们不会发生此类事件，恰是因为我们的公共服务完善，我们的社会文化多元。"后面还有一大堆诸如此类的废话。若说伊斯兰圣战分子和"完善的公共服务"有何关系的话，那似乎应是后者恰恰吸引了前者——想想千禧年炸弹客、鞋子炸弹客、地铁炸弹客等，他们全都是欧洲—加拿大福利体系所造就的怪胎。不过咱们再接着往后捋，加拿大不久之后也发生了恐怖袭击未遂案，那么，这帮老兄难道都是因为对效率低下的"社会服务"感到不满，所以才想要砍了加拿大总理的脑袋以现身说法吗？你想啊，把总理砍头杀害后，就可以验证以下事实：连断了头的总理都要等上18个月才能在多伦多总医院排上号，然后医生们最后还不一定能把总理的脑袋和身体缝合如初。一个费尽心机想要跑去炸毁加拿大国会的小伙子，自然会引得人们嘲笑他丧心病狂且异想天开；可是，假如你是一个躲藏在兴都库什山某个山洞里的圣战分子，当你听到蕾妮·蒙塔涅和大卫·米勒为了避免出现歧视少数族群的话语歧义，竞相对西方文明进行自我贬低之时，难道你不会觉得比之你和艾哈迈德，他们才更加具有自杀的倾向吗？

自杀式炸弹客可能并非强大的武器，然而，当面对一种自杀式文化时，它的杀伤力已然绰绰有余。

病灶何在

我依稀记得童年时期曾经拜读过一位作家粗制滥造的文学作品，"9·11"事件后不久，我又重温了这位作家的旧作，他就是亚瑟·柯南·道尔①（Arthur Conan Doyle）先生，大侦探夏洛克·福尔摩斯（Herlock Holmes）的创造者。1895年，他与患了肺结核的病妻移居埃及，希望那里的地中海气候能够缓解妻子的病痛。每个作家都想在自己的作品中融入身边的风土人情，因而在1898年，柯南·道尔出版了新作《科罗斯科的悲剧》，讲述了一群西方旅行者的尼罗河冒险之旅。他们最终被当时的基地组织——马赫迪②（Mahdi）的追随者残忍绑架。杀人如麻的野蛮人对现代人发起了突袭，所有这些场景今天看起来都是如此地熟悉，着实令人错愕不已：

> 一年前，他在剑桥大学的榆树下漫步时，已然准确预测到了自己在人世中的最后命运，就是死在非洲利比亚沙漠的荒野

---

① 英国著名小说家，被誉为"侦探悬疑小说的鼻祖"，成功塑造了大侦探福尔摩斯的经典形象。
② 伊斯兰教的经典之一《圣训》曾经预言：马赫迪是世界末日降临之前的宗教领袖，是伊斯兰世界的领导者。19世纪晚期，苏丹一位自称"马赫迪"的传教士领导了反抗殖民统治的起义斗争，沉重打击了英国殖民主义者，因此他也被苏丹人民尊为"独立之父"。

之中，死在一名狂热伊斯兰教徒的枪口之下。

甚至，那些野蛮人的杀人技巧都是大同小异：

稍作停顿之后，他问："科克兰（Cochrane），你觉得他们会把我们怎么样？"

"他们可能会割破我们的喉咙，或者把我们当作奴隶带到苏丹的喀土穆。我也不知道，因为还有很多其他种可能。"

今时依然如同往日，宗教激进主义者坚信，在看待科学与信仰的关系之时，异教徒出现了本末倒置的严重问题。事实上，在绝对的信仰面前，异教徒们引以为傲的先进科学反而成了他们不堪一击的最大弱点：

"关于你说的那些知识，我的孩子，"伊斯兰毛拉对法尔戴（Fardet）提出的观点回应道，"我曾在开罗的阿兹哈尔大学（University of Alazhar）求学，我知道你在暗示些什么。然而，作为虔诚的穆斯林，我们学习的知识不似异教徒那样，对于安拉才有资格掌控的事情，我们是不宜探究过深的。唉，小家伙，一些星星拖着长长的尾巴，另一些却没有；然而，我们将它们区分清楚，对于我们又有什么好处呢？是真主创造了它们，它们在真主的手中安然自洽，这便已经足矣。所以，我的孩子，不要因为拥有西方的一些学识就变得骄傲自大，你要知道，这世上只有一种智慧，只有跟随安拉的意志才能明白其中的真谛，因为安拉选定的先知早已为我们把所有的智慧写进了这本书中。

而此时此刻,我的孩子,我已然看出,你已经准备好皈依伊斯兰教了。"

此外,在一清二楚的事实面前,这些旅人之中仍有一些人对于阴谋论念念不忘。今日,许多西方人并无二致,认为是小布什虚构了恐怖袭击的整个骗局,并以此作为入侵阿富汗和伊拉克的借口。所以,柯南·道尔在这个冒险故事的开篇就塑造了一个角色,他坚信并没有什么支持马赫迪邪教的极端分子,那些都是英国政府凭空捏造、以便对苏丹实施干涉的理由:

"我讲过多少遍了,这里没有苦行僧①。他们都是1885年由外交官克罗默伯爵②(Lord Cromer)虚构的角色。"

"真的吗?!"黑丁利(Headingly)惊呼道。

"这在巴黎早已经尽人皆知了,《救国报》(La Patrie)和其他消息灵通的报纸早就揭露得一清二楚了。"

而当这位阴谋论者遭到绑架,得知确实存在着穆斯林苦行僧时,他的第一反应——恰似今日那些在伊拉克被抓的遭人唾弃的"基督教和平工作队"③(Christian Peacemaker Teams)一样——就是不断强调他有多么赞同这群暴徒的宗教信仰:

---

① 伊斯兰文化中抛弃财产的苦行修士,以云游布道为其职业。
② 英国政治家、外交家,曾任英国驻埃及总督(1883—1907)。
③ 主要由欧洲基督教人士组成的反战组织。他们在中东地区奔走活动,呼吁维护受阿以冲突影响的巴勒斯坦人和受美伊战争影响的伊拉克人(尤其是被美军拘留者)的人权。

这个法国佬一边走一边挥动着他剩下的那只还未受伤的手，口中高喊着"哈里发万岁！哈里发万岁！"直到被一把雷明顿手枪的枪托击中后脑勺，他才终于安静了下来。

书中的这些苦行僧恰如那些绑架了"基督教和平工作队"的伊拉克恐怖分子一样，在他们眼中，即使是一个支持他们的异教徒，说到底也还是一个异教徒。

那么，与我们当今的时代相比，这本在维多利亚女王末期"轰动一时的小说"究竟有何不同之处？即便时过境迁，柯南·道尔笔下的英国人、美国人与欧洲人依然是当代世界中男男女女的真实写照：

　　他们之中除了亚当斯小姐（Miss Adams）和贝尔蒙特夫人（Mrs. Belmont）以外，其他人都没有虔诚的宗教信仰。他们所有人都是这个世界的孩子，然而，其中一些孩子却并不认同代表着世间万物的任何神明。

不过，最终，这群人中的英国人、爱尔兰人和美国人依然秉持了与生俱来的文明自信。他们尊重自己的敌人，从某种程度上讲，恰恰是因为他们了解自己的敌人。

在"9·11"事件后重读《科罗斯科的悲剧》，心中难免五味杂陈。当不可胜数的西方学者在电视演播室和出版社门口排起了长队，当他们孜孜不倦地发表着那些诸如"贫穷孕育了绝望"的无聊观点，我却无意中发现了这样一篇文章：

布朗评论道："指望一个穆斯林苦行僧对我们产生恐惧是不可能的,我们必须时刻谨记,他们和其他人的动机完全不同。他们中的很多人都渴望着殉道,而且所有人都异常坚定地相信自己的宿命。他们的存在间接证明了世间尚存的一切偏执之心——也直接展示了他们犯下的一切极致野蛮的暴行。"

人类史上最先进的社会走向没落,为何竟是始于一群无知的死亡教徒呢?——这的确荒谬绝伦。不过,若不是败给这群死亡教徒,你觉得如此先进的社会还会败于谁人之手呢?必然是某些更加残忍、更加野蛮之人,而他们必会在你毫无防备之际做好准备放手一搏。108年之后,今日的埃及已成为游记小说《厨神之旅》[①]中一个被大肆宣传的旅游胜地,然而,正是在那里发生了一场突如其来的恐怖暴动——最著名的西方度假胜地之一达哈布[②](Dahab)遭到了炸弹袭击。通过投票,埃及人选出了在他们心目中谁应对此次事件负责:只有4%的人认为是基地组织;21%的人认为是国内恐怖组织;而49%的人认为是以色列情报机关摩萨德(Mossad)。在埃及,此类对于事件元凶视而不见的荒谬说辞真好似滔滔江水绵延不绝。

今天,又有多少住在布鲁塞尔、伦敦、迪尔伯恩或者密歇根的埃及人、阿拉伯人、穆斯林也同样对事实视而不见呢?

与今天那些被抓的人质相比,在《科罗斯科的悲剧》中出现的英国人质有一个至为关键的不同特质:勇于承担属于自己的天赋使命。今天,当"白种人的负担"看起来尤为沉重之时,人们若想承

---

① 美国作家安东尼·波登(Anthony Bourdain)于2001年出版的旅行游记,曾名列《时代周刊》畅销书排行榜。
② 埃及西奈半岛东南部的海滨小镇,为世界著名旅游胜地。

担这一重任似乎也确实殊为不易。可是，柯南·道尔1898年笔下的主人公何尝不也是如此：

> "在我看来，我们扮演世界警察的时间已够久的了。我们曾管辖海域以提防海盗和奴隶贩子。现在，我们又管辖陆地，以便提防穆斯林苦行僧、强盗以及各种破坏文明的危险因素。在这个世界上，每一个丧心病狂的牧师、女巫医、叛乱者以及其他疯狂之人都会通过攻击距离最近的英国殖民机构以宣示其存在。我想，人们最终会厌倦这种方式的。如果一个库尔德人[①]在小亚细亚半岛发动了暴乱，世界就会质问英国为什么没有将他管教好。如果埃及发生了一场兵变，又或者苏丹发生了一场护教战争，最后仍然要靠英国来修补此种因疏于管理而潜滋暗长的重大隐患。可是，英国在收拾残局之时，却还要忍受各种各样的诋毁和谩骂，恰如一名警察在一群流氓中间抓走了其中一个同伙似的。我们忍辱负重，却从未听见一句感激之言，为什么我们还要继续下去呢？让欧洲自己去收拾这个烂摊子吧。"
>
> "好吧，"科克兰上校跷着二郎腿，身子微微前倾，对着心意已决的布朗说道："对于你的看法我不敢苟同，布朗，我觉得这恰是针对我们国家责任的一种狭隘偏见。我认为在国家利益、外交事务和其他一切万物之背后，都有一个重要的引力——上帝，事实上——这种引力永远能让每个国家都发挥出其最大

[①] 西亚地区的一个游牧民族，属欧罗巴人种地中海类型，主要分布在扎格罗斯山脉和托罗斯山脉地区。"一战"后，由于英国殖民者的边界划分，被分属于土耳其、伊朗、伊拉克、叙利亚四国。当前，库尔德人是中东地区人口数量仅次于阿拉伯人、土耳其人和波斯人的第四大民族。

的效力，并且为了整体利益最终实现协同共进。当一个国家不再对天赋的使命做出回应，那也就意味着她即将陷入长达几个世纪之久的衰落期，如同西班牙或希腊一样——到那时候，她也就不再具有承担责任的美德。一个人或一个民族存之于世，不仅仅是为了去做那些轻松愉快且有利可图的事情，而往往都会被要求去做一些既不轻松愉快同时又无利可图的事情。然而，如果这些都是绝对正确之事，那么，我们又有何理由袖手旁观呢？"

我们已经袖手旁观太久了，而逃避者根本不配拥有一个伟大的文明。要想走出新的黑暗时代，路漫漫其修远兮；可是，要想接受新的黑暗时代，下场将更加惨不忍睹。

致谢

我要感谢哈利·克罗克(Harry Crocker)和他在莱格里尼出版社(Regnery)的同事们所给予我的支持与明智的建议。此外,一如既往地,我还要感谢我的助理蒂芙妮·科尔(Tiffany Cole)和尚塔尔·伯努瓦(Chantal Benoît),他们对大量的统计数据和数字进行了出色的研究和总结。最重要的是,我十分感谢身在美国、加拿大、英国、欧洲大陆、中东、非洲、亚洲、澳大利亚、新西兰和其他世界各地的读者朋友们,他们为我们这个日新月异的世界提供了许多富含价值的奇闻轶事与深刻见解。

译后记

一、这本书讲了些什么？

2015年底，当新星出版社找到我，问我是否愿意将《America Alone》译成中文出版时，我颇感诧异。

一来，这本书在美国首版已是2006年，尽管甫一问世就登上了《纽约时报》的畅销书排行榜，我在哈佛大学学习期间也曾在图书馆饶有兴致地通读全书，然而，十年之后再将这本老书译介给国内读者，是否会显得时过境迁？二来，尽管名为"西方世界的末日"，该书作者斯坦恩却无处不在传达着"西方中心主义"的偏颇观点，这位保守派政治学者虽然出生在加拿大，却有着一颗无比纯正的"美国心"，由此引发的对于国际关系的一系列偏见和执念，究竟是否有益于我们认知当下的世界？

抱着种种疑问，我重读了全书。这本书到底讲了些什么呢？用作者的话说，它揭示了"西方世界的消亡厄运"：

> "二战"之后六十年所形成的世界秩序即将终结,由美国及其跨大西洋的欧洲盟友们所开创并维护的欣欣向荣的全球荣景,也行将随之一并香消玉殒。这还不过只是我们当前面临诸多问题中的小菜一碟,真正的大问题在于,秩序的变化或许仅仅是一个征兆,一个更深程度上文明衰落与精神崩溃的不祥征兆——在西方陨落之后,我们的未来将彻底毁于非西方文明之手。

作者的以上自述恰恰揭示了该书的意义与局限。

2006 年,西方资本市场尚且呈现一派欣欣向荣的表象,谁也未曾预知,两年之后世界将会爆发一场旷日持久、影响深远的国际金融海啸;在小布什总统的强硬姿态之下,更鲜有学者认为已主导国际秩序长达数百年的西方文明将"香消玉殒",而非西方世界的集体崛起很快将成为现实。然而,2008 年底,起自美国的次贷危机迅疾蔓延全球,西方世界猝不及防、捉襟见肘,以往在国际经济中包打天下的"七国集团"不得不让位于吸纳了更多非西方国家的"二十国集团"。此后,美国学界对于西方衰落的焦虑与争论甚嚣尘上——从这个意义上说,《美国独行》在十年前提出的"国际秩序大转型"具有一定的前瞻性,一些预言甚至日益被今天的国际关系现实所验证。

不过,面对秩序变革,该书作者斯坦恩所抱持的种族优先、文明冲突的保守派立场却令人不敢苟同——对于西方世界特别是美国,他一方面深爱不已,另一方面又怒其不争;对于非西方世界特别是伊斯兰国家,他却将之蔑称为"返古化的人类",哀叹孕育了人类现代化的欧洲大陆注定要陷入"由伊斯兰移民所引发的漫漫长夜",

而美国将是孑然独行的唯一希望,"成为抵抗'返古化'悲剧的最后一个西方国家"。

对于该书之中一些明显的偏见,相信读者朋友能够明辨是非。

首先,该书关于伊斯兰的观点狭隘而偏激。书中危言耸听地提出,"伊斯兰这一特殊的宗教历来有着嗜血的信仰,信徒的暴力行为总能在教法中得到合法化",并预言西方国家"终将在国内动乱之后被伊斯兰世界所活活吞噬"。

将少数极端主义恐怖分子和整个伊斯兰文明划上等号,将西方国家的社会危机归咎于穆斯林等外来移民,显然是错误的偏见。2016年5月7日,来自英国工党的萨迪克·汗赢得选举,成为伦敦有史以来第一位穆斯林市长。20世纪60年代,萨迪克·汗的父母从巴基斯坦移民伦敦,父亲做了20多年的公交车司机,母亲为人做缝纫工、每缝一条裙子挣取微薄的几毛钱,萨迪克与兄弟们上中学起就开始打零工、送报纸、补贴家用。就是这样一个全家10口人挤在狭小廉租房内的穷苦家庭,父母却让8个孩子全部拿到了大学学位,成为踏实劳动的有用之人。不论何时何地,不论种族、宗教、肤色如何,勤劳、善良、守法的人都应该得到尊重。萨迪克的当选,显示了伦敦大多数民众对于种族问题的理性认知:这位新市长既是一名虔诚的穆斯林,与此同时,也誓言将与极端主义和恐怖分子作坚决的斗争。

其次,该书对于美国不吝溢美之词,甚至以颇为自恋的方式为"美国霸权"涂脂抹粉,却又在不知不觉中亮明了美国的霸权作风:

> 美国当属历史上最善良的霸权:它是世界上第一个非帝国

主义的超级大国,在有能力掌控世界时,却选择甘作一个在地缘政治中包养他国的干爹。……在擘画国际政治秩序时,它同样创立了一系列国际组织,而自己却甘愿作一个"非帝国性质"的霸权,韬光养晦、深藏功名,并进而使其他国家有机会去宣扬其价值、理念和声音。

如若美国能够韬光养晦,国际关系早非今日之模样;"非帝国性质的霸权",归根结底也还是惯于"包养"和控制他国的霸权。

再次,该书对于欧洲的前途作出了异常悲观的判断,断言"欧洲一定命不久长矣"。作者哀叹,欧洲存在着"因太过自私而不克繁衍的"人口危机、"中央集权保障下的穷奢极欲的"福利缺口、"由经济和人口因素引致的实力衰竭后的"战争隐患,并最终会因穆斯林移民不断增多而"重新沦为伊斯兰的殖民地"。

最后,该书对于美国以外的世界,极尽讽刺妄议之能事,书中描绘了如下图景:"一个负重难行的中国,一个摇摇欲坠的俄罗斯,一个狂悖无道的中东,一个瘟疫横行的非洲,一个饱受内战之苦的'伊斯兰化'的欧洲。"在作者看来,世界上唯独剩下的一个希望就是美国,然而,"如果美国无法找到新的盟友以替代旧的伙伴,它终将发现自己比想象中更加悲凉地陷入一种遗世独立的逆境之中"。

美国这一次该如何拯救世界?该书不仅继续鼓吹"文明冲突论",甚至提出了荒腔走板的政策建议:

> 创建一支民间战队以配合美国的武装战队,在一个"帝国主义"已然不吃香的时代里,成为类似于当年英国殖民部的一种

替代机构,借以在伊斯兰国家推行另一种体制、架构与价值观。

作者斯坦恩的观点,代表了相当一部分美国右翼政治人士的世界观与方法论,是我们不得不了解、不应不批驳的现实思潮。

中国一向提倡文明互鉴,所谓"基督徒与穆斯林存在天然矛盾"的言论,在中华文化看来,不但遗祸无穷,也根本不符合事实。2015年12月21日,一辆从肯尼亚开往索马里边境的巴士遭到索马里青年党武装的恐怖袭击,恐怖分子截下这辆载有约百名乘客的巴士,要求穆斯林乘客站出来,以帮忙辨认基督徒乘客。然而,生死关头,穆斯林乘客拒绝就范,他们甘冒生命危险对恐怖分子说:"要杀便一起杀吧,否则就放过我们!"

过去两年,我曾多次访问欧洲开展公共外交活动,在伦敦、巴黎、柏林、布鲁塞尔的伊斯兰聚居区,我遇到了许多友好、热情、善良的穆斯林移民。2016年1月21日,中国国家主席习近平在位于开罗的阿拉伯国家联盟总部发表演讲,强调"不能把恐怖主义同特定民族宗教挂钩,那样只会制造民族宗教隔阂"。中国人早在2000多年前就认识到了"物之不齐,物之情也"的道理,认为不应该独尊某一种文明或者贬损某一种文明,只有促使文明交流对话,才能够推动人类世界的共同发展,开创有更多选择的美好未来。

二、这本书的现实意义是什么?

尽管该书的不少观点流于偏激,然而在今日国际政治中,恰恰具有重要的现实参考意义。君不见,自国际金融危机以来,西方国家的"政治极端化"现象已经愈演愈烈?近年来,在一些国家的政治选举中,这一特殊现象已成为国际秩序大转型的又一重要风向标。

在国际关系史中,每一次经济危机都会引发社会动荡和民怨沸腾,并最终助长极端意识形态的发展。比如,1929年爆发的世界经济危机不仅激化了大国矛盾,而且导致法西斯和军国主义在一些国家上台执政,直接推动了第二次世界大战的提前爆发。

2008年金融海啸以来,全球范围的经济衰退不断加剧,为了疏导国内民众的怨气,在欧美国家的政治光谱上,左右两端的政治人物粉墨登场、各执一词。右翼政客煽动民族与宗教矛盾,左翼政客瞄准阶层与贫富分化,并往往推动这种极端情绪从国内向国际社会外溢。

先说右翼。本书提出了一个重要观点,即日益增多的穆斯林移民是西方世界走向末日的重要原因之一。近年来,在移民问题、难民危机、恐怖袭击等冲击之下,一些欧洲政客将民怨引向民族矛盾,抨击外来移民造成了本国的动荡与衰落。金融危机以来,极右政党在一些欧盟国家的选举中捷报频传,他们有的排斥犹太人,有的仇恨穆斯林,有的唱衰新兴国家。这些极右政党过去都是欧洲政坛的边缘势力,现在借助沸腾的民怨已然大摇大摆地登堂入室。目前,在欧洲议会,极右政党已经占据了将近1/3的议席。

在法国,2015年12月6日举行的地方选举令人大跌眼镜——极右翼政党"国民阵线"在首轮选举中获得了超过28%的选票,领先于前任总统萨科齐领导的共和党(27%)和现任总统奥朗德所属的社会党(23%)。该党领导人马琳娜·勒庞在选举结果出炉后声言:"'国民阵线'已是法国绝对的第一政党"。"国民阵线"由马琳娜·勒庞的父亲让-马利·勒庞创建,坚持强烈的排外主张,反对接纳穆斯林和其他非欧洲移民，勒庞此前曾多次发表"应淡化纳粹罪行"等不当言论。

在美国，同样抱持右翼观点的唐纳德·特朗普，也在共和党总统初选中势如破竹。金融危机终结了美国自"二战"结束以来的经济荣景，特别是在美国中南部一些地区，持保守主义观点的白人选民日益"愤怒"。工厂倒闭、产业转移，使他们的利益受损；少数族裔的人口比例上升，使他们感觉自己的文化和宗教认同正在受到"围攻"。特朗普顺水推舟，把美国的国内问题归咎于外国人和外来移民，将世界割裂为非此即彼的"我们"和"他们"。他多次在演讲中表达排外观点，比如称"墨西哥人都是毒贩子、强奸犯"，如他当选，将在美国与墨西哥边境修建一座"超级长城"，将墨西哥移民阻隔在外，并且还要让墨西哥为这项工程付款。2015年底，他又抛出了"应全面禁止穆斯林入境美国"的极端言论，一石激起千层浪。

再说左翼。如果说右翼政客高举"民族主义"的大旗，左翼政客则擎起"福利主义"的招牌，以绝不降低民众的社会福利为诉求，吸引选票。作为右翼学者，斯坦恩在本书中对于"福利主义"进行了猛烈抨击，认为"人口枯竭，福利成瘾"恰是西方世界深陷泥沼的主要原因。不过，尽管福利主义的争议颇多，不可否认在左派政治人物中确有一些心怀理想之人，他们过去长期处于边缘地位，如今却备受青年一代的推崇。

在美国，民主党内的极左派、以"民主社会主义者"自居的伯尼·桑德斯，意外成为希拉里·克林顿在总统初选之路上的最大竞争者，一举连赢数州，拖慢了希拉里的胜选势头。更为吊诡的是，支持74岁的桑德斯的主力选民竟然都是青年人，反倒希拉里的主要支持者则以中老年人为主。究其原因，奥巴马执政八年以来，美国经济与社会的痼疾不动如山：华尔街贪婪无度，贫富差距持续加大。2011年发生的蔓延全国的占领华尔街运动，反映了美国民众、尤其是青年人对于美国现实的深度愤怒，这也成为左翼政客崛起的民意基础。

桑德斯主张美国实行"政治革命"，他攻击的目标是华尔街和大财团的"大肥猫"，以及长期被富人操控和影响的华盛顿政治系统。他力主实现如同北欧一样的"福利社会主义"，提出一连串的左派政见，包括造桥修路、提供全民医疗保险、给予更优渥的退休养老金、成立免除一切学费的公立大学等。《华尔街日报》拨了拨算盘，发现上述政策如果全部落实，10年内将额外增加18万亿美元的开支，将是美国现代史上最大规模的支出扩张。倘若财团不吐血让利，大众也不生产劳动，试问美国要从何处生钱呢？

相似的情况还发生在英国。2015年9月12日，英国最大的反对党——工党选出新党首，66岁的老资格"左派斗士"杰雷米·科尔宾凭借草根阶层支持，意外地以59.5%的得票率当选，这一优势甚至高于前首相托尼·布莱尔1994年当选工党党首时的57%。当初，科尔宾是因为工党高层欲展现多元形象才被列入候选人名单，然而在竞选过程中，这位"陪榜"却出人意料地激发了工党支持者的极大热情。

科尔宾被视为英国有史以来主流政党中最另类的一位领导人：他反对英国君主立宪制，曾经要求把王室从白金汉宫"请走"；他反对空袭中东、反对加入北约、反对发展核武；他平时食素、不喝酒、骑自行车上班，经常是申报公费开支最少的下议院议员。科尔宾认为"马克思很有意思，有很多值得学习的东西"。他主张所有公用事业，包括水、电、煤气、铁路等统统实现国有化，英国教育回到1998年以前全部免费的时代。至于如何解决经济赤字，他主张应向富人加税，而不是削减开支和社会福利。在选举前，布莱尔曾三度公开警告，如果科尔宾当选，工党将消失崩溃，并称其政见有如"爱丽丝梦游仙境"。

左翼的科尔宾能够胜选，另一重要背景是欧洲的主权债务危机。金融海啸后，欧洲多国实施了削减民众福利的财政紧缩政策，老百姓的奶酪被拿走了，自然会引发政治动荡。在债务危机最为严重的南欧各国，左翼政党纷纷笼络民意，比如，西班牙的"我们可以党"、意大利的"五星运动党"、希腊的"激进左翼联盟"，在欧债危机后都是打着"誓不减少社会福利"的政治口号而发展壮大的。

一时间，西方国家左支右绌、二元对立，乱花渐欲迷人眼。似乎斯坦恩所预言的"西方世界的末日"确已呈现出一些微妙的征兆。然而，问题的根源果真如此"非左即右"吗？

三、当前危机的背后根源是什么？

2008年爆发的金融海啸，吞噬了许多西方国家及其盟友的繁荣假象。面对危机，不论是右派以极端排外的方式疏解民怨，还是左派以提高福利的方式笼络民意，其实都不是长久之计。国际金融危机以来，深受国际资本影响的一些国家经济持续低迷、两极分化加剧、社会矛盾加深，如若忽视了背后的深层逻辑，是无法厘清问题的本质的。

美国爆发次贷危机，本身即源于"完全放任、毫无监管的资本市场"。危机爆发后，依靠美元作为国际结算货币的霸权地位，美国得以通过增发钞票而转嫁危机。近年来,在世界的许多地方,尤其是长期受国际资本影响的地中海两岸的南欧和北非,危机四伏、动荡频发。南欧的主权债务危机与北非的阿拉伯之春革命,看似形式不同,实则根源一致。危机之前,国际资本为了打开市场、野蛮逐利,在一些国家的统治阶层中笼络代理人,鼓励他们放开国内市场、削减公共开支、私有化核心资产、为外国资本亮起绿灯。在南欧和北非,一些国家都曾接受西方财团的私有化建议,大量出售公家银行和国有资产;未几,政府又完全放开对国际资本的限制,致使外国资本得以自由进出本国市场,对房地产等行业进行投机炒卖。于是乎,国际热钱大举涌入,金融大鳄四处抄底,一时间营造了股市上扬的虚假荣景。说得直白些,"人家吃肉我喝汤",政府被资本绑架、民众被福利绑架,分得蝇头小利后,没有人真正关心本国的核心资产是否已经落于他人之手。2009年,金融海啸发酵,美国却以邻为壑,于是这些国家不得不面临资产缩水、热钱游走、跨国企业撤资的连环打击。落潮之后,谁最得益?除了少数权贵从中牟利,国际资本没有为当地创造任何可持续的产业设施,更没有使当地人民的生活得到任何实质性的改善。

事实上,国际金融危机之后,美国的占领华尔街运动、欧洲的主权债务危机、中东的阿拉伯之春革命,都是西方资本困境的鲜活写照。国际资本的无序流动带来了一连串危机,最害命的是令许多国家及其人民远离了实体生产,迈向了寅吃卯粮和泡沫经济的不归之路。

在此方面,中国人的发展经验与外交理念,倒是能够为解决当前的国际经济危机提供一些参考。

首先,对内,唯有重视劳动、重视实体工业,而非空谈福利或者把本国危机的责任推诿外国，才是走出危机的一条正道。

本书尽管成书较早且不乏偏见，作者斯坦恩倒是敏锐地发现了一些繁荣时期的"怪现象"：一些国家的福利债务不断增长，却没有哪个想获得选票的政客敢提议减少本国民众的福利收益，于是最终促使本国人口变得日益好吃懒做，甚至出现了众多"推迟成年的老孩子"。斯坦恩提出，即便是美国也要警惕"福利债务化"和"产业空心化"的陷阱，这与危机之后美国总统奥巴马所倡导的重振制造业的"再工业化"主张不谋而合：

> 在北美和欧洲的广袤土地上，数百万青年上了大学却一无所获。同样地，这也可以解释为什么美国人平均花费20年时间接受教育，实际上才只积累了相当于学士学位的那点儿知识。……如果我们能在高中时期就让学生获得足够的教育与知识，然后让他们出去就业、好好赚钱，国家和社会都会发展得更好。他们可以在二十郎当岁时就养育两三个孩子，而不是等到人过中年了还在就是否生育的问题与政府福利讨价还价。

其次，对外，唯有重视民意、重视合作共赢，而非与外国统治者勾连却从不造福当地民生，才是走出危机的一条正道。

本书尽管偏袒美国，作者斯坦恩却也揭示了美国政府的一个重要失误：一味地在其他国家笼络执政集团并与之相互分肥，却长期忽视当地民众的利益与情绪，最后必将害人害己。斯坦恩反思，新中国成立后，美国人都在诘问"谁失去了中国"：

> 答案是：没有人。中国并没有被失去——我们从来就没有得

到它。蒋介石从一开始就没有赢得过中国，他只是美国外交政策所信奉的"理想主义的现实政治"理念的一个早期受益者——这种关系隐约带着一种讽刺的意味，那就是"蒋某某可能是个狗娘养的，但无论如何，他毕竟是我们家的狗娘养的"。……与一个政权结盟和与一个国家结盟，这其中有着天壤之别，不同之处在于——埃及人穆罕默德·阿塔和另外15个沙特人开着飞机撞向了世贸中心和五角大楼的玻璃窗，从中不难看出"狗娘养理论"的不靠谱之处——你以为只要美国和穆巴拉克总统或沙特王子们交好，你就可以对埃及和沙特人民愤怒狂暴的反美情绪置若罔闻了？！

今时今日，面对危机，倘若一国政府尸位素餐、将希望寄托于依附资本，倘若一国民众游手好闲、将希望寄托于坐等福利，在"造不如买、买不如租、租不如乞要援助"的谬论影响下，迟迟不去建设本国的自主工业化——无论何时，这样的国家都没有任何前途可言。

正是在此意义上，一批有识之士已经提出建议：中国现阶段应该主动将国内的富余产能输送到广袤的亚非拉地区，帮助这些国家建设必要的工业基础设施，帮助其人民掌握必要的工业生产技能，促使亚非拉地区早日成为自主工业化的希望之地。

授人以鱼，不如授人以渔。当前，"促进中东工业化，开展产能对接行动"，已成为中国和伊斯兰国家合作共赢的重要内涵。产能合作契合中东国家经济多元化的大趋势，可以引领中东国家走出一条经济、民本、绿色的工业化新路。中国装备性价比高，加上技术转让、人才培训、融资支持，可以帮助中东国家花较少的钱尽早建立起钢铁、有色金属、建材、玻璃、汽车制造、电厂等急需工业，填补产业空白，培育新的比较优势。在重视整体性的中国方案看来，只有实现了自主工业化和可持续发展，才可能消除战乱与贫困等安全问题的根源，最终关上地区冲突与恐怖主义的水龙头。

对于帮助他国实现自主工业化，美、欧、日强国从来不曾积极。中国当前倡导的"一带一路"和产能合作，包含了从勘探资源、规划布局到建设工程、传播技术的复杂流程，是一项旨在合作共赢的千秋伟业。只有诚心诚意地帮助其他国家，而非像殖民主义或霸权主义那样压制当地工业发展、迫使他国永作自己的经济附庸，中国才可能最终赢得国际社会的理解、认同和支持。诚如2013年3月，习近平主席在俄罗斯莫斯科国际关系学院发表演讲时所言：

> 每个国家在谋求自身发展的同时，要积极促进其他各国共同发展。世界长期发展不可能建立在一批国家越来越富裕而另一批国家却长期贫穷落后的基础之上。只有各国共同发展了，世界才能更好发展。那种以邻为壑、转嫁危机、损人利己的做法既不道德，也难以持久。

四、说明与致谢

翻译本书，应该说花了不少气力。山重水复之时，每每想起华人文学家、翻译家余光中先生的名言："翻译乃大道，译者独憔悴。"

在本书中，作者斯坦恩引经据典、嬉笑怒骂，为了更加通俗地阐释观点，他大量援引西方读者所熟知的影视、戏剧、体育和流行歌曲等大众文化作为例证或花絮。对于中国读者而言，这些人物和事物大多较为陌生，读来势必影响对于全文的意义把握。在我的指导下，外交学院的两位研究生马玲欢和肖翌组成了研究小组、作了大量的背景调研，她们都以美国外交政策为研究方向，然而，对于美国的大众文化与历史背景毕竟力有未逮，遇到相关难题时我们必须一起进行极为细致的资料查核。比如，在谈论英国的巴基斯坦裔移民时，该书突然提到了一部百老汇舞台剧：

> 80%的巴基斯坦裔家庭依然是包办婚姻，父母决定孩子跟谁结婚以及什么时候结婚。你若是想在百老汇观赏一部《埃比的巴基斯坦玫瑰》（*Abie's Pakistani Rose*），恐怕是要等到下辈子了。

《埃比的巴基斯坦玫瑰》是何剧情？倘若稀里糊涂地直译过来，大部分读者必将与我一样"丈二和尚摸不着头脑"。于是，我和学生"上穷碧落下黄泉"，把各类辞典翻了个底儿朝天，甚至查阅了英文版的《百老汇名剧大全》，也没有发现一部名为《埃比的巴基斯坦玫瑰》的舞台剧！不过，功夫不负有心人，总算找到一个相似的剧名——《埃比的爱尔兰玫瑰》（*Abie's Irish Rose*）……查阅剧情之后方才恍然大悟，原来，该剧讲述的是一位爱尔兰裔女孩和一位犹太裔男孩自由恋爱的曲折故事，作者将之歪改为"埃比的巴基斯坦玫瑰"，是借以嘲讽巴基斯坦裔移民的包办婚姻之风。对于中国译者而言，此类情况即是难题之一：西方的大众文化并非中国的大众文化，如果我们提到家喻户晓的中国评剧《刘巧儿》，中国读者自然会对其中的自由恋爱情节心领神会；可是，如若要保留英语原文的字面意思，就必须通过译注作大量的背景介绍和意义阐释。

书中类似的情况还有很多。比如，为何在论述美日关系时会提到一部歌剧《蝴蝶夫人》？为何在论述恐怖袭击时会提到约翰·韦恩的西部牛仔片？青年读者可能熟知的斯嘉丽·约翰逊和希拉里·达芙，又该如何向年长的读者予以介绍？这也是为什么译本之中存在着大量脚注的原因——全部为译者所加，而非来自原书的作者。

在翻译本书时，我所希望坚持的原则是：尽量保持英文版的原汁原味，但也不拘泥于英文版的西文字面。余光中先生曾经论述过"早期作者笔下的西化中文"现象，认为"中文根底原就薄弱的人，难逃这类译文体的天罗地网，耳濡目染，久而习于其病，才真是无可救药"：

> 白话文在当代的优秀作品中，比起二三十年代来，显已成熟得多。在这种作品里，文言的简洁浑成，西语的井然条理，口语的亲切自然，都已驯然纳入了白话文的新秩序，形成一种富于弹性的多元文体。这当然是指一流作家笔下的气象，但是一般知识分子，包括在校的大学生在内，却欠缺这种选择和重组的能力，因而所写的白话文，恶性西化的现象正日益严重。

如何才能"从西而不化到西而化之"？恐怕，没有较好的中文水平，很难将英文著作译得上佳。在此方面，本人才疏学浅，但"虽不能至，心向往之"。如何既保留原文的味道、又贴近中国的经验，如何既神似作者的语义、又形似当下的语境，我着实下了一番功夫。在原文中，作者频繁借用了英语世界中广为人知的一些影视台词和歌曲唱词以活跃文风；翻译时，在不影响原意的前提下，于确实妥当的行文之处，我也运用了时下中国人较为熟悉的一些流行语，以在风格上更加贴近原文的语言效果。所以，读者如在书中瞥见"怪我咯""我也是醉了""真真极好的"等中文语汇时，若能会心一笑而不觉突兀违和，对于译者而言也便是"真真极好的"了。

这部译作能够问世，凝结了许多人的心血。感谢我的导师李肇星教授为译本作序，在学习与工作中每获得一点进步，他都热情慷慨地予以鼓励和点拨。其实，他不但是家喻户晓的中国前外长，鲜为人知的是，他亦是英语翻译的资深专家与中国翻译协会的总顾问和前会长，当年北大英语系毕业后若不是外交部调档，他本应继续留在北大跟着著名的莎士比亚专家李赋宁教授潜心研习英语文学的。感谢外交学院党委书记袁南生大使，译本从着手到完成，他多次给予指导并将翻译书稿的亲身经验传授于我，同时他也是译稿的第一位读者和校者。感谢中国公共外交协会秘书长刘禹同参赞，他曾在美国常驻、现在分管我的工作，每次与他讨论中美关系和国际时政都使我茅塞顿开。感谢我的两位研究助理马玲欢和肖塱，尽管我常吝啬于当面表扬，她们付出的努力与获得的进步实则令我欣慰万分。

最后，感谢广大读者对本书的兴趣和关注，限于水平和时间，译文之中难免错漏，本人愿虚心聆听各方学友的批评指教。本书反映了西方政治保守派的立场与观点，作为中国外交的研究者和实践者，在此我还是希望再次强调：当今世界面临的种种危机——从金融海啸到难民问题再到恐怖主义，以中华文化的视角观之，都是相互关联、彼此生发的病征而非病根；鼓吹"文明冲突论"，对于解决问题而言，不但毫无助益、而且平添祸端，唯有坚持推己及人、和谐共生，人类世界才可能拥有共同繁荣的美好未来。

在中华传统看来，己欲立而立人、己欲达而达人。个别西方强权在对某些中东国家狂轰乱炸之时一定不曾料到，仅过了几年之后自己便会被因乱而生的中东难民卷入危机之中。中国人自古即明白，强者帮助弱者，既有利于弱者增强自生能力，也有利于强者实现长治久安。今天，作为国际社会的"新兴强者"，中国拒绝"国强必霸"的西方逻辑，谨记"强者须重道"的中国古训，希望通过实践"立己达人"的文化使命，促进中国与世界各国、特别是广大亚非拉国家的共同发展。

在此奉劝某些传统大国，与其在"极端政治"的窠臼中"左奔右突、千山独行"，不如尽早在"合作共赢"的理念下"弃霸从王、回头是岸"，借鉴中华文化所倡导的"王道政治"，尊重世界上一切勤勉劳动的民族和文明，与中国一道推动建设一个有更多国家脱贫致富、而非少数国家垄断成果的新型国际关系。试想，倘若人人自立、国国自强，世间既无霸凌、也无依附，每个人的自由发展皆为一切人的自由发展的条件，这岂不正是中国人所憧憬千年的大同世界吗？

2016年5月26日
译者于北京光华里中国公共外交协会

AMERICA ALONE: THE END OF THE WORLD AS WE KNOW IT By MARK STEYN
Copyright: ©2006 BY MARK STEYN
This edition arranged with Regnery Publishing
Through BiG APPLE AGENCY,INC.,LABUAN,MALAYSIA.
Simplified Chinese edition copyright:
2016 New Star Press Co.,Ltd.
All rights reserved.

图书在版编目（CIP）数据

美国独行：西方世界的末日／（加）马克·斯坦恩著；姚遥译． -- 2版．-- 北京：新星出版社，2020.7

ISBN 978-7-5133-3996-4

Ⅰ．①美… Ⅱ．①马… ②姚… Ⅲ．①社会发展－研究－欧洲 Ⅳ．① D750.69

中国版本图书馆 CIP 数据核字（2020）第 060811 号

美国独行： 西方世界的末日

[加] 马克·斯坦恩 著；姚遥 译

责任编辑：白华昭
责任印制：李珊珊
封面设计：闫 鸽

出版发行：新星出版社
出 版 人：马汝军
社　　址：北京市西城区车公庄大街丙3号楼　100044
网　　址：www.newstarpress.com
电　　话：010-88310888
传　　真：010-65270449
法律顾问：北京市岳成律师事务所

读者服务：010-88310811　　service@newstarpress.com
邮购地址：北京市西城区车公庄大街丙3号楼　100044

印　　刷：北京美图印务有限公司
开　　本：660mm×970mm　1/16
印　　张：24.25
字　　数：260千字
版　　次：2020年7月第二版　2020年7月第一次印刷
书　　号：ISBN 978-7-5133-3996-4
定　　价：48.00元

版权必究；如有质量问题，请与印刷厂联系调换。